小さな会社の

お仕事マニュアル

経理 労務 総務

日々の業務が丸ごとわかる本

【監修】

公認会計士・税理士 古知 新

社会保険労務士・行政書士 安藤康之

ご利用の前にお読みください

- 本書の内容は、特に記載がない限り、2024（令和６）年３月１日現在の情報を基にしています。法律・制度、税率・保険料率などは変更されることがあります。実際の業務では、必ず最新の情報を確認し、使用してください。
- 本書の内容は、情報の提供のみを目的としています。本書を用いた運用による結果について、株式会社ユーキャン、監修者、執筆者のいずれも責任は負いません。
- 本書に記載されている会社名、団体名、ブランド名、サービス名などは、それぞれの会社・団体の商標、登録商標、商品名です。
- 本文中にＴＭマーク、Ｒマーク、Ｃマークは表示していません。
- 書類の記入例で使用している会社名、人物名などは、すべて仮名です。

はじめに

小さな会社では、いくつかの仕事を一人でこなさなければならないことが多く、特に経理・労務・総務といった管理部門で働く方は、その業務量の多さ、煩雑さに頭を悩ませていることと思います。

本書は、そんな方々が少しでも日々の業務を効率的に取り組めるようになればと思い作成しています。

全体を大きく５つの章に分け、さらに、必要だと思われる部分にはスケジュール表を加えて、以下の構成で掲載しています。

第１章　経理・労務・総務の仕事
経理・労務・総務の年間スケジュール
第２章　経理の日々の業務
第３章　労務の日々の業務
給与計算・賞与計算のスケジュール
第４章　経理・労務・総務の年１回の仕事
年末調整・決算のスケジュール
第５章　不定期の仕事
従業員の採用・退職のスケジュール

第１章では各業務の基本的事項を、第２章と第３章では経理と労務に関する日々の業務を中心にまとめています。ここに掲載した各項目は、必ずしも毎日行うことばかりではありませんが、日常的に行う必要がある業務内容に関しては、「日々の業務」としてまとめています。
第４章と第５章では、日々行う仕事ではないものの、毎年必ず発生する業務など、各分野において重要な内容を掲載しました。

また、仕事の全体像が分かる図表やイラストを豊富に掲載しています。

本書は、経理・労務・総務といった管理部門で働く人にとって、日々の業務で使える事項を精選しています。是非、本書を手元に置いて毎日の仕事に役立てていただきたいと思っています。

本書の使い方

本書では、経理・労務・総務の主な仕事を、業務の頻度に沿ってまとめています。

巻頭には、それぞれの仕事の1年間のスケジュールを、また、日程管理が重要な業務には、その業務に特化した流れのスケジュール表を付けています。また、巻末には、取引内容から勘定科目が分かる「逆引き すぐ分かる！ 勘定科目一覧」を掲載しました。

1年間の仕事スケジュール

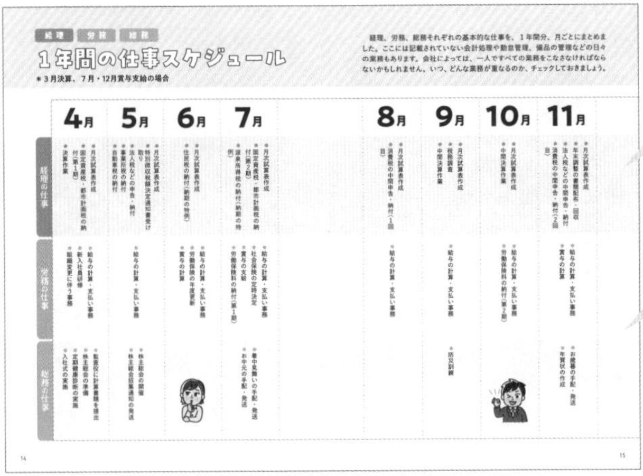

まずは業務ごとのスケジュール表で、仕事の全体像を押さえよう！

いつ、どのような仕事が重なるのかが分かります。

業務ごとのスケジュール

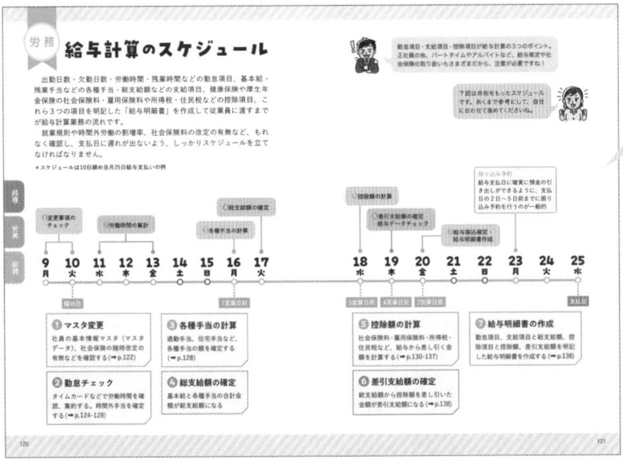

必要な書類の準備時期、作成時期など、業務の流れが分かります。

項目ごとの内容を NOTE （一言メモ）として記載しています。
☆業務ごとのチェックリストとして使える NOTE をまとめた特典ダウンロードPDFは、「書籍出版案内」をご参照ください。
https://www.u-can.co.jp/book/download/index.html

業務の説明、提出書類の具体的な記入例や見方を図解で解説しています。

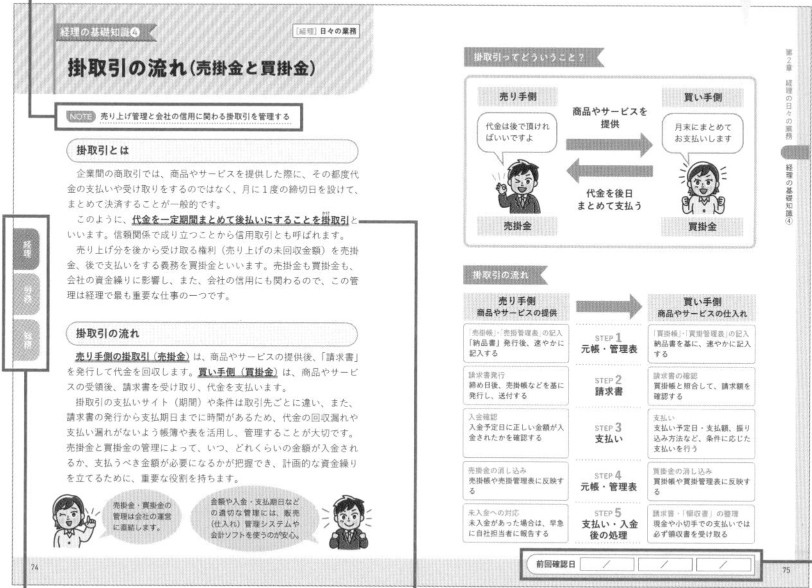
経理の基礎知識④　[経理] 日々の業務

掛取引の流れ（売掛金と買掛金）

NOTE 売り上げ管理と会社の信用に関わる掛取引を管理する

掛取引とは

企業間の商取引では、商品やサービスを提供した際に、その都度代金の支払いや受け取りをするのではなく、月に１度の締切日を設けて、まとめて決済することが一般的です。

このように、**代金を一定期間まとめて後払いにすることを掛《かけ》取引**といいます。信頼関係で成り立つことから信用取引とも呼ばれます。

売り上げ分を後から受け取る権利（売り上げの未回収金額）を売掛金、後で支払いをする義務を買掛金といいます。売掛金も買掛金も、会社の資金繰りに影響し、また、会社の信用にも関わるので、この管理は経理で最も重要な仕事の一つです。

掛取引の流れ

売り手側の掛取引（売掛金）は、商品やサービスの提供後、「請求書」を発行して代金を回収します。**買い手側（買掛金）**は、商品やサービスの受領後、請求書を受け取り、代金を支払います。

掛取引の支払いサイト（期間）や条件は取引先ごとに違い、また、請求書の発行から支払期日までに時間があるため、代金の回収漏れや支払い漏れがないよう帳簿や表を活用し、管理することが大切です。売掛金と買掛金の管理によって、いつ、どれくらいの金額が入金されるか、支払うべき金額が必要になるかが把握でき、計画的な資金繰りを立てるために、重要な役割を持ちます。

74

掛取引ってどういうこと？

掛取引の流れ

売り手側 商品やサービスの提供		買い手側 商品やサービスの仕入れ
「売掛帳」・「売掛管理表」の記入 「納品書」発行後、速やかに記入する	STEP 1 元帳・管理表	「買掛帳」・「買掛管理表」の記入 納品書を基に、速やかに記入する
請求書発行 締め日後、売掛帳などを基に発行し、送付する	STEP 2 請求書	請求書の確認 買掛帳と照合して、請求額を確認する
入金確認 入金予定日に正しい金額が入金されたかを確認する	STEP 3 支払い	支払い 支払い予定日・支払額、振り込み方法など、条件に応じた支払いを行う
売掛金の消し込み 売掛帳や売掛管理表に反映する	STEP 4 元帳・管理表	買掛金の消し込み 買掛帳や買掛管理表に反映する
未入金への対応 未入金があった場合は、早急に自社担当者に報告する	STEP 5 支払い・入金後の処理	請求書・「領収書」の整理 現金や小切手での支払いでは必ず領収書を受け取る

前回確認日 ／ ／ ／

第2章 経理の日々の業務　経理の基礎知識④

75

業務内容の大きな区分がひと目で分かります（※仕事によっては重複もあります）。

重要な用語などは、太字とアンダーラインで強調しています。

この業務項目を確認した日付とメモを残しておけば、次回同じ項目を確認したときにきっと役立ちます。

逆引き勘定科目一覧（巻末）

すぐ分かる！
逆引き勘定科目一覧

五十音順に並んだ取引内容から勘定科目が分かります。

CONTENTS

第1章　経理・労務・総務の仕事

第2章　経理の日々の業務

第3章 労務の日々の業務

第4章 経理・労務・総務の年1回の仕事

第5章 不定期の仕事

登場人物紹介

業務経験は浅いが熱意を持って仕事に取り組む若手社員のソウタさん。趣味はプロレス観戦。

ベテラン社員のケイコさん。細かいところにも気が付くしっかり者。お酒が入ると陽気な一面も。

経理　労務　総務

1年間の仕事スケジュール

＊3月決算、7月・12月賞与支給の場合

	4月	5月	6月	7月
経理の仕事	●月次試算表作成 ●固定資産税・都市計画税の納付(第1期) ●決算作業	●月次試算表作成 ●特別徴収税額決定通知書受け取り ●法人税などの申告・納付 ●事業所税の納付 ●自動車税の納付	●月次試算表作成 ●住民税の納付(納期の特例)	●月次試算表作成 ●固定資産税・都市計画税の納付(第2期) ●源泉所得税の納付(納期の特例)
労務の仕事	●給与の計算・支払い事務 ●新入社員研修 ●組織変更に伴う事務	●給与の計算・支払い事務	●給与の計算・支払い事務 ●労働保険の年度更新 ●賞与の計算	●給与の計算・支払い事務 ●社会保険の定時決定 ●賞与の支給 ●労働保険料の納付(第1期)
総務の仕事	●監査役に計算書類を提出 ●株主総会の準備 ●定期健康診断の実施 ●入社式の実施	●株主総会の開催 ●株主総会招集通知の発送		●暑中見舞いの手配・発送 ●お中元の手配・発送

経理、労務、総務それぞれの基本的な仕事を、１年間分、月ごとにまとめました。ここには記載されていない会計処理や勤怠管理、備品の管理などの日々の業務もあります。会社によっては、一人ですべての業務をこなさなければならないかもしれません。いつ、どんな業務が重なるのか、チェックしておきましょう。

8月

- 月次試算表作成
- 消費税の中間申告・納付（1回目）
- 給与の計算・支払い事務

9月

- 月次試算表作成
- 税務調査
- 中間決算作業
- 給与の計算・支払い事務
- 防災訓練

10月

- 月次試算表作成
- 中間決算作業
- 給与の計算・支払い事務
- 労働保険料の納付（第2期）

11月

- 月次試算表作成
- 年末調整の書類配布・回収
- 法人税などの中間申告・納付
- 消費税の中間申告・納付（2回目）
- 給与の計算・支払い事務
- 賞与の計算
- お歳暮の手配・発送
- 年賀状の作成

日々の業務、毎月の業務、年1回の仕事を意識して、スケジュールをしっかり組みましょう。従業員の採用や退職など、不定期な仕事もありますよ。

仕事の範囲が広くて大変！

12月

- 月次試算表作成
- 固定資産税・都市計画税の納付（第3期）
- 住民税の納付（納期の特例）
- 年末調整の計算

- 給与の計算・支払い事務
- 賞与の支給

- 忘年会の準備・実施
- 年賀状の発送

1月

- 月次試算表作成
- 源泉徴収票の交付
- 償却資産申告書の提出
- 給与支払報告書を市区町村に送付
- 法定調書・法定調書合計表の提出
- 源泉所得税の納付（納期の特例）

- 給与の計算・支払い事務
- 労働保険料の納付（第3期）

- 新年会の準備・実施
- 年始回り

2月

- 月次試算表作成
- 固定資産税・都市計画税の納付（第4期）
- 消費税の中間申告・納付（3回目）

- 給与の計算・支払い事務
- 人事評価の準備
- 教育計画の策定

- 社員研修の実施

3月

- 月次試算表作成
- 決算作業

- 給与の計算・支払い事務
- 定期採用の募集開始
- 新入社員の入社準備
- 就業規則などの見直し
- 労使協定の更新・届け出
- 給与改定の計算

- 新入社員の受け入れ準備

第1章

経理・労務・総務の仕事

Subject

経理の仕事／労務の仕事／総務の仕事

年間スケジュール

経理は「お金」に関する業務を扱います。日々のお金の出入りを管理し、年に１度決算して、税金の納付を行います。

日常の業務は、現金の出納管理、現金以外の財産（印紙や切手、固定資産）管理など、日々のお金の管理が主な仕事です。

お金の管理には複式簿記を使い、「現金出納帳」などに記帳し、帳簿を作成していきます。複式簿記は複雑に感じられますが、会計ソフトを利用することで簡単に記帳することができるため、ぜひ活用しましょう。

＊スケジュールは３月決算の例

源泉所得税の納付
源泉所得税は原則、毎月納付だが、従業員が常時10人未満の場合は、年２回にまとめて納付する特例制度がある（➡p.141・144）

4月
- 決算作業
- 固定資産税・都市計画税の納付（第１期）

5月
- 法人税などの申告・納付
- 事業所税の納付
- 自動車税の納付

6月
- ６月10日：住民税の納付（納期の特例）

7月
- ７月10日：源泉所得税の納付（納期の特例）
- 固定資産税・都市計画税の納付（第２期）

8月
- 消費税の中間申告・納付（１回目）

9月
- 税務調査

決算作業
毎月の経理処理が正しく行われていることを確認し、１年間の決算処理を行う（➡p.186）

住民税の納付
住民税は原則、毎月の給与から徴収、翌月10日までの納付だが、従業員が常時10人未満の場合は、年２回にまとめて納付する特例制度がある（➡p.147）

「お金」に関わる業務が経理

経理の主な業務は、大きく分けてお金の出入りの把握、税金そして決算です。年に1度の決算は、会社の経営状況を把握するためにも最重要といえますが、日常の会計処理が基本になっています。決算作業や税金関係は期限通りに行わなければなりません。その時期に、さまざまな業務が重なることが多く、前後のスケジューリングが重要なポイントになります。しっかりとした計画を立てましょう。

10月

- 中間決算作業

11月

- 中間申告・納付（法人税・地方消費税・法人事業税・法人住民税）
- 消費税の中間申告・納付（2回目）

12月

- 12月10日：住民税の納付（納期の特例）
- 年末調整事務
- 固定資産税・都市計画税の納付（第3期）

1月

- 1月10日：源泉所得税の納付（納期の特例）
- **法定調書・給与支払報告書の提出**
- 償却資産申告書の提出

2月

- 固定資産税・都市計画税の納付（第4期）
- 消費税の中間申告・納付（3回目）

3月

- 決算の準備
- 3月31日：決算
- **税務申告（所得税・法人税など）の準備と提出・納付**

法定調書の提出

1年間に支払った給与・報酬・保険金・家賃・国外送金などを集計し、税務署に提出する（➡p.183）

各種「税務申告書」の提出・納付

税務署に法人税や消費税、市区町村に提出する住民税など、さまざまな種類の税務申告書を提出し、税金を納付する（➡p.210・213）

会計ソフトの活用

NOTE 自社の規模と業種に合った会計ソフトを利用する

会計ソフトで会計処理を効率化する

会計ソフトは、会社の会計管理に特化したシステムで、会計システムとも呼ばれます。取引の仕訳をするだけで自動的に帳簿付けができ、インボイス制度、電子帳簿保存法などの新しい制度、法律への対応もできるので会計処理を効率化できます。

導入の際は、自社の規模に合っていて使いやすいソフトを選ぶことが重要です。例えば、勘定科目の設定は業界ごとに異なります。また、製造業であれば原価計算を伴うものを選ぶとよいでしょう。

会計ソフトの中には、個人事業主向け青色申告ソフトもありますが、会社で使う場合は、必ず法人向けソフトを選びます。

また、経費精算、入出金の管理や記録に特化している経費精算システムと連携して使用すると、さらに業務効率はアップします。

会計ソフトの選び方

会計ソフトには、大きく分けてインストール型とクラウド型がありますが、近年はクラウド型の利用が増えています。

インストール型は、パソコンにソフトをインストールして使用するので、パソコンにソフトが対応しているかどうかの確認が必須です。

クラウド型は、インターネット上のサーバーにアクセスして使用するので、ネット環境があればどこででも作業ができ、テレワークなど多様な働き方にも柔軟に対応します。また、月額（年額）制のサブスクリプション契約のため、新しくなった制度などへのバージョンアップがされるのでメンテナンスも不要です。

クラウド型のデメリットは、インターネットの通信環境の影響を受けやすいことといえます。インストール型は通信環境は関係ありませんので、通信不良によってイライラすることはありません。

各社の会計ソフトには、無料のお試し体験があるので、賢く利用しましょう。

なお、顧問税理士と同じ会計ソフトを使用すると、データを共有しやすくなるので便利です。

インストール型とクラウド型の比較

	インストール型	クラウド型
インストール	必要	不要
ネット環境	不要	必要
アプリケーション実行環境	• パソコンのみで利用可能（通信環境の影響を受けない） • Mac/Windows版がある	• インターネットを通じて利用可能（パソコン・タブレット・スマホなどデバイスを選ばない）
導入費用	• ソフト本体の購入代金が必要だが月額（年額）料金不要	• 月額（年額）制のサブスクリプション契約
維持費用	• バージョンアップ費用発生 • 別途サポート料金が発生	• バージョンアップ不要 • サポート料金が含まれる
操作のしやすさ	• パソコン内で完結するので動作が重くならない • ネットの通信速度に影響を受けず、システム障害が起こりにくい	• 複数の端末で利用できる • インターネットの通信環境によっては動作不良になる場合もある
銀行口座やクレジットカードとの連携	○	○
AIによる自動仕訳	○	○
無料期間または無料体験	○	○

memo

［基幹システムの導入］

会計ソフト（システム）は、会社の主要な業務を支える基幹システムの一つです。他にも、労務管理や勤怠管理、給与計算などができる人事労務システム、経費精算システム、在庫管理システムなど、さまざまな基幹システムがあります。自社の業態や規模に合わせて、導入を検討しましょう。

前回確認日　／　／　／

税務署などへの提出書類の管理

NOTE 提出書類は必要なときにすぐ取り出せるように保管・管理する

提出書類は多種多様

会社設立時には法務局で商業（会社）登記をしますが、以後、税務署などに多くの申請や届け出をしなければなりません。

提出書類には、申請書と届出書とがあります。申請書は税務署など申請先からの承認によって効力が生じます。一方、届出書は報告のようなものなので、通知すればそれで完結し、直ちに効力が生じます。

提出書類は必ず控えを取り保管する

提出した書類は、特例の適用など、その後の税務申告などに影響を及ぼすものもあります。オンライン申請であれば控えはデータで残りますが、紙の場合は２部作成して提出し、収受印を押して戻された１部を控えとして、いつでも確認できるように保管・管理しておきます。

2025（令和７）年１月１日以降は、税務署の収受印は廃止になるため、紙での提出は、申告書などの正本（提出用）のみになります。控えは自社で作成、保有、提出年月日の記録管理を行います。

memo

［書類をなくしてしまったら］

過去に提出した書類の控えを紛失した場合、税務署に保管されている書類の閲覧ができます（申告書等閲覧サービス）。税務署に「申告書等閲覧申請書」を提出して閲覧します。記録が必要な場合は、コピーはできず、原則として書き写し、条件付きでデジカメやスマホでの写真撮影ができます。また、e-Tax（国税電子申告・納税システム）（➡p.26）で申請した場合、2020（令和２）年分以降のものは、直近３年分のPDFデータをダウンロードできます。

税務署などへの主な提出書類

対象	提出書類	内容／添付書類	提出先	提出期限
法人を設立したとき	法人設立届出書	どんな形態の法人（非営利型法人以外）も提出が法律で定められている。 添付書類：定款などの写し	納税地の所轄税務署、都道府県税事務所、市区町村役場	法人設立から2カ月以内
	棚卸し資産の評価方法の届出書	所有している棚卸し資産をどのような方法で評価するか申告する。原価法と低価法がある	納税地の所轄税務署	最初の事業年度の確定申告書の提出期限まで
	減価償却資産の償却方法の届出書	定額法や定率法など、採用する償却方法を届け出る	納税地の所轄税務署	最初の事業年度の確定申告書の提出期限まで
役員や従業員に報酬、給与を支払うとき	給与支払事務所等の開設・移転・廃止届出書	従業員を雇って給与の支払いを始めるとき（あるいは会社の移転・廃業時）に届け出る	給与支払事務所等の所在地の所轄税務署	給与支払事務所などを設けてから1カ月以内
源泉所得税の納期の特例を受けるとき	源泉所得税の納期の特例の承認に関する申請書	給与の支給人員が常時10人未満の場合		随時
青色申告で申告したいとき	青色申告の承認申請書	確定申告を青色申告で行いたい場合に提出する。青色申告には青色申告特別控除65万円や、純損失の繰り越し控除・繰戻し還付などの特典がある	納税地の所轄税務署	法人設立から3カ月を経過した日または最初の事業年度の終了日のいずれか早い日の前日まで
資本金の額または出資金の金額が1,000万円以上のとき	消費税の新設法人に該当する旨の届出書	法人設立届出書に消費税の新設法人に該当する旨を記載した場合は提出は不要		速やかに
設立時から適格請求書発行事業者の登録を受けたいとき	適格請求書発行事業者の登録申請書	登録するとインボイス（適格請求書）を交付できる事業者となり、仕入れ税額控除を受けられる		最初の事業年度の終了日まで

【注意点】
- 上記提出期限が土・日曜、祝日などの場合は、その翌日が期限
- 消費税について、法人の設立事業年度とその翌事業年度は、新設法人に該当する場合などを除き原則として免税事業者となる
- 免税事業者であっても「消費税課税事業者選択届出書」を提出すれば課税事業者となることが可能
- 適格請求書発行事業者の登録を受けている間は、免税事業者となることはできない

参考：国税庁ホームページ「個人で事業を始めたとき／法人を設立したとき」

「法人設立届出書」「青色申告の承認申請書」他、e-Taxによるオンライン申請・届け出ができるものがあるので活用しましょう。

会社が納める税金の申告と納付

NOTE 税金の納付期限に注意する

必ず期限までに申告・納付する

会社が納める基本的な税金は、**法人税、法人事業税、特別法人事業税、法人住民税、消費税**の５種類です。

会社は、原則として決算日（事業年度終了日）の翌日から２カ月以内（提出期限となる日が土・日曜、祝日の場合は休み明けの日まで）に、これらの税金の申告書「税務申告書」を、それぞれ所轄の税務署、都道府県の税事務所に提出（申告）し、納税（納付）しなければなりません。

主な税金の申告・納付の流れ

1 決算書作成、決算の数字から各種税務申告書作成

決算日（事業年度終了日）よりスタート

↓

2 決算書を株主総会に提出、承認を受ける

↓

3 各種税務申告書を関係機関に提出

決算日から２カ月以内に申告・納付

	税務申告書		提出先関係機関
国　税	法人税		所轄の税務署
	消費税		
地方税	法人事業税		所轄の都道府県の税事務所
	特別法人事業税		
	法人住民税	道府県民税・都民税	
		市町村民税	

納付にはさまざまな方法が選べる

納付は、税務署または銀行の窓口での納付や**ダイレクト納付、クレジットカード納付、インターネットバンキング**など、さまざまな方法があります。

納付期限は申告期限と同じく、決算日の翌日から2カ月以内です。

主な納付方法

納付方法	内　容
税務署や金融機関の窓口納付	納付書を持参し、窓口で納付
ダイレクト納付	事前に税務署へ「ダイレクト納付利用届出書」を提出。e-Taxを利用して、インターネット経由で指定した金融機関の預貯金口座から振り替え納付
インターネットバンキング	ネットバンキングができる預貯金口座からオンラインで振り込みし、納付
クレジットカード納付	クレジットカード払いで納付
振り替え納付	金融機関の預貯金口座から振り替え納付
コンビニ納付	コンビニで納付書を出力し、レジで納付

memo

[申告・納付の延長と注意点]

申告は、決算日時点ではなく提出時点での会社の納税地の所轄税務署、都道府県税事務所、市町村役場などに申告書を持参するか、e-Tax、郵送などで提出します。

申告書の提出が申告期限から1日でも遅れると期限後申告となり、無申告加算税（最大20%）が課せられますので注意しましょう。事前に申告期限の延長手続きを行い、承認されれば3カ月以内となり、1カ月間延長できますが、延長期間（1カ月間）の利子税や延滞金は発生します。

memo

[申告書の提出日について]

申告書の提出日は、持参の場合は持参日、e-Taxは送信日、郵送は送った日（通信日付印［消印］）になります。ただし、申告書は信書に該当するので、信書便でないゆうパックや宅配便などは利用できません。

前回確認日　／　／　／

電子申請と電子納税

NOTE 電子申請・納税を上手に活用する

電子申請・納税の概要と種類

電子申請とは、省庁、市区町村、税務署などの行政への申請や手続きを、インターネットを利用して、パソコンやスマートフォンなどから行うことです。行政への申請や手続きのほとんどは、電子申請で行うことができます。資本金または出資金額が１億円を超える会社は、社会保険と労働保険の一部の手続き、法人税および地方法人税、消費税および地方消費税の電子申告が義務化されています。

自社が義務化の対象でなくても、電子申請により、書類の作成や管理の手間が省け、行政の窓口に出向く必要もなくなるなど、業務を効率化できるので、積極的に利用しましょう。

e-Tax（イータックス）は国税の電子申告・納税、**eLTAX（エルタックス）**は地方税の電子申告・納税ができます。また、電子申請・届け出ができる公的オンラインサービスである、**e-Gov（イーガブ）**では、社会保険、雇用保険、労働保険関係の手続きなどができます。

市販の電子申請対応ソフトも利用

電子申請を利用するには、公的オンラインサービスのe-Tax、eLTAX、e-Govから直接申請する方法の他、市販の電子申請対応ソフトを利用する方法があります。

市販のソフトは費用がかかるものの、ソフトに入力してあるデータをそのまま使用して、簡単に電子申請ができます。

また、市販のソフトには、社会保険などの手続きをする場合には、e-Govだけでなく、マイナポータル（マイナンバー〔個人番号〕を利用した公的オンラインサービス）を通して、複数の手続きをまとめて申請できるものもあります。

電子申請・納税ができる公的オンラインサービス

●国税

名称	**e-Tax（イータックス）**	
URL	https://www.e-tax.nta.go.jp/	
概要	国税の電子申告・納税ができるシステム	
利用できる主な手続き	申告・申請・届け出	源泉所得税、法定調書、納税関係、納税証明関係
	納税（ダイレクト納付）	納税証明関係、中間申告や予定納税に係る税金、加算税、延滞税　など
利用手順	1. 利用準備をする	(1)利用者識別番号（16桁の番号）を取得する
		(2)電子証明書を取得する
	2. 手続きを行うソフト・コーナーを選ぶ	
	3. 申告・申請データを作成・送信する	
	4. 送信結果を確認する	
費用	無料	

●地方税

名称	**eLTAX（エルタックス）**	
URL	https://www.eltax.lta.go.jp/	
概要	地方税の電子申告・納税ができるシステム	
利用できる主な手続き	申告・申請・届け出	法人都道府県民税、法人事業税、特別法人事業税、法人市町村民税、個人住民税、事業所税
	納税（ダイレクト納付）	
	申告	都道府県民税（利子割・配当割・株式譲渡所得割）
	納税（ダイレクト納付）	
	申告	固定資産税（償却資産税）
利用手順	1. 電子証明書を取得する	税理士に申告書の作成・送信を依頼している場合は不要
	2. 利用届け出を行い、利用者IDを取得する	
	3.「手続き完了通知」メールを受け取る	
	4. ソフトウエアを取得する	
	5. 申告・申請・納付をする	
費用	無料	

電子申請・届け出ができる公的オンラインサービス

名称	e-Gov(イーガブ)	
URL	https://www.e-gov.go.jp/	
概要	行政機関へのさまざまな電子申請・届け出ができる電子政府の総合窓口	
利用できる主な手続き	社会保険関係	「健康保険・厚生年金保険被保険者資格取得届」
		「健康保険・厚生年金保険被保険者賞与支払届」
		「健康保険・厚生年金保険被保険者資格喪失届」
		年金加入記録照会・年金見込み額試算
	雇用保険関係	「雇用保険被保険者資格取得届」
		「雇用保険被保険者資格喪失届」
	労働保険関係	労働保険概算保険料・増加概算保険料・確定保険料の申告
		労働保険料の納付
利用手順	1. 利用準備をする	(1)電子証明書が必要な場合は、電子証明書を取得する
		(2)アカウントを準備する*
		(3)ブラウザを設定する
		(4)アプリケーションをインストールする
	2. マイページから利用する手続きを選択し、申請する内容を入力、必要書類を添付し、提出する	
費用	無料	

＊ e-Govで使えるアカウントサービス

e-Govアカウント	e-Govサービス共通のアカウントで利用できるアカウント
GビズID	1つのID・パスワードでさまざまな法人向け行政サービスにログインできるサービス
Microsoftアカウント	ログインアカウントとして利用できる

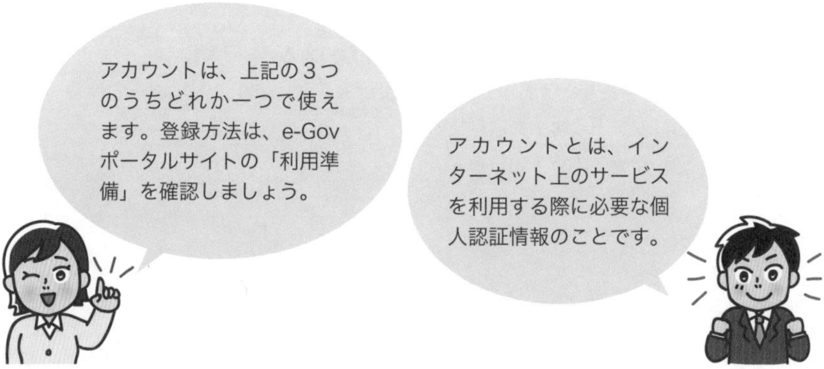

memo

［ダイレクト納付］

事前に税務署へ「国税ダイレクト方式電子納税依頼書兼国税ダイレクト方式電子納税届出書」（「ダイレクト納付利用届出書」）を提出しておけば、届け出をした預貯金口座から振り替えによって、即時または期日を指定して納付することが可能です。

利用可能な金融機関は、銀行、信用金庫、信用組合、労働金庫です。農業協同組合・漁業協同組合およびインターネット専業銀行（一部のインターネット専業銀行を除く）については、2024年４月現在は対応していません。

ダイレクト納付では領収書が発行されず、画面上で納付済みの確認をします。領収書が必要な場合は、窓口で納付書を使って納付します。

memo

［マイナポータル］

マイポータルとは、マイナンバーを利用することによって、子育てや介護などの行政手続きや、行政からのお知らせを確認することができる、政府運営のオンラインサービスです。社会保険・税手続ワンストップサービスを利用すれば、従業員に関する手続きをまとめて申請することができます。

［電子政府］

コンピューターネットワークや情報通信技術（IT）を活用して、国民・住民や会社の事務負担の軽減、行政の効率化、透明化を目指す取り組みです。行政機関に対する申請や届け出をインターネットで行えます。e-Govは電子政府の総合窓口の役割を持ちます。

［電子証明書］

電子申請の送信データが、利用者本人が作成し、改ざんされていないことを証明するもので、書面手続きでの「印鑑証明書」に相当します。電子証明書は、電子認証登記所（商業登記認証局）や地方公共団体が運営する公的個人認証局などが発行しています。

労務

年間スケジュール

労務は、従業員の勤怠管理や給与計算、社会保険や労働保険の手続きを中心に、労働時間や年次有給休暇の管理、「就業規則」の作成・見直しを行います。また、人材の採用、教育、配属、評価など、すべての従業員が、安心して働ける組織を作る役割を担っています。

給与や人事評価、家族構成など、従業員のプライバシーに関わる内容を多く取り扱うため、対応には十分な注意と、高いコンプライアンス意識が求められます。

＊スケジュールは賞与支給が7月・12月の例

給与計算・支払い事務
従業員の勤怠管理を行い、決まった期日に遅延なく支払いを行う。毎月の仕事の中心となる（➡p.120）

- 給与計算・支払い事務（毎月：4月〜）

4月
- 組織変更に伴う事務
- 新入社員研修

5月

6月
- 労働保険の年度更新
- 賞与の計算

7月
- 社会保険の定時決定
- 労働保険料の納付（第1期）
- 賞与の支給

8月

9月

労働保険の年度更新
毎年6/1〜7/10の間に申告する。前年の概算保険料と確定保険料の差額を合算して納付する（➡p.286）

労働保険料の納付
毎年6/1〜7/10の間に納付する。概算保険料額（労災保険と雇用保険）が40万円以上の場合は、原則として3回に分割することができる（第2期：10/31、第3期：1/31）（➡p.286）

「人」に関わる業務が労務

従業員の採用から退職までの給与や保険に関するあらゆる業務を行います。給与計算とそれに関連する勤怠管理が毎月の中心業務です。社会保険の定時決定と申請、労働保険の年度更新は、毎年、提出日が決まっています。遅れは許されない仕事ですが、スケジュールは立てやすいともいえます。

従業員の入・退社、業務中のけがや病気など、急な出来事への対応も考慮し、仕事の内容と期日を把握して分散するように計画しましょう。

※会社によっては人事部が独立している場合もありますが、会社の規模によって、労務や総務が兼任することも多くあります。本書では、労務の仕事の中に人事を含めて取り扱います。

10月
- 労働保険料の納付（第２期）

11月
- 賞与の計算

12月
- 賞与の支給

1月
- 労働保険料の納付（第３期）

2月
- 教育計画の策定
- 人事評価の準備

3月
- 給与改定の計算
- 労使協定の更新・届け出
- 就業規則などの見直し
- 新入社員の入社準備
- 定期採用の募集開始

社会保険の定時決定

年１回社会保険料の見直しを行う。６月中旬に年金事務所から届く算定基礎届に記入して、7/1〜7/10の間に提出する

＊固定賃金の大幅な変更があった場合は、時期を問わずに随時改訂を行う

＊従業員の入・退社、出産・子育て、傷病があった場合は、それぞれの対応が必要（➡p.215）

年次有給休暇の付与と管理

NOTE 年次有給休暇の取得を管理する

賃金の支払いをするのは年次有給休暇だけ

年次有給休暇は、法定休日、所定休日とは別に、一定期間勤続した従業員自らが指定して取得できる休日で、取得しても賃金は減額となりません。年次有給休暇を取得できる条件は以下の２点です。

- **雇い入れの日から６カ月経過していること**
- **その期間の全労働日の８割以上出勤していること**

この２点を満たした従業員には、年次有給休暇を付与しなければなりません。正社員、パートタイムなど、それぞれ所定労働時間数や所定労働日数（➡p.36）によって、付与日数は決められています。最大で年間20日付与され、保有期間（取得できる期間）は２年間です。

時季指定義務と計画的付与制度

年次有給休暇が年10日以上付与されている従業員（パートタイムなどを含む）には、会社は年５日以上の年次有給休暇を必ず取得させなければなりません。取得していない従業員に対しては、希望を聞いた上で、会社が時季を指定して取得させます（**時季指定義務**：就業規則に記載が必要）。

また、付与日数のうち５日を除いた部分について、会社が夏季・冬季休暇、年末年始休暇などの前後に期日を指定して取得してもらう方法（**計画的付与制度**：労使協定締結の上、就業規則に記載）もあります。会社は、従業員ごとの年次有給休暇取得の時季、日数、基準日を確認し、「年次有給休暇管理簿」に記録し、３年間保存しなければなりません。

年次有給休暇の付与日数

［正社員などの労働者］

雇い入れ日から起算した継続勤務期間	付与される休暇の日数	雇い入れ日から起算した継続勤務期間	付与される休暇の日数
6カ月	10日	4年6カ月	16日
1年6カ月	11日	5年6カ月	18日
2年6カ月	12日	6年6カ月以上	20日
3年6カ月	14日		

［パートタイム労働者など、所定労働日数が少ない労働者］

週所定労働日数	1年間の所定労働日数		雇い入れ日から起算した継続勤務期間						
			6カ月	1年6カ月	2年6カ月	3年6カ月	4年6カ月	5年6カ月	6年6カ月以上
4日	169日～216日	付与日数	7日	8日	9日	10日	12日	13日	15日
3日	121日～168日	付与日数	5日	6日	6日	8日	9日	10日	11日
2日	73日～120日	付与日数	3日	4日	4日	5日	6日	6日	7日
1日	48日～72日	付与日数	1日	2日	2日	2日	3日	3日	3日

年次有給休暇管理簿の記入例

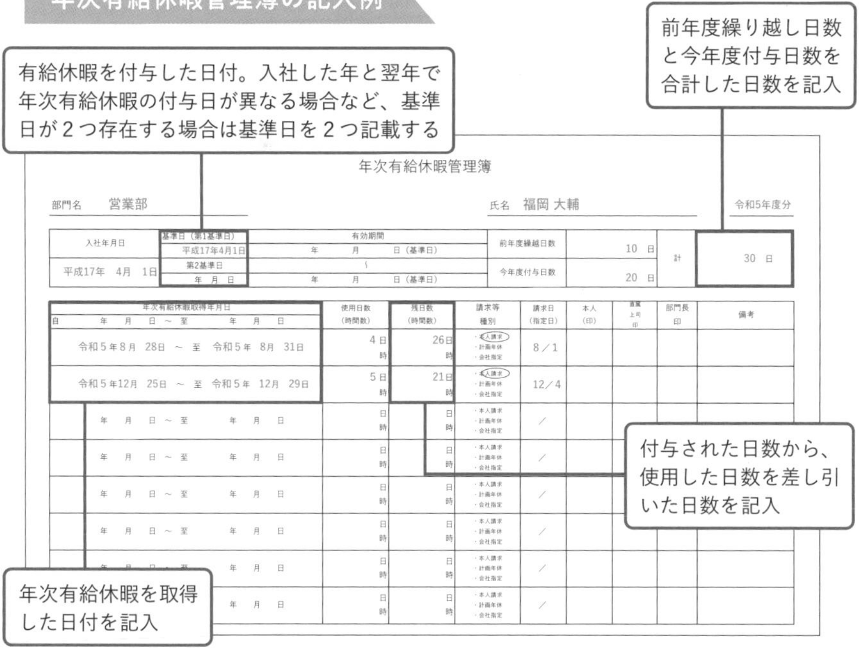

前回確認日 ／ ／ ／

自社の就業規則の中身を把握しておこう

NOTE 就業規則の内容を確認する

就業規則の役割と記載内容

就業規則は、従業員の賃金や労働時間などの基本的な労働条件、職場の規律など、会社・従業員双方が守るべきルールを明文化したものです。常時10人以上（契約社員、パートタイム、アルバイトなどを含むが、派遣労働者は含まれない）を雇っている会社は必ず事業所ごと作成し、労働基準監督署に届け出なければなりません。

なお、10人未満であれば作成の義務はありませんが、労使間のトラブルを防ぐために、厚生労働省の「モデル就業規則」を参考に、就業規則作成支援ツールを使って作成しましょう。

就業規則には、必ず記載しなければならない**絶対的必要記載事項**、場合によって記載しなければならない**相対的必要記載事項**の他、会社独自の任意的記載事項がありますが、いずれも労働基準法などの法令や労働協約に反していてはいけません。

なお、すべてを一つの就業規則に盛り込もうとすると分かりづらくなるので、主要な規定を「本則」とし、賃金規程、退職金規程、育児・介護休業規程、嘱託規程などを「付属規程」として、本則とは別で詳細に記載することが一般的ですが、付属規程も就業規則の一部です。

届け出前に従業員の意見を聞く

就業規則を制定する際は、必ず従業員に意見を聞かなければいけません（必ずしも意見を反映させる必要はない）。過半数組合または従業員の過半数代表者（管理監督者は認められない）からの「意見書」を就業規則に添付し、所轄の労働基準監督署へ届け出ます。内容に不備や法令違反などがあれば、変更命令が出ます。就業規則は社内の誰もがいつでも見られるように工夫します。

就業規則の記載内容

記載事項の種類	内　容
❶絶対的必要記載事項	1. 労働時間に関する定め：始業・終業の時刻、休憩時間、休日、休暇、交替制の場合には就業時転換に関する事項 2. 賃金に関する定め：賃金の決定、計算・支払いの方法、賃金の締め切り・支払いの時期、昇給に関する事項 3. 退職に関する定め：退職に関する事項（解雇の事由を含む）
❷相対的必要記載事項	1. 退職手当に関する事項 2. 臨時の賃金（賞与など）、最低賃金に関する事項 3. 食費、作業用品などの負担に関する事項 4. 安全衛生に関する事項 5. 職業訓練に関する事項 6. 災害補償、業務外の傷病扶助に関する事項 7. 表彰、制裁に関する事項 8. その他、全従業員に適用される事項
❸任意的記載事項	公序良俗に反しない範囲で、経営理念、社是、就業規則の制定趣旨、服務規律など、会社が独自に設ける事項

参考：「モデル就業規則」厚生労働省

就業規則の構成例

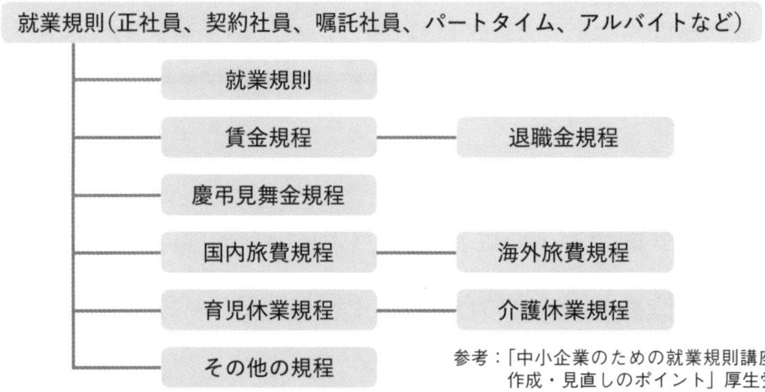

参考：「中小企業のための就業規則講座　就業規則作成・見直しのポイント」厚生労働省

就業規則の作成・変更、届け出の流れ

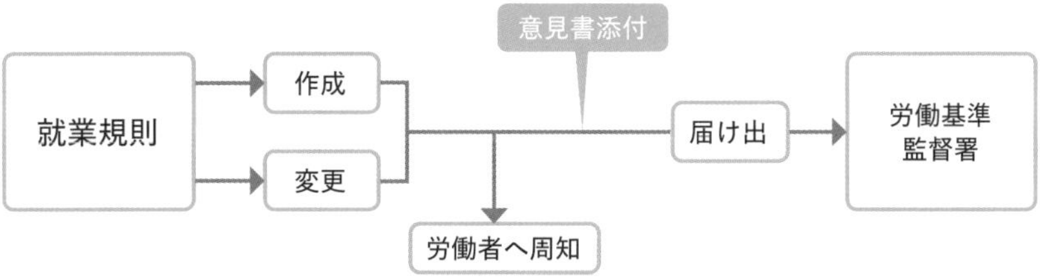

参考：「就業規則を作成しましょう」厚生労働省／労働基準関係リーフレット

前回確認日　／　／　／

労務の仕事❸

労働時間と休日 法定と所定の違い

NOTE 自社の労働時間と休日を確認する

法定労働時間と所定労働時間の違い

法定労働時間は労働基準法で定められ、原則として1日8時間、1週40時間以内です。

また、労働基準法には労働時間が6時間を超えると45分、8時間を超えると1時間の休憩時間を、労働時間中に付与することが定められています。休憩時間は、労働から離れることを保障された自由な時間で、賃金の支払いが生じる労働時間には含まれません。法定労働時間を超えると法定時間外労働となり、割増賃金の支払いが必要です。

一方、**所定労働時間**は会社が定めた労働時間（始業から終業までの時間から休憩時間を差し引いた時間）のことで、法定労働時間内でなければいけません。法定労働時間内であれば、所定労働時間を超えても割増賃金は発生しません。

法定休日と所定休日（法定外休日）の違い

法定休日は労働基準法で定められた最低限の休日で、毎週1日以上、もしくは4週間を通じて4日以上で、曜日は問いません。**法定休日労働は、割増賃金が発生**します。

一方、**所定休日（法定外休日）は、会社が雇用契約書や就業規則で定めた休日**です。所定休日に働いても法定休日分の割増賃金は発生しませんが、法定労働時間を超えて働いた場合、法定時間外労働として割増賃金が発生します。

法定労働時間と所定労働時間の違い

	定　義	割増賃金
法定労働時間	1日8時間、週40時間（休憩時間を除く）	25％以上（1.25倍以上）
所定労働時間	会社が独自に定める勤務時間	法定労働時間内は通常の賃金。超えた分は割増賃金25％以上

法定休日と所定休日の違い

	定　義	割増賃金
法定休日	1週1日または4週4日以上	35％以上（1.35倍以上）
所定休日	会社が独自に定める法定休日以外の休日。法定外休日ともいう	法定労働時間内は通常の賃金。超えた分は25％以上

法定・所定労働時間と割増賃金の例

〔例〕
所定労働時間：1日7時間
休日：週休2日（土／所定休日、日／法定休日）

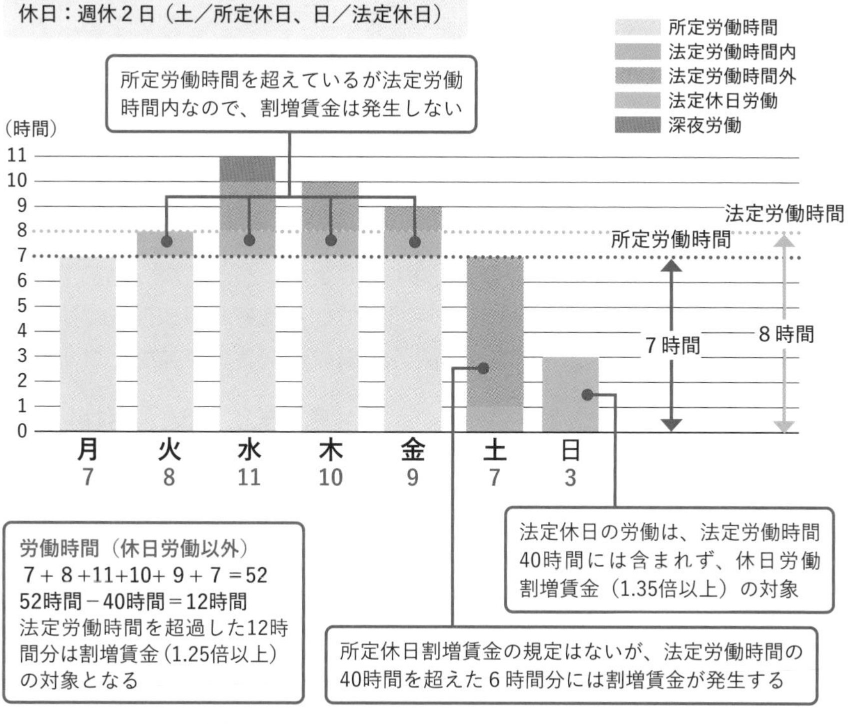

業務の特性に応じた労働時間の諸制度

NOTE 業務の特性に応じた労働時間を検討する

変形労働時間制と必要な届け出

従業員の業務の特性に応じ、さまざまな労働時間の選択ができます。法定労働時間を変形した**変形労働時間制**、従業員が始業・終業時間を決める**フレックスタイム制**、実際の労働時間に関係なく所定の時間を働いたとみなす**みなし労働時間制**などがあります。

変形労働時間制は、業務の繁忙期・閑散期に対応できるように、一定期間内の労働時間の配分を変える制度で、１年単位、１カ月単位、１週間単位があります。

変形労働時間制では、労働日と労働時間などは、あらかじめ労使協定で定める必要があり、例えば、１年単位（１カ月を超え１年以内）の変形労働時間制では以下の条件が必要です。

1）対象期間を平均し１週間当たりの労働時間が 40 時間を超えない
2）労働時間が１日 10 時間、１週間 52 時間を超えない
3）１年当たりの労働日数の限度は 280 日（年間休日 85 日）
4）最大連続勤務は６日（特定期間に限り最大連続 12 日）

実施には「変形労働時間制に関する協定届」を所轄の労働基準監督署に届けます。なお、変形労働時間制ではそれぞれの変形制で決定した労働時間を超えた時間に、時間外労働の割増賃金が発生します。

変形労働時間制	制度の概要	条　件	届け出
１年単位	労働時間を、特定の日に８時間、特定の週に40時間を超えてもよい	１カ月超１年以内の労働時間の平均が週40時間以内	労使協定を締結し「協定届」を提出
１カ月単位	労働時間を、特定の日に８時間、特定の週に40時間を超えてもよい	１カ月以内の労働時間の平均が週40時間以内	就業規則か労使協定で決める。労使協定は届け出が必要
１週間単位	特定の日の労働時間を10時間まで延長できる	常時30人未満の小売業・旅館・料理店・飲食店のみ	労使協定の届け出

1年単位の変形労働時間制に関する協定届の記入例

様式第４号(第12条の４第６項関係)

1年単位の変形労働時間制に関する協定届

事業の種類	事業の名称	事業の所在地（電話番号）	常時使用する労働者数
繊維製品製造業	スモール 株式会社	東京都渋谷区代々木○-○○-○（03-○○○○-○○○○）	１０人

該当労働者数（満18歳未満の者）	対象期間及び特定期間（起算日）	対象期間中の各日及び各週の労働時間並びに所定休日	対象期間中の１週間の平均労働時間数	協定の有効期間
４人（　　人）	対象期間：1年間（令和6年4月1日） 特定期間：令和6年6月1日～令和6年10月31日	(別紙)	40時間 00分	令和6年4月1日から1年間

労働時間が最も長い日の労働時間数（満18歳未満の者）	労働時間が最も長い週の労働時間数（満18歳未満の者）	対象期間中の総労働日数
9 時 00 分（　時間　分）	48 時間 00分（　時間　分）	240日

労働時間が48時間を超える週の最長連続週数	2 週	対象期間中の最も長い連続労働日数	5 日間
対象期間中の労働時間が48時間を超える週数	2 週	特定期間中の最も長い連続労働日数	10 日間

旧協定の対象期間	令和1年1月1日から1年間	旧協定の労働時間が最も長い日の労働時間数	9 時間 00 分
旧協定の労働時間が最も長い週の労働時間数	48 時間 00分	旧協定の対象期間中の総労働日数	260 日

協定の成立年月日　●●●●年　●月　●日

協定の当事者である労働組合（事業場の労働者の過半数で組織する労働組合）の名称又は労働者の過半数を代表する者の　職名 営業部係長　氏名 福岡大輔

協定の当事者(労働者の過半数を代表する者の場合)の選出方法（　投票による選挙　）

上記協定の当事者である労働組合が事業場の全ての労働者の過半数で組織する労働組合である又は上記協定の当事者である労働者の過半数を代表する者が事業場の全ての労働者の過半数を代表する者であること。☑（チェックボックスに要チェック）

上記労働者の過半数を代表する者が、労働基準法第41条第２号に規定する監督又は管理の地位にある者でなく、かつ、同法に規定する協定等をする者を選出することを明らかにして実施される投票、挙手等の方法による手続により選出された者であつて使用者の意向に基づき選出されたものでないこと。☑（チェックボックスに要チェック）

令和6年 3月 15日

使用者　職名 営業部部長　氏名 石川 徹

東京　労働基準監督署長殿

記載心得

1　労働基準法第60条第３項第２号の規定に基づき満18歳未満の者に変形労……労働時間数……

１週の最長所定労働時間数を記入する。１週52時間以内

１年以内の有効期間を記入する

特定期間（対象期間中の特に業務が繁忙な期間）を定めた場合はその期間も記入する

１日の最長所定労働時間数を記入する。１日10時間以内

変形労働時間制の仕組み

● **１カ月の所定労働時間／１日８時間×20日＝160時間のケース**

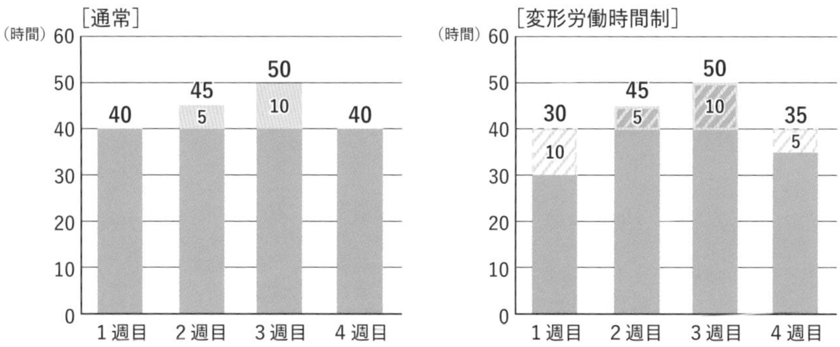

所定労働時間 **160**時間 ＋ 所定外労働時間(残業) **15**時間

所定労働時間 **160**時間 ＋ 所定外労働時間(残業) **0**時間

会社と従業員とで規定した時間で働くみなし労働時間制

みなし労働時間制は、実際の労働時間ではなく、会社と従業員とで規定した時間を労働時間とみなし、賃金を支払う制度です。営業職や専門性が高い職種や、企画、立案などの職種が該当します。勤務時間の制限がなくなり、従業員が労働時間を裁量できますが、長時間労働が加速する恐れもあります。導入する際には、導入後のトラブルがないよう検討が必要です。他にも、フレックスタイム制、高度プロフェッショナル制度などがあり、導入の際にはそれぞれの特徴を理解して選択しましょう。

変形労働時間制以外の労働時間の制度

<table>
<tr><th colspan="3">制　度</th><th>制度の概要</th><th>条　件</th><th>導入手続き</th></tr>
<tr><td rowspan="3">みなし労働時間制</td><td colspan="2">事業場外みなし労働時間制</td><td>原則として所定の時間労働したものとみなす</td><td>労働時間の全部あるいは一部について事業場外で業務に従事し、労働時間を算定しがたい者</td><td>労使協定が必要なケースもある</td></tr>
<tr><td rowspan="2">裁量労働制</td><td>専門業務型裁量労働制</td><td>労使協定で定めた時間を働いたものとみなす</td><td>新商品や新技術の研究開発、情報処理システムの設計、コピーライター、新聞記者など、業務遂行の内容をゆだねる必要がある者</td><td>労使協定で定める
本人の同意
届け出</td></tr>
<tr><td>企画業務型裁量労働制</td><td>労使委員会の決議で定めた時間を働いたものとみなす</td><td>事業の運営に関する事項についての企画、立案、調査および分析の業務に従事する者など、業務遂行の内容をゆだねる必要がある者</td><td>労使委員会で決議
本人の同意
届け出</td></tr>
<tr><td colspan="3">フレックスタイム制</td><td colspan="2">清算期間（３カ月以内）の総労働時間の枠内で始業・終業時間を従業員にゆだねる</td><td>就業規則に規定
労使協定で定める
届け出が必要なケースもある</td></tr>
<tr><td colspan="3">高度プロフェッショナル制度</td><td>労働時間、休憩、休日および深夜の割増の規定が適用されない</td><td>金融商品の開発、資産運用、新たな技術・商品や役務の研究開発など、高度な専門的知識などを有し、職務の範囲が明確で一定の年収要件を満たす者</td><td>労使委員会で決議
本人の同意
届け出</td></tr>
<tr><td colspan="3">管理監督者</td><td>労働時間、休憩、休日の規定が適用されない(深夜割増賃金は適用)</td><td>経営者と一体的な立場で、重要な責任と権限をもって職務を遂行する者</td><td>なし
実態から判断</td></tr>
</table>

労務の仕事❺

［労務］概要

就業規則の変更時にも手続きを

NOTE 就業規則の変更に注意する

どんなときに就業規則の変更が必要か

就業規則とは、従業員の賃金や労働時間などの労働条件や、職場内の規律など、ルールをまとめた規則集で、会社と従業員どちらも守らなければなりません。

就業規則は、変更の必要がなければそのまま使い続けることができますが、**労働時間や賃金、勤務形態、労働基準法をはじめとした労働関係の法律が変わったとき**などには変更しなければなりません。1年に1回は、実態と食い違いがないか見直しをしましょう。

●**就業規則の変更が必要なケース**

・労働時間、賃金などの変更があったとき

始業・終業の時刻、休日・休暇、賃金、退職に関する事項など、労働基準法の所定事項を変更したとき

・新しい勤務形態を導入するとき

変形労働時間制、裁量労働制、フレックスタイム制、テレワーク、副業・兼業など

・労働基準法など、労働関係の法令が改正されたとき

古いままの就業規則でも改正された法令が適用されるが、新しい法令の施行日までに変更

・社会環境の変化に合わせる必要があるとき

長時間労働、ハラスメント、同一労働同一賃金、育児・介護等への対応など

・就業規則でトラブルが生じたとき

・労働基準監督署から是正勧告があったとき

変更の手順は作成時と同じ流れで

　就業規則を変更するためには、先に会社として変更案を作成し、必ず過半数が加入する労働組合あるいは従業員の過半数代表者の意見を聞かなければなりません。従業員の代表者から「意見書」を受け取り、新しい「就業規則（変更）届」（いずれも２部ずつ）とともに、所轄の労働基準監督署に届け出ます。

　意見書の内容は、必ずしもすべて取り入れる必要はありませんが、労働基準監督署から変更命令が出される場合もあります。

就業規則の変更手順

1. 変更案を検討・決定する
2. 代表取締役社長など変更の権限を持つ人の決裁をとる
3. 過半数が加入する労働組合あるいは従業員の過半数代表に提示して意見を聞き意見書としてまとめてもらう
4. 変更した就業規則、意見書、就業規則（変更）届（様式は任意）の３つを用意する
5. ❹の書類を２部ずつ所轄の労働基準監督署へ届け出る
6. 変更後の就業規則を従業員に周知・徹底する

memo

［不利益変更］

　賃金の引き下げや手当のカット、福利厚生の廃止など、従業員の不利益になる就業規則の変更は、労働契約法によって原則禁止されており、会社が一方的に決めることはできません。労働組合あるいは従業員の過半数代表者と話し合い、変更理由が合理的であると判断された場合のみ変更できます。

前回確認日	／	／	／

産休・育休・介護休業制度

NOTE 休業制度の内容を確認する

産休・育休の流れ

労働基準法では、女性に就業をさせてはいけない期間が定められています。期間は、産前６週間・産後８週間で、**産前休業と産後休業を合わせて産休**といいます。

ただし、産後６週間を経過して従業員本人が請求し、医師に支障がないと認められた場合は業務に就くことができます。

また、産後休業の後の**育児休業**は、原則１歳未満の子どもを養育するための休業で、従業員（パートタイム、アルバイトも含む）が希望した場合にのみ取得が認められ、会社に断る権限はありません。

育児休業の期間は１歳の誕生日の前日までですが、保育園に入れないなどの理由があれば、２歳に達する前日まで延長できます。

また、育児休業は分割取得が可能で、男女共それぞれ２回まで取得できます（➡p.44）。

介護休暇・休業制度

介護休暇は、要介護状態になった家族を介護する従業員が、１人につき最大１年に５日間取得でき、**介護休業**は、２週間以上の常時介護のために通算93日間の休業が取得できる制度で、対象家族１人につき３回までの分割取得が認められています。

介護休業期間中は賃金の67％の介護休業給付金が給付されます。

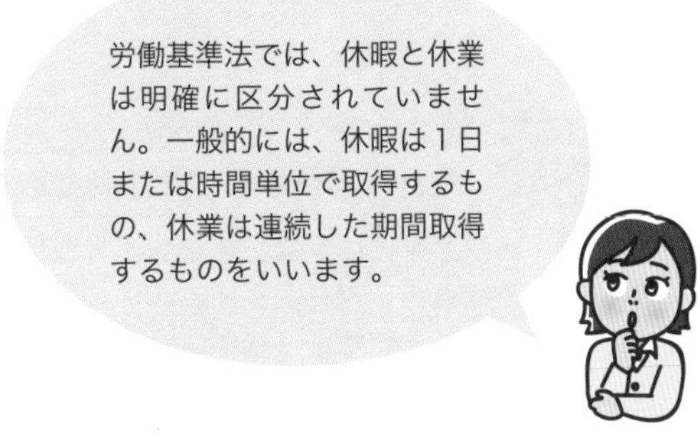

産休・育休の流れ

産前休業の申請
従業員（パートタイム・アルバイトなど、すべての女性）からの申請があれば取得を認める（拒否できない）

▶

産前休業
出産予定日の6週間前から出産当日まで

▶

出産

▶

産後休業
出産の翌日から8週間は、必ず休業させなければならない（産後7週目からは復帰可能）

▶

育児休業申請
育児休業開始予定日の1カ月前までに「育児休業申請書」などを提出してもらう。申請者には、速やかに開始予定日や終了予定日などを通知する

▶

育児休業開始
子どもが1歳になるまで、希望する期間について、女性は産後休業終了後から、男性は出産予定日から開始可能。パートタイム、アルバイトも一定の要件を満たせば取得できる

▶

育児休業期間延長の申し出
子どもが保育所などに入れないなどの場合、1歳の誕生日から2週間前までに申し出があれば、子どもが1歳6カ月に達する日まで延長できる

▶

育児休業期間の再延長の申し出
子どもが1歳6カ月に達した時点で、保育所などに入れないなどの場合は、最長2歳に達する前日まで育児休業を延長することができる

［育児休業の条件］

- 1年以上働いていること
- 子どもの1歳の誕生日以降も継続して就業の意思があること
- 子どもが1歳6カ月（2歳までの延長時は2歳）になる前々日まで雇用契約が更新されないことが明らかでないこと

《産後パパ育休》

正式名称は出生時育児休業で、子どもの出生後8週間以内に父親が4週間までの育休を取得できる。2回に分割して取得することも可能

memo **［産休・育休などでの不利益取り扱いの禁止］**

妊娠・出産、育児休業などの申し出・取得を理由に、会社が解雇や退職の強要、正社員からパートタイムへの契約変更をするといった不利益な取り扱いをすることは禁止されています。

前回確認日 ／ ／ ／

社会保険の概要

NOTE 社会保険の内容と対象を確認する

社会保険の種類と役割

社会保険は、広義には、病気やけが、老齢、障害、死亡、介護、失業などに対し必要な給付を行う公的保険制度で、医療保険（健康保険・国民健康保険）、年金保険（厚生年金保険・国民年金）、介護保険、雇用保険、労災保険の５つを指します。

狭義には、健康保険、厚生年金保険、介護保険の３つをいい、これらの保険料は労使折半で負担します。

なお、**雇用保険と労災保険（労働者災害補償保険）を合わせて労働保険**といいます。（➡p.46）

社会保険の加入対象者

会社は社会保険の加入義務があるため（強制適用事業所）、必ず社会保険に加入しなければなりません。

また、従業員の入社時（➡p.247）にも加入手続きを進めなくてはいけません。正社員はすべて加入義務がありますが、パートタイムやアルバイトは従業員数、労働時間によって変わります。これまでは、正社員以外の社会保険加入対象者は、週労働時間がフルタイムの４分の３以上の従業員に限られていましたが、2024年９月までは従業員数101人以上、2024年10月からは51人以上の企業で働くパートタイム、アルバイトが社会保険加入の対象者となり、週労働時間がフルタイムの４分の３未満の従業員でも条件を満たせば加入対象者になります（社会保険適用拡大）。

社会保険の種類

対象	種類・名称			保険料の負担	加入時の手続き
正社員・短時間労働者	社会保険（広義）	社会保険（狭義）	健康保険	会社と従業員で折半	日本年金機構または所轄の年金事務所
			厚生年金保険	会社と従業員で折半	日本年金機構または所轄の年金事務所
			介護保険（40歳以上）	会社と従業員で折半	日本年金機構または所轄の年金事務所
		労働保険	雇用保険	会社と従業員で負担	公共職業安定所
			労災保険	全額会社負担	労働基準監督署
自営業・学生・無職など		国民健康保険		全額加入者負担	市区町村
		国民年金		全額加入者負担	日本年金機構または所轄の年金事務所

狭義の社会保険

健康保険	従業員が病気やけがなどで治療を受けるときに給付される保険で、従業員と従業員が扶養する家族らが加入します。
厚生年金保険	従業員の国民年金に上乗せして、加齢や障害などによる収入の減少を補償します。
介護保険	65歳以上の人や介護認定を受けた人が受けられる給付で、従業員が40歳以上になったときに加入します。

パートタイム、アルバイトの社会保険の加入対象者

2024年10月から

2024年９月まで

従業員数101人以上

正社員

フルタイムの従業員

パートタイム、アルバイト

週労働時間が20時間以上の従業員

→

従業員51人以上

パートタイム、アルバイト

週労働時間がフルタイムの４分の３未満

- 週の所定労働時間が20時間以上
- 所定内賃金が月額88,000円以上（残業代・賞与・臨時的な賃金は含まない）
- ２カ月を超える雇用の見込みがある
- 学生ではない（休学中・夜間学生は加入対象者）

前回確認日　／　／　／

社会保険の加入手続き

NOTE 社会保険の加入手続きを忘れない

社会保険の加入が義務付けられている事業所

社会保険（健康保険・厚生年金保険）の被保険者となるべき従業員（国籍・性別・賃金額に関係なく、事業主のみの場合を含む）を使用している会社は、法律により必ず社会保険の加入手続きをしなくてはなりません（強制適用事業所）。

- **株式会社などの法人の事業所（事業主のみの場合も含む）**
- **常時５人以上の従業員を使用する個人事業所（農林漁業、サービス業などを除く）**

社会保険の加入手続き

- **会社の加入**：新たな会社で社会保険の加入手続きをする場合、書類提出期限は会社設立から５日以内です。電子申請、郵送、窓口持参のいずれかで、**日本年金機構の事務センターまたは所轄の年金事務所**へ提出しますが、同時に従業員の加入手続きもします。
- **従業員の加入**：従業員の加入手続きが受理されると、年金事務所から「**適用通知書**」（事業所整理番号、事業所番号が記載）と「**資格取得確認および標準報酬決定通知書**」（被保険者の氏名、標準報酬月額が記載）が送られてくるので保管します。「**健康保険証**」は２～３週間で会社に送付されますが、その間に必要な場合は年金事務所に申請すれば、「健康保険被保険者資格証明書」を交付してもらえます。

社会保険では、社長、役員も法人に使用されているとするので、従業員との区別はありません。試用期間中の従業員も加入手続きが必要です。

健康保険・厚生年金保険に加入義務のある事業所（強制適用事業所）

法人の事業所	株式会社	強制適用事業所	健康保険・厚生年金保険に加入
	有限会社		
	NPO法人		
	一般社団法人　など		
個人事業	常時５人以上の従業員が勤務		
	常時５人未満の従業員が勤務		国民健康保険・国民年金に加入

社会保険加入の提出書類

	会社が新たに社会保険に加入する場合	従業員が社会保険に加入する場合	提出先
提出書類	●「健康保険・厚生年金保険 新規適用届」 ●「健康保険・厚生年金保険 被保険者資格取得届」 ●「健康保険被扶養者（異動）届」 ● 健康保険・厚生年金保険 保険料口座振替納付申出書」	●「被保険者資格取得届」 ※事業主が提出 ●「健康保険被扶養者（異動）届」 ※従業員に扶養家族がいる場合 ●「国民年金第３号被保険者関係届」 ※被扶養となる配偶者がいる場合	日本年金機構 事務センター または 所轄の 年金事務所
添付書類	●「法人（商業）登記簿謄本」	なし	

受理後会社に届くもの（保管する）

- 「適用通知書」（事業所整理番号、事業所番号が記載）
- 「資格取得確認および標準報酬決定通知書」（被保険者の氏名、標準報酬月額が記載）

memo

［適用事業所］

株式会社などの法人の事業所は、社会保険の適用事業所となり、被保険者となるべき従業員がいる場合、加入の義務があります。

強制適用事業所が社会保険に未加入の場合、悪質なケースでは６カ月以下の懲役あるいは50万円以下の罰金が科せられます。また、過去２年間にさかのぼり未納の保険料を徴収されることもあります。

健康保険・厚生年金保険 新規適用届の記入例

様式コード			
2	1	0	1

健康保険
厚生年金保険 新規適用届

令和　年　月　日提出

事業主記入欄

事業所所在地	〒 162 −0××× (フリガナ) トウキョウトシンジュクク●●チョウ 東京都新宿区●●町〇-〇〇-〇〇
事業所名称	(フリガナ) カ エービーシーデーイーデザイン 株式会社 ABCDEデザイン
電話番号	03 (〇〇〇〇) 〇〇〇〇

社会保険労務士記載欄
氏名等

事業所情報記入欄

① 事業主(または代表者)氏名	(フリガナ) シマネ　シズエ (氏) 島根　(名) 静江	② 問合せ先担当者名(内線)	問合せ先担当者名 山梨 隆行 内線番号
③ 事業主(または代表者)住所	〒 162 −0××× 東京都新宿区▲▲町〇-〇〇-〇〇		
(「事業主代理人」有の場合) ④ 事業主代理人氏名	(フリガナ) (氏)　(名)		
⑤ 事業主代理人住所	〒　−		
⑥ 業態区分(事業の種類)	事業の種類 専門・技術サービス業	⑦ 適用年月日(※記入不要)	9. 令和　年　月　日
⑧ 個人・法人等区分	1. 法人事業所 2. 個人事業所 3. 国・地方公共団体	⑨ 法人番号等	(1) 法人番号 2. 会社法人等番号 9 8 7 6 5 4 3 2 1 0 9 8 7
⑩ 本店・支店区分	1. 本店 2. 支店	⑪ 内・外国区分	1. 内国法人 2. 外国法人
⑫ 社会保険労務士名		社会保険労務士コード	
⑬ 健康保険組合名称	(フリガナ) 健康保険組合	⑭ 厚生年金基金番号	
⑮ 給与計算の締切日	10 日	⑯ 昇給月	月　月　月　月
⑰ 算定基礎届媒体作成	0. 必要(紙… 1. 不要(自… 2. 必要(電…		
⑱ 給与支払日	(当月) 翌月 25 日	⑲ 賞与支払予定月	月　月　月　月
⑳ 賞与支払届媒体作成	0. 必要(紙… 1. 不要(自社作成) 2. 必要(電子媒体)		
㉑ 給与形態	(1.) 月給　(5) 時間給 2. 日給　6. 年俸制 3. 日給月給　7. その他 4. 歩合給 ( )	㉒ 諸手当の種類	1. 家族手当　5. 精勤手当 2. 住宅手当　(6.) 残業手当 (3.) 役付手当　7. その他 (4.) 通勤手当 ( )
㉓ 現物給与の種類	1. 食事　5. その他 2. 住宅 ( ) 3. 被服 4. 定期券		
㉔ 従業員情報	1. 従業員数(役員含む) 8 人 2. 社会保険に加入する従業員数 6 人 3. 社会保険に加入しない従業員について ※ ㋑〜㋓については平均的な勤務日数および勤務時間を記入してください。		㋐ 役員 1 人 [報酬 (0. 無 ／ (1) 有)・常勤 (1 人)・非常勤(人)] ㋑ 嘱託職員等 人 [1月 日・1週 時間] ㋒ パート 人 [1月 日・1週 時間] ㋓ アルバイト 1 人 [1月 日・1週 時間]
㉕ 所定労働日数 所定労働時間	1月　日・1週　時間　分		
㉖ 備考			

事業所名のフリガナは、株式会社を「カ」、特例有限会社を「ユ」、合名会社を「メ」、合資会社を「シ」と略して記入する。それ以外は略さず記入する

事務担当者名は必ず記入する

「事業所業態分類票」(日本年金機構)を確認して記入する

給与形態、支給される諸手当は、該当するものすべてに○を付ける

従業員数と、そのうちの社会保険へ加入する者の人数を記入する。社会保険に加入しない従業員がいる場合は、その人数と勤務形態を記入する

法人番号と会社法人等番号を共に有する場合は、「1：法人番号」を選択し、法人番号(13桁)を記入する

前回確認日　／　／　／

総務

年間スケジュール

総務は、会社で働く人が仕事に集中して働きやすい環境を整える仕事です。従業員のみならず経営者も含む会社全体をフォローする役割を果たします。さまざまな社内文書、社外文書の作成と管理、印鑑の管理、事務用品などの購入・管理、OA 機器などの設備の購入・管理の他、定款や「登記事項証明書」の管理、株主総会関連の通知や「議事録」作成などなど、業務内容は多岐にわたっています。

社内外を問わず、多くの人と接するため、高いコミュニケーション能力が求められます。

＊スケジュールは３月決算の例

4月
- 入社式の実施
- 定期健康診断の実施
- 株主総会の準備

株主総会の準備
期末の計算書類（「貸借対照表」「損益計算書」「株主資本等変動計算書」「個別注記表」）と「事業報告書」などの附属明細書を用意し、監査役に計算書類を提出する（➡ p.230）

5月
- 株主総会招集通知発送
- 株主総会の開催

株主総会招集通知発送
「監査報告書」の提出を受け、取締役会で計算書類などの承認を得て、「株主名簿」上の株主に招集通知を発送する（➡ p.230）

株主総会の開催
定時株主総会は、決算終了後３カ月以内に開催するので、６月に行われることもある。株主総会終了後、議事録を作成する。議事録は総会議長が作成するが、総務で議事録のひな形を作成し、議長の承認を得ることも多々ある（➡ p.230）

6月

7月
- お中元の手配・発送
- 暑中見舞いの手配・発送

8月

9月
- 防災訓練

会社全体のサポート業務が総務

“総”務の名前通り、あらゆる方面の幅広い業務を行います。数多くの文書作成と管理、電話対応や来客対応の他、各部署から急な仕事が入ることもよくあります。日常的にさまざまな業務を並行して行うことが多いのが総務の仕事です。年に1回など定期的な業務と日常的な業務を区別し、計画的にスケジュールを立てましょう。会社全体の仕事の流れを理解し、業務の優先順位を常に意識することが大切です。

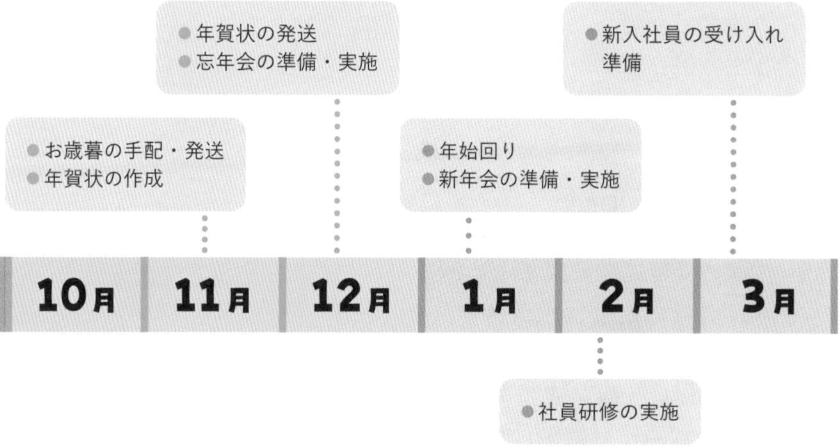

memo

[従業員の個人情報の管理]

総務の日常業務にはマイナンバーの管理も含まれる。マイナンバーは、社会保障、税、災害対策に利用範囲が限られており、最重要な個人情報の一つ。マイナンバーそのものの保管には徹底した注意が必要で、マイナンバーが記載された書類は、法的保存期間が過ぎた時点で早急に破棄、削除を行わなければならない。

文書・書類の保存の基本

NOTE 書類の保存期間の違いに注意する

文書管理の基本はすぐに取り出せること

文書管理とは、会社が所有するさまざまな書類（「会社情報」、「契約書」、「申告書」など）を整理し保管する作業のことです。**会社が取引をした証明となる書類は証憑《しょうひょう》書類**と呼ばれます。具体的には契約書「領収書」「請求書」「見積書」「納品書」「給与明細書」「履歴書」などがあります。

証憑とは証拠の意味で、従業員に関する書類や取引関係の書類（仕入れや売り上げなど）、経理関係の書類を指します。これらの書類は会社法で保存期間が定められており、事実確認の際にすぐ取り出せるよう整理しておく必要があります。

書類の保存期間

法律で保存期間が決まっている文書（書類）を**法定保存文書**といいます。会社の**定款**は永久保存、会社法関連は10年、経理関連は７年のものが多く、総務や人事関連は２～５年です（➡p.54）。

一般的には、保存期間を過ぎて保管していても問題ありませんが、マイナンバーが記載された書類（「扶養控除等申告書」など）は保存期間を過ぎて保管することが禁止されているので注意しましょう。

また、「株主名簿」、登記・訴訟に関する書類、知的所有権に関する書類、「就業規則」や通達書類、重要な刊行物などは保存期間が決められていませんが、廃棄せず保管しておきましょう。

文書のファイリングと電子データの管理

文書を整理、分類し、ファイルに収めて保管する作業を**ファイリング**といいます。ファイリングによって、必要な情報を迅速《じんそく》に取り出すことができます。

会社の基本情報、申告書、「決算書」などは、内容ごとにまとめましょう。契約書は、取引先ごとに分類するのが効果的です。決算関連書類は年度ごとにまとめ、保存書類の内容と保存期間を明記します。保存は、廃棄のタイミングが同じものをまとめると便利です。

ファイルには分かりやすい名前を付け、書類名や従業員名などのインデックスも利用して分類します。紙の書類の場合、同じ書類をいくつも保存しないよう、原本を管理することも大切です。

また、ファイリングのルールを従業員に周知し、書類一覧を作成しましょう。

セキュリティー対策も重要です。電子データの場合、特に賃金や「職務経歴書」など個人情報が含まれるファイルには、パスワードやアクセス制限を設定し、定期的にパスワードを変更しましょう。さらに、データの逸失を防ぐため、大切な情報を定期的に別の場所にバックアップすることも必要です。

書類の廃棄

書類には多くの**機密情報**や**個人情報**が含まれているため、そのまま廃棄するのは禁物です。紙の書類の場合は、シュレッダーを利用したり、専門の廃棄業者に依頼して溶解処理などを行ったりします。

電子帳簿保存法の実施などによってペーパーレス化が進み、電子データとしてパソコン内に保存されている書類が圧倒的に多くなってきます。パソコン内のデータやハードディスクの処分についても、専門業者に依頼するか、データ消去ソフトを活用します。情報管理に十分注意して、安全かつ確実な廃棄を心掛けましょう。

主な書類の保存期間（抜粋）

保存期間	関連する仕事	書類の種類	例	起算日
永久	労務	労働協約に関する書類		なし
	総務	定款		
		株式に関する書類	「株主名簿」	
			「株券喪失登録簿」	
		登記・訴訟に関する書類	「登記簿謄本」	
			「固定資産評価証明書」	
		官公庁との提出・受領書類	「設立認証申請書」	
			「役員就任承諾書」	
			「許可書」「認可書」	
		知的所有権に関連する書類	「特許・登録証」	
10年	経理	会計帳簿と事業に関する重要書類	「貸借対照表」	事業年度の最終日
			「損益計算書」	
			「税務報告書」　など	
		製品の製造加工・出荷・販売の記録	「売買契約書」	製造品の引き渡し日
			「保証書」	
			品質管理データ　など	
	総務	重要議事録	「株主総会議事録」	株主総会の日
			「取締役会議事録」	取締役会の日
			「監査役会議事録」	監査役会の日
7年	経理	取引に関する証憑書類	「契約書」「注文書」	作成日・受領日の事業年度の最終日翌日から２カ月後
			「請求書」「領収書」	
		取引に関する帳簿	「仕訳帳」	事業年度の最終日翌日から２カ月後
			「現金出納帳」	
			「固定資産台帳」	
			「売掛帳」「買掛帳」	
		給与所得者の源泉徴収に関する申告書	「給与所得者の扶養控除等申告書」「配偶者控除等申告書」「基礎控除申告書」	申告書提出期限の翌年１月11日
			従たる給与についての扶養控除等申告書	
			退職所得の受給に関する申告書	
		「源泉徴収票」		法定申告期限
5年	経理	「監査報告書」「会計監査報告書」		定時株主総会開催日の１週間前
	総務	「事業報告」		定時株主総会開催日の１週間前
		「有価証券届出書」「有価証券報告書」		提出日
		「賃金台帳」		最後の記入日
		「労働者名簿」		従業員の退職・解雇・死亡の日
		雇い入れ・解雇・退職に関する書類		
		賃金その他労働関係に関する重要な書類	賃金決定関係書類	
			タイムカード	
		「産業廃棄物管理票（マニフェスト）」の写し		受領日
	労務	「従業員の身元保証書・誓約書」		作成日
		「健康診断個人票」		
4年	労務	雇用保険の被保険者に関する書類及び処理簿		従業員の退職・解雇・死亡の日
3年	総務	「四半期報告書・半期報告書及び訂正書」（写し）		提出日

前回確認日　／　／　／

電子帳簿保存法のポイント

NOTE 電子帳簿保存法に対応した書類の保存方法に注意する

電子帳簿保存法による経理

会社法や法人税法などの国税関係では、帳簿・書類は紙での長期間の保存が義務付けられていますが、紙、印刷、保存などにかかる費用、保管スペースの確保や整理にかかる作業負担などの問題があります。電子帳簿保存法（電帳法）は、取引に関わる帳簿・書類のデータ化、保存ルールを定めた法律で、2024年１月からは中小企業でも、原則として、**取引情報をデータで電子帳簿保存法のルールで保存する**ことが定められました。

保存方法には、**電子帳簿等保存**、**スキャナー保存**、**電子取引データ保存**という３つの区分があります（➡p.56・57）。電子帳簿等保存、スキャナー保存は任意ですが、電子取引データ保存は義務化されています。例えば、メール添付で送付された請求書などを印刷するのは違法になります。紙で送られてきた場合も、紙ではなく、電子データで保存します。

電子帳簿保存法の対象とならない書類

手書きで作成した国税関係帳簿（「仕訳帳」、「総勘定元帳」など）と国税関係書類（「契約書」、「請求書」、「領収書」など）、データで作成した後に印刷して手書きで修正などを加えた取引関係書類は、電子帳簿保存法の対象にはならないので、電子データでの保存が認められず、これまで通り紙（書面）の原本での保存となるので注意しましょう。

電子帳簿保存法の対象書類と電子データの保存方法

国税関係帳簿	国税関係書類		
	決算関係書類	取引関係書類	
		自社が発行	相手から受領
「仕訳帳」 「売掛帳」 「買掛帳」 「仕入れ帳」 「経費帳」 「総勘定元帳」 「現金出納帳」 「固定資産台帳」 など	「試算表」 「棚卸し表」 「貸借対照表」 「損益計算書」 など	「見積書(控)」 「契約書(控)」 「注文書(控)」 「納品書(控)」 「請求書(控)」 「領収書(控)」 など	「見積書」 「契約書」 「注文書」 「納品書」 「請求書」 「領収書」 など

↓（国税関係帳簿・決算関係書類・自社が発行）

会計システムや文書管理システムなどで一貫して電子的に作成した帳簿・書類をデータのまま保存

↓（自社が発行・相手から受領）

紙で受領・作成した書類をスキャンし、画像データで保存

任意　電子帳簿等保存

保存要件

- システムの説明書やディスプレーなどを備え付ける
- 税務職員からのデータのダウンロードの求めに応じることができる

任意　スキャナー保存

保存要件

- 解像度200dpi相当以上で読み取る
- 資金や物の流れに直結・連動する書類（請求書、領収書など）は、カラーで読み取る　　など

memo

［優良な電子帳簿］

訂正、削除の履歴が残るシステムを使用するなど「優良な電子帳簿の要件」を満たすと、後にその電子帳簿に関連する過少申告が判明しても過少申告加算税が５％軽減される措置があります（届出書の提出が必要）。

スキャナー保存は保存要件が多いため、それに対応するソフトを使用するのが一般的です。

電子取引
電子メール、EDI、クラウドサービスなどによる授受
「見積書」 「契約書」 「注文書」 「納品書」 「請求書」 「領収書」 など

↓

電子的に受領した取引に関する書類を電子データのまま保存

義務　電子取引データ保存

保存要件

- 改ざん防止の措置（真実性の確保）
- 日付・金額・取引先で検索できるようにする（可視性の確保）
- ディスプレーやプリンターなどを備え付ける（可視性の確保）

電子帳簿保存法の対象となる帳簿・書類は、左の通りです。帳簿・書類ごとに、認められている保存方法が異なり、一定の保存要件を満たして保存する必要があります。

どちらの保存方法でも、書類制作日や修正、削除の履歴が確認できることと、税務調査時など、必要なときに必要な書類をすぐに提示できることが必要です。

memo

［電子取引の対象となる具体例］

- 電子メール
- EDI（企業間の電子データ交換をクラウド上で行うサービス）
- クラウドサービス
- ウェブサイト
- ペーパーレスFAX（FAX受信した文書を紙に印刷せず、複合機内に保存する機能）
- カード類（クレジットカード・交通系ICカードなど）
- 記録媒体（DVD・ブルーレイ・USBスティックなど）

国税関係帳簿、決算関係書類の保存方法

国税関係帳簿、決算関係書類を、会計ソフトなどを使用してデータで作成した場合は、一定の要件を満たせばデータで保存するか、紙に印刷して保存するかを選ぶことができます。手書きで作成した場合は、スキャンしてデータとして保存することは認められておらず、紙で保存します。

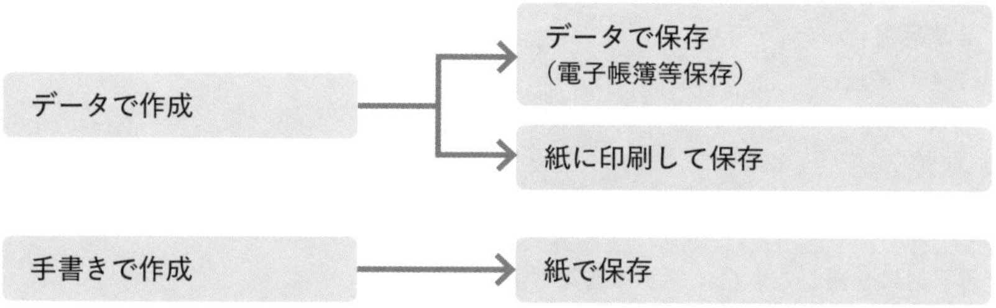

▶データの保存期間

帳簿や書類の保存期間はp.54の通りです。データでも紙でも変わりません。

▶データの保存方法

会計ソフトで作成した場合は、そのまま会計ソフトで保存すれば問題ありません。表計算ソフトで作成した場合は、年度ごとにフォルダを作成して保存します。

▶紙の保存方法

決算終了後、年度ごとに段ボールなど保存箱に入れて保管します。保存箱には保存文書の内容と保存期間を明記しましょう。保存箱には廃棄のタイミングが同じものをまとめると便利です。

取引関係書類の保存方法

「請求書」や「領収書」などの取引関係書類は、受領した場合と発行した場合で保存方法が異なる部分があります。スキャナーだけでなく、スマートフォンなどでの撮影での保存もできます。

自社が発行した場合

- データで作成したものをデータで発行 → 控えをデータで保存（電子取引データ保存）
- データで作成したものを紙で発行
  - → 控えをデータで保存（電子帳簿等保存）
  - → 控えを紙で保存
- 手書きのものを発行
  - → 控えをスキャンしてデータで保存（スキャナー保存）
  - → 控えを紙で保存

相手から受領した場合

- データで受領 → データで保存（電子取引データ保存）
- データで作成したものを紙で受領
  - → スキャンしてデータで保存（スキャナー保存）
  - → 紙で保存
- 手書きのものを紙で受領
  - → スキャンしてデータで保存（スキャナー保存）
  - → 紙で保存

電子取引でやりとりしたデータの保存要件

電子メールやインターネットなどを通じてやりとりした電子データを保存するには、主に次の要件を満たす必要があります。

①真実性の確保(改ざん防止の措置)

データに次のような改ざん防止措置を一つ以上講じる必要があります。

1. タイムスタンプが付された後で、電子取引データの授受を行う。(発行側)
2. 電子取引データの授受後、速やかに(最長2カ月+7営業日)タイムスタンプを付す。(受け取り側)
3. 電子取引データについて訂正、削除を行った場合、その記録が残るシステムまたは訂正、削除ができないシステムを使用する。
4. 訂正、削除の防止に関する事務処理規程を定め、その運用を行う。

タイムスタンプのイメージ

タイムスタンプとは、スタンプが付与された時刻以降にその文書が改変されていないこと(電子データの発行日時)を証明するサービスです。

利用には、時刻認証業務認定事業者(TSA)との契約、または、タイムスタンプに対応した会計ソフトの導入が必要です。

スキャンした「領収書」にもタイムスタンプが押せます。利用にはTSAとの契約料または日本データ通信協会との登録料(対応会計ソフト利用の場合)とスタンプ利用料が発生するため、導入には検討が必要です。

②可視性の確保(検索機能の確保)

電子取引の情報が、必要に応じていつでも確認できる状態で保存するため、次の要件のすべてを満たすことが必要です。

データは日付・金額・取引先で検索できるようにしなければなりません。専用のシステムを導入しなくても、表計算ソフトで「索引簿」を作成する、ファイル名に取引年月日・金額・取引先を入れるという方法で対応できます。なお、2年(期)前の売上高が5,000万円以下の場合は、この要件を満たす必要はありません。

1. 電子計算機処理システムの概要書を備え付ける。
2. 保存場所にパソコン、プリンター、ディスプレーなどとその操作マニュアルを備え付け、画面や書面で速やかに出力できる。
3. 保存された取引情報をすぐに表示できるように検索機能を確保する。

索引簿の作成とファイル名の付け方

連番	日付	金額	取引先	備考
①	20240131	55,000	A社	請求書
②	20240228	220,000	B社	請求書
③	20240310	110,000	C社	注文書
④	20240331	110,000	D社	領収書

取引年月日、金額、取引先の順にファイル名を付けて検索できるように

20240131_55000_A社.pdf

スキャナー保存した紙の書類は廃棄してもよい

スキャナー保存でデータにした紙の書類は、すぐに廃棄しても問題ありません。ただし、決められた期間（「請求書」や領収書は書類の受領などから最長２カ月＋７営業日）を過ぎてからスキャナー保存した場合や、備え付けられているプリンターで出力ができないほど大きな書類を読み取った場合は、データと紙の両方を保存する必要があります。

memo

［活用したい！　IT導入補助金］

IT導入補助金（中小企業庁）は、中小企業と小規模事業者向けのITツールの導入費用を補填する制度です。電子帳簿保存法やインボイス制度に対応する申請枠があり、ソフトウエア購入費、クラウドサービス利用料や導入費用、ハードウエア購入費に対して補助金が支給されます。申請はIT導入補助金ポータルサイトからできます。

前回確認日　／　／　／

マイナンバーの社内管理は厳格に

NOTE マイナンバーの保管には細心の注意を払う

マイナンバーとは

国は、国民一人一人に12桁の**個人番号（マイナンバー）**を付ける**マイナンバー制度**をスタートさせています。マイナンバーは、社会保障、税、災害対策などの分野で効率的に情報を管理し、個人の特定を確実かつ迅速に行うことを目的として、使用目的は限定されています。

会社は、納税、社会保険、雇用保険の手続きのために、従業員とその扶養家族のマイナンバーが必要ですが、最重要の個人情報であるため、管理には万全の体制が必要です。

従業員のマイナンバーを収集するには

会社は、マイナンバーの収集の際は従業員（パートタイム、アルバイト含む）にマイナンバーが必要であることを告知し、提出に同意してもらう必要があります。そのため、利用目的を明示した「同意書」を用意して署名押印してもらい、マイナンバーカードの提示または写しを提出してもらいます。

マイナンバーカードを持っていない従業員には、「通知カード」かマイナンバーが記載された「住民票」と身分証明書（「運転免許証」「パスポート」など写真付きのもの）を併せて提出してもらいます。

この際、個人番号が正しいかの番号確認と、番号の持ち主と本人とが一致しているかの身元確認をして、厳格に本人確認をしなければいけません。

会社がマイナンバーを使用する手続き

会社

〈納税〉
- 「源泉徴収票」
- 「給与支払報告書」
- 「支払調書」
- 「扶養控除等申告書」　など

→ **税務署　市区町村**

〈健康保険・厚生年金保険〉
- 「資格取得届」「資格喪失届」
- 「被扶養者（異動）届」　など

〈介護保険〉
- 「資格取得届」「資格喪失届」　など

〈雇用保険〉
- 「資格取得届」「資格喪失届」
- 育児、介護休業給付金の「支給申請書」　など

→ **年金事務所　健康保険組合　市区町村　ハローワーク**

memo

［提出を断られたとき／通知カードについて］

①従業員にマイナンバーの提出を強制することはできません。拒否されたら法令に定められた会社の義務であることを告知し、それでも拒否された場合は提出先の指示に従います。なお、拒否の「理由書」（念書）を提出してもらうなど、拒否された経緯を記録し説明できるようにしておきます。

②通知カード※とは、紙製のカードでマイナンバーを通知したもので、最新の住所であれば本人確認に利用できます。

※通知カードは2020年５月25日に廃止されたが、通知カードに記載された氏名、住所などが住民票に記載されている事項と一致している場合に限り、番号確認書類として通知カードを使用できる。

マイナンバーの保管は厳重に、廃棄はすぐに

マイナンバーは目的外に利用できず、法律で定められた範囲で利用する場合のみ保管ができます。原則として鍵の掛けられる保管庫に保管し、必要に応じ利用します。また、取り扱い担当者の教育、責任者や役割の明確化、PCや電子媒体の施錠、アクセス制限・不正アクセス防止対策などの情報漏えい対策など、安全管理措置を徹底します（ただし、従業員100人以下の企業は一部が緩和されています）。

また、マイナンバーが記載された書類は、退職や法定保存期間を過ぎた場合、すぐに廃棄や削除をしなければいけません。例えば、「扶養控除等申告書」は7年保存ですが、期間が過ぎたらすぐに廃棄します。

マイナンバーの収集で、従業員に提出してもらうもの

①もしくは②を提出してもらう

①

番号確認 ＋ 身元確認

表面

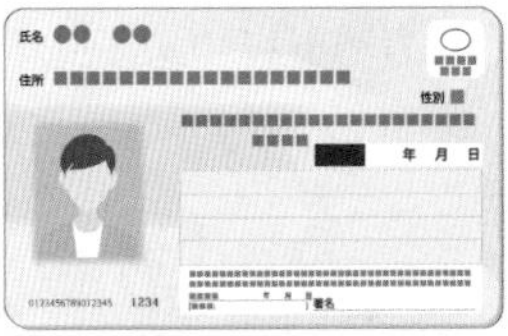

裏面

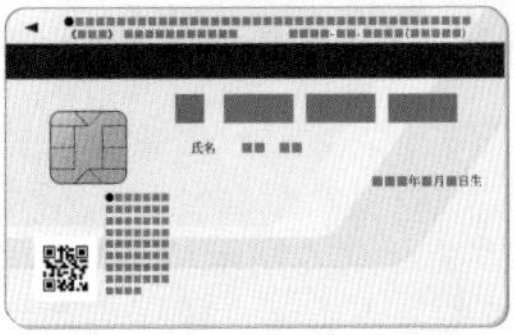

「マイナンバーカード」の写しだけで番号確認と身元確認が可能

②

番号確認

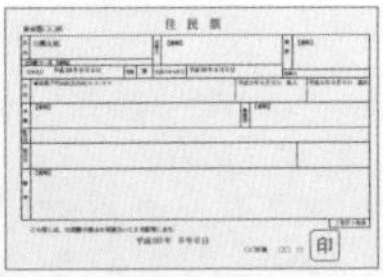

「通知カード」またはマイナンバーが記載された「住民票」の写し

＋

身元確認

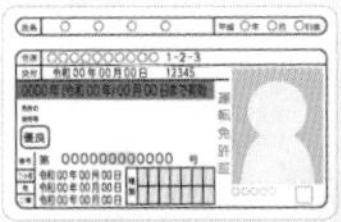

「運転免許証」「パスポート」など、顔写真付きで身元が確認できるもの1点（顔写真付きのものがない場合は、「健康保険証」、「年金手帳」など2点）。

前回確認日	／	／	／

印章の種類と押印管理のルール

NOTE　印章は種類と役割を理解して正しく管理する

会社で使う印章にはそれぞれ役割がある

社判（会社で使う印章）にはさまざまな種類があり、用途により使い分けが必要です。会社の運営では、取引先との契約、銀行口座の開設など、重要な場面で書面への押印が必要となります。最近では、文書への押印は省略されつつありますが、押印の重要性をよく理解して正しく使い、しっかり管理しなければなりません。

● **主な社判（会社で使う印章）**

代表者印 **（会社実印、法人実印、実印）**		会社を設立する際、法務局に登録する印鑑で、印鑑登録されたもの。公的に認められた、会社で最も重要な印。「契約書」や官公庁への書類などに使う
銀行印		銀行への届け出が必要。銀行での口座開設や入・出金、小切手や手形の発行など、銀行取引全般に使う。代表者印を銀行印としても使うことはできるが盗難や紛失を避けるため、代表者印とは別に作製するのが一般的
角印 **（会社印、社印）**		印鑑登録されていない、日常的な業務で使用する会社印。「見積書」「請求書」「領収書」などの社外文書に使う

memo

［印章と印鑑、署名と記名、捺印《なついん》と押印《おういん》の違い］

● お店で売られている判子《はんこ》の正式名称は**印章**。**印鑑**とは印章を紙に押して残った印影で、かつ銀行や役所に登録したものを指します。

● 自身の氏名を自筆（手書き）することを**署名**といい、氏名を書き記すことを**記名**といいます。**記名**はパソコンやゴム印などで印字されたものや第三者が書いたものも含まれます。**署名**には法的効力がありますが、**記名**の場合は押印がなければ法的には認められません。

● **捺印**と**押印**は同じ意味で、印章を押すこと。**捺印**は**署名捺印**を略した言葉として使用されることもあります。

印章の管理は厳格にする

会社にとって、特に対外取引に使われる印章は、会社の権利関係を明らかにする重要なものなので、取り扱いがずさんであれば悪用され、会社に損失を与えることもあり得ます。印章の管理は総務の仕事の範囲とされていますが、管理に当たっては印章の法的役割を認識し、十分な配慮が必要となります。誰が管理するのか、誰が・いつ・どう使ったのかが分かるルールを決め、厳格に運用します。特に代表者印は、一般従業員の持ち出しを禁止します。

memo

［電子印鑑］

電子印鑑とは、電子文書に押印ができるよう印影をデジタル化した印章で、電子取引やリモートワークの導入に伴い普及しています。印影をスキャナーなどで画像データ化したものは無料で作成できますが、複製されやすく信頼性が低いので、社内向けの文書の認印として利用し、重要な文書には使用しないようにします。一方、使用者を識別するための情報を印影の画像データに保存した電子印鑑は有料となりますが、法的信頼性が高いため「契約書」などの重要な社外文書にも使用できます。

さまざまな押印のルール

［割り印］

複数の文書が同じ内容であることを示すため、またいで押す。

［消し印］

収入印紙の再使用を防ぐため、収入印紙と用紙にまたがるように押す。

［捨て印］

文書に誤りが見つかったときに「訂正印」として利用できるように、あらかじめ文書の余白部分に押しておく。

［契印（ホッチキス止めの場合）］

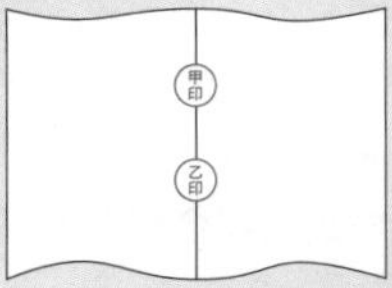

［契印（背表紙を製本テープで止める場合）］

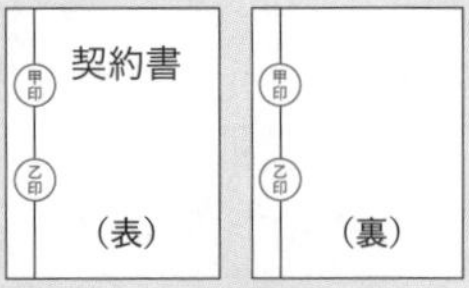

とじられた契約書が一つの連続した文書であることを示すために押す。

前回確認日 ／ ／ ／

第2章

経理の日々の業務

Subject

経理の基礎知識／商取引／
現金管理／固定資産

経理の基礎知識❶

会計処理の基本

NOTE 会計処理をマスターして、お金の動きを記録する

会計処理は最も大事な経理の仕事

会社の日々の取引に関わるすべてのお金の出入りを帳簿に記録、管理することを会計処理といい、経理の最も重要な仕事です。記録には、手書きの「出納帳」や表計算ソフトもありますが、最近では会計ソフト（➡p.20）を使い記録する会社が増えています。

会計処理のゴールは決算書の作成

会計処理は、日々のすべてのお金の流れを項目ごとに分類し、借方《かりかた》と貸方《かしかた》に分けて記帳する**複式簿記を用いて行います**。複式簿記での分類項目を勘定科目と呼び、分類して記録する作業を**仕訳**といいます。仕訳後、勘定科目ごとに集計した「**総勘定元帳**」を作成します。これは、１会計年度に行ったすべての取引を、科目ごとに動きが分かるように作成したもので、それを集計したものが「**試算表**」です。ここから「**貸借対照表**」や「**損益計算書**」などの「**決算書**」（➡p.204）を作成します。決算書は税務署に提出する必要があり、経営状況を把握する役割も持つ重要な書類です。

memo

[勘定科目]

勘定科目は法律などで定められているものではなく、会社が独自に設定することができます。会社に合った勘定科目を設定しましょう。しかし、できる限り一般的な勘定科目を使うと、その後の処理や分析が容易になります。

勘定科目は、資産、負債、純資産、費用、収益の５つに大きくグループ分けできます。資産、負債、純資産に入るものは貸借対照表に、費用、収益に入るものは損益計算書に表されます。

会計処理の流れ

会計年度において、会社の取引を仕訳し、決算書を作成するまでの一連の処理を簿記一巡といいます。

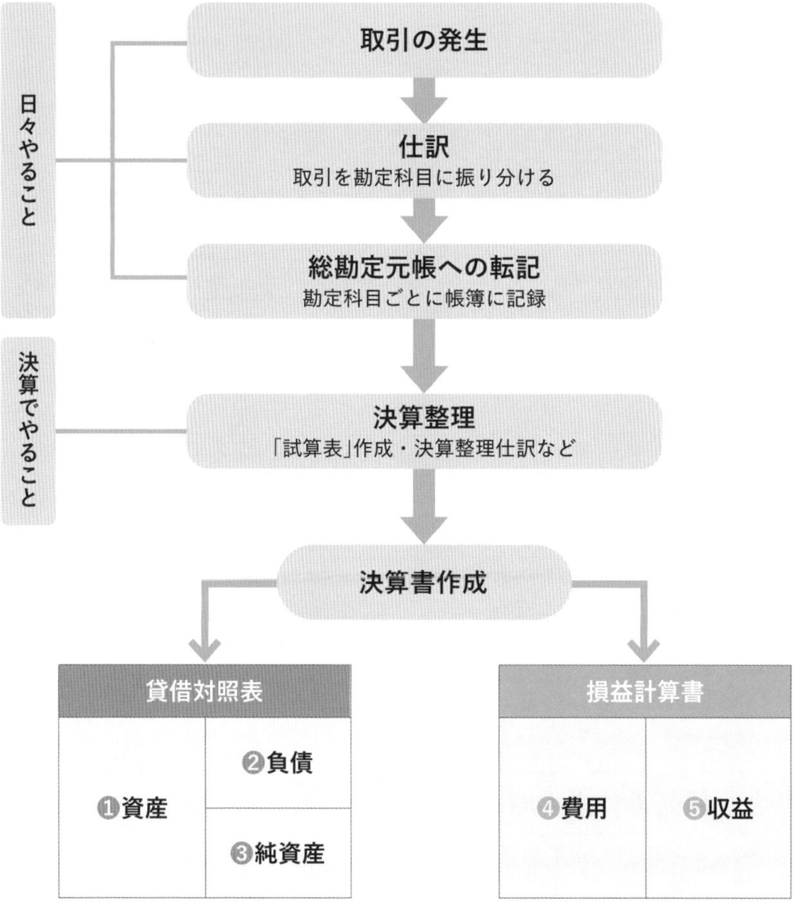

❶資産	会社が持っている資産。現預金・売掛金、土地・建物・開発費など
❷負債	返済する必要のある他人資本。買掛金・未払い費用、社債・長期借入金など
❸純資産	返済する必要のない自己資本。資本金、有価証券など
❹費用	会社が取引の際支払った全費用。仕入れ、給料、水道光熱費など
❺収益	会社に入ってきた全収入。売り上げ、受取利息、固定資産の売却益など

前回確認日 ／ ／ ／

会計帳簿の種類と作成手順

NOTE 経理のベースとなる主要簿と自社に必要な補助簿を作成する

会計帳簿には主要簿と補助簿とがある

会計帳簿とは、会社の日々の取引内容を記録する一連の書類です。「決算書」の基になる会社全体の取引を記録する「**主要簿**」と、主要簿を補うため特定の科目について記録する「**補助簿**」とがあります。

主要簿には、すべての取引を仕訳してまとめる「**仕訳帳**」（仕訳伝票）と、取引内容を勘定科目ごとにまとめる「**総勘定元帳**」とがあり、共に法人税法で作成が義務付けられています。

総勘定元帳は、それぞれの勘定科目の具体的な内容の把握ができる帳簿です。さらに、期末にはこれを基に決算書で会社の財務状況を示す「**貸借対照表**」、会社の損益を示す「**損益計算書**」を作成します。

一方、補助簿として、現金の流れをまとめる「**現金出納帳**」、売掛金を管理する「**売掛金元帳**」、仕入れ先ごとに買掛金を管理する「**買掛金元帳**」などがあります。補助簿はすべて作成する必要はなく、自社に必要なもののみ作成します。

会計帳簿の作成手順とは

会計帳簿の作成は、仕訳帳への記録から始まります。まず、毎日の取引を発生順に借方と貸方に分けて、日付、金額、摘要などを記録します。さらに、仕訳帳に記帳した内容から勘定科目ごとに該当するものを転記し、総勘定元帳や「売上帳」などの補助簿を作成します。仕訳帳は会計帳簿のデータベースともいえます。

会計ソフトを使用して入力をすれば、仕訳帳に記録された取引内容が、作成したい会計帳簿に自動的にミスなく効率的に転記されます。

●会計帳簿の種類

主要簿

仕訳帳	すべての取引を発生順に借方・貸方に分け、勘定科目を使って記録する帳簿
総勘定元帳	取引を仕訳帳から転記し、勘定科目ごとに記録・計算した帳簿

補助簿

現金出納帳	現金の収入・支出の明細を記録する帳簿。現金の残高を明らかにする
仕入れ帳	商品や原料の仕入れに関する事項を記録した帳簿。「いつ・誰から・何を・いくらで仕入れたか」を記載する
売上帳	「いつ・誰に・何を・いくらで売り上げたか」といった売り上げの詳細を記載する帳簿
商品有高帳	商品を仕入れたときや売り上げたときに記入する帳簿。残高を見れば、商品ごとの在庫状況が分かる
売掛金元帳（得意先元帳）	得意先別に売掛金の増減と残高を取引の発生順に記録する帳簿。取引先ごとの売掛金の残高や回収状況が把握できる
買掛金元帳（仕入れ先元帳）	仕入れ先別に取引内容や取引金額を分類して記録する帳簿。仕入れ先ごとの買掛金の残高が分かる
固定資産台帳	固定資産を管理するために作成する。取得日・取得価額・償却額（減価償却が必要な資産のみ）などを記載

仕訳帳から総勘定元帳への転記例

日付	借方勘定科目	借方金額	貸方勘定科目	貸方金額	摘要
9/6	現金	150,000	普通預金	150,000	現金引き出し
9/23	仕入れ	60,000	買掛金	60,000	パソコン
9/28	現金	4,500	売り上げ	4,500	○○商品　㈱●●

［現金］

日付	相手勘定科目	摘要	借方金額	貸方金額	残高
		前月繰り越し			300,000
9/6	普通預金	現金引き出し	150,000		450,000
9/28	売り上げ	○○商品　㈱●●	4,500		454,500

［普通預金］

日付	相手勘定科目	摘要	借方金額	貸方金額	残高
		前月繰り越し			2,000,000
9/6	現金	現金引き出し		150,000	1,850,000

［仕入れ］

日付	相手勘定科目	摘要	借方金額	貸方金額	残高
9/23	買掛金	パソコン	60,000		60,000

前回確認日　／　　／　　／

金融機関と預貯金

NOTE 自社に合った金融機関と預貯金の種類を選ぶ

金融機関の特徴をつかみ、選ぶ

会社の経営活動において、融資や預貯金、入・送金など、金融機関との取引は欠かせません。近年では、実店舗を持たないネット銀行も増えています。また、実店舗を持つ金融機関によるインターネットバンキングも普及しています。それぞれの金融機関の特徴をつかみ、利便性や融資の受けやすさなどを基準に、会社の規模に合った金融機関を選びます。

会社でよく使う預金の種類

銀行や信用金庫、信用組合などの金融機関にお金を預けることや預けたお金を預金といいますが、ゆうちょ銀行やJAバンク（農業協同組合）では貯金といいます。

会社でよく使う預金の種類

普通預金
自由に預け入れ、払い戻しができ、運転資金の出し入れに使われる。公共料金や家賃などの自動支払い、給与や年金などの自動受け取りができる

定期預金
預け入れから満期日まで、原則引き出しはできないが金利が高いメリットがあり、剰余資金の運用に適している

総合口座
普通預金と定期預金とをまとめた口座。普通預金の残高が不足した場合は、定期預金を担保に自動的に借り入れができる

当座預金
手形や小切手の支払いに使われる預金。法律により利息は付かない。法人による決済口座としての使用がほとんど

納税準備預金
引き出しは原則税金の納付時に限られるが、利率が普通預金より高く、利息が非課税というメリットがある

- **貯蓄預金**
- **積立定期預金**
- **大口定期預金　など**

預金残高を管理するには

預金は、預金通帳や「当座勘定照合表」などと、会計ソフトの残高とが一致しているか定期的に確認します。例えば、小切手の振り出しが多い会社では、当座勘定照合表と「総勘定元帳」の当座預金残高とが合わないことがあります。その場合は、「**銀行勘定調整表**」を作成し修正します。

金融機関の種類

民間金融機関	**都市銀行**	大都市に本店を構え、全国に支店を持つ大手銀行。取引先は大手上場企業が中心
民間金融機関	**地方銀行**	地元の大手企業や中小企業を取引先とする地方銀行と、かつて相互銀行と呼ばれた地元の中小企業中心に融資を行う第二地方銀行がある。いずれも、地方都市に本店を構える
民間金融機関	**信用金庫**	地方銀行よりもより地域に根付き、地域の利益を優先する金融機関。利用者も地域の人々で、相互扶助を目的としている
民間金融機関	**信用組合**	信用金庫よりさらに地域性が強く、小規模な企業を対象としている。組合員でなければ預金利用ができない
民間金融機関	**ネット銀行**	実店舗を持たないインターネット上で取引ができる銀行。店舗を持たないため、取引手数料が低く、預金金利が高いのが特徴
貸金業	**ノンバンク**	預貯金業務を持たず貸金業法に基づく貸し付けだけを行う。消費者金融やクレジットカード会社などがある
政府系金融機関	**日本政策金融公庫**	民間金融機関を補完する政府系金融機関。個人事業主・フリーランス・中小企業の支援を目的とする
政府系金融機関	**商工組合中央金庫**	中小企業への融資を行う金融機関。政府と中小企業等協同組合・協業組合・商工組合などが出資
その他	**JAバンク**（農業協同組合）	農業協同組合（JA）・信用農業協同組合連合会（JA信連）・農林中央金庫（農林中金）で構成される金融機関
その他	**ゆうちょ銀行**	日本郵政を親会社とする銀行。店舗数（郵便局窓口）、ATM台数共に、全国の銀行を上回るネットワークを持つ

前回確認日　／　／　／

掛取引の流れ（売掛金と買掛金）

NOTE 売り上げ管理と会社の信用に関わる掛取引を管理する

掛取引とは

企業間の商取引では、商品やサービスを提供した際に、その都度代金の支払いや受け取りをするのではなく、月に１度の締切日を設けて、まとめて決済することが一般的です。

このように、**代金を一定期間まとめて後払いにすることを掛《かけ》取引**といいます。信頼関係で成り立つことから信用取引とも呼ばれます。

売り上げ分を後から受け取る権利（売り上げの未回収金額）を売掛金、後で支払いをする義務を買掛金といいます。売掛金も買掛金も、会社の資金繰りに影響し、また、会社の信用にも関わるので、この管理は経理で最も重要な仕事の一つです。

掛取引の流れ

売り手側の掛取引（売掛金）は、商品やサービスの提供後、「請求書」を発行して代金を回収します。**買い手側（買掛金）**は、商品やサービスの受領後、請求書を受け取り、代金を支払います。

掛取引の支払いサイト（期間）や条件は取引先ごとに違い、また、請求書の発行から支払期日までに時間があるため、代金の回収漏れや支払い漏れがないよう帳簿や表を活用し、管理することが大切です。売掛金と買掛金の管理によって、いつ、どれくらいの金額が入金されるか、支払うべき金額が必要になるかが把握でき、計画的な資金繰りを立てるために、重要な役割を持ちます。

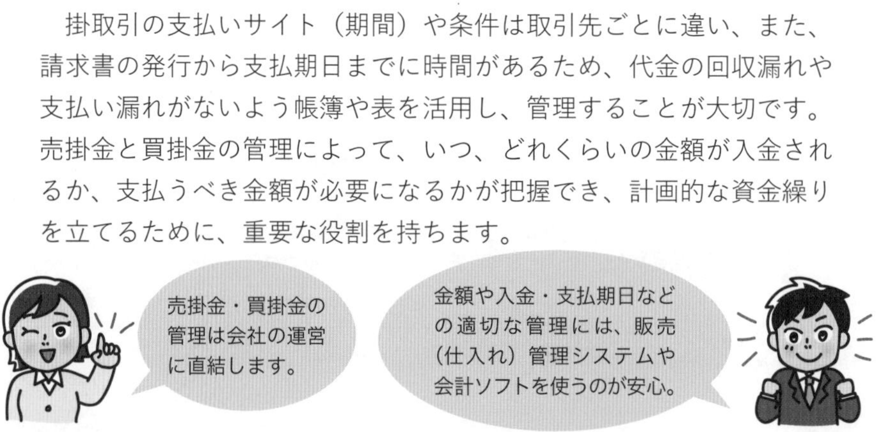

掛取引ってどういうこと？

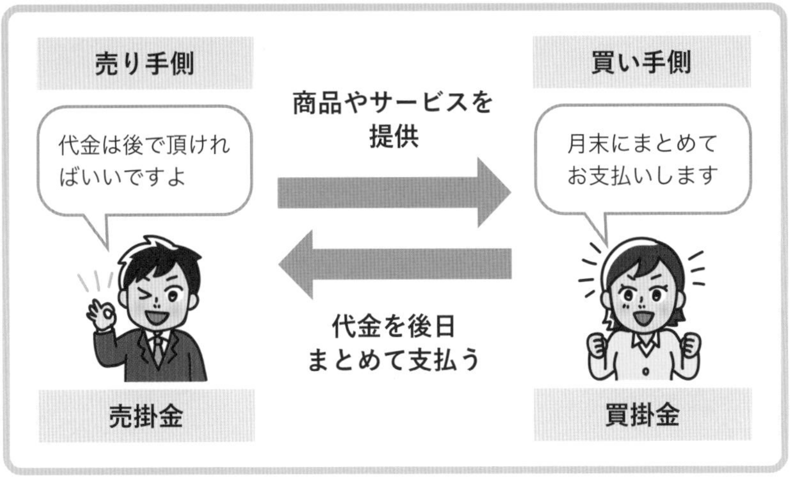

掛取引の流れ

売り手側 商品やサービスの提供	→	買い手側 商品やサービスの仕入れ
「売掛帳」・「売掛管理表」の記入 「納品書」発行後、速やかに記入する	STEP 1 元帳・管理表	「買掛帳」・「買掛管理表」の記入 納品書を基に、速やかに記入する
請求書発行 締め日後、売掛帳などを基に発行し、送付する	STEP 2 請求書	請求書の確認 買掛帳と照合して、請求額を確認する
入金確認 入金予定日に正しい金額が入金されたかを確認する	STEP 3 支払い	支払い 支払い予定日・支払額、振り込み方法など、条件に応じた支払いを行う
売掛金の消し込み 売掛帳や売掛管理表に反映する	STEP 4 元帳・管理表	買掛金の消し込み 買掛帳や買掛管理表に反映する
未入金への対応 未入金があった場合は、早急に自社担当者に報告する	STEP 5 支払い・入金後の処理	請求書・「領収書」の整理 現金や小切手での支払いでは必ず領収書を受け取る

前回確認日　／　／　／

売掛金の管理

NOTE 売掛金の回収を忘れない

売掛帳で取引先ごとの売掛金を把握

「**売掛帳**」とは、取引先ごとに売掛金を管理する台帳で、「**売掛金元帳**」「**売掛金台帳**」「**取引先元帳**」とも呼ばれます。

取引先ごとに取引日、取引内容、売上金額、回収（受入）金額、売掛金残高を記帳します。残高が未回収分となり、取引先ごとの未回収分を把握することができます。

記載漏れが起こらないように、売り上げた日に計上することが、正確な管理につながります。売掛金を管理することで、未入金に気付くことができます。売掛金には時効があるため、未回収債権が発生したときは直ちに支払いの催促をします。

支払いがないまま放置した売掛金は、時効で請求の権利が消滅します。2020（令和２）年４月１日以降に発生した売掛金の時効は支払期限から５年と定められています。（民法第166条）

売掛管理表で入出金を把握する

「**売掛管理表**」は、主に１カ月単位で売掛金の発生と回収を取引先名ごとに一覧にしたものです。発生した売掛金がいつ入金され、どのくらい売掛金残高があるのかをひと目で把握できます。売掛金のある取引先すべてを一覧にすることで、会社全体の売掛金を把握できます。

取引先ごとに、締め日や支払日、支払い方法が異なりますので、条件も記載しておくことをお勧めします。決まった形式があるわけではないので、自社に合った売掛管理表を作成しましょう。

取引先ごとの締め日と入金日を一覧にしておくことで、回収漏れがなくなるため、こちらも併せて作成しましょう。売掛帳と売掛管理表で残高を把握することは健全な資金繰りにもつながります。

売掛帳の記入例

振り込みで支払われた場合、入金先（例：普通預金）を記入する

回収した金額を記入する

売掛帳

売掛金の取引内容を記入する

C 社 様

（単位：円）

20●●年 月	日	品名/入金	数量	単価	売上金額	受入金額	残高
4	1	前月繰越					850,000
	4	商品0123	65	2,000	130,000		980,000
	4	商品0987	40	1,850	74,000		1,054,000
	4	値引き（商品0987）	40	(350)	(14,000)		1,040,000
	13	商品8888	110	2,400	264,000		1,304,000
	25	普通預金				850,000	454,000
	26	返品（商品8888）	15	(2,400)	(36,000)		418,000
	28	商品0123	15	2,000	30,000		448,000
		4月度			448,000	850,000	
		前月繰越			850,000		
		次月繰越				448,000	
					1,298,000	1,298,000	
		繰越					448,000

売り掛けが発生した都度記入する。「納品書控え」や「請求書控え」などで内訳が分かる場合は、まとめて総額を記入してもよい

当月内の売上金額と受入金額が一致することを確認する。その金額が次月繰越金額となる

取引後の売掛金残高を記入。取引先ごとに未回収代金がいくらあるかが把握できる

売掛管理表の記入例

取引先ごとの「当月」の売掛金をまとめて記入する

売掛金管理表

（単位：円）

取引先名	締め日	支払日	入金方法	繰越金額	4月 当月売上金	4月 当月受入金	4月 月末残高	5月 当月売上金	5月 当月受入金	5月 月末残高	6月 当月売上金	6月 当月受入金	6月 月末残高
A社	15	翌15	振り込み	1,050,000	1,250,000	0	2,300,000	1,100,000	2,300,000	1,100,000	2,650,000	1,100,000	2,650,000
B社	20	翌25	手形	450,000	400,000	450,000	400,000	500,000	400,000	500,000	800,000	500,000	800,000
C社	25	翌25	振り込み	850,000	448,000	850,000	448,000	420,000	448,000	420,000	250,000	420,000	250,000
D社	25	翌末	振り込み	180,000	240,000	180,000	240,000	190,000	160,000	270,000	210,000	270,000	210,000
E社	末	翌末	集金	0	155,000	0	155,000	320,000	155,000	320,000	180,000	320,000	180,000
合計				2,530,000	2,493,000	1,480,000	3,543,000	2,530,000	3,463,000	2,610,000	4,090,000	2,610,000	4,090,000

取引先ごとの支払い条件を記入する

A社は4月（15日）に前月繰越金1,050,000円を支払わなければならないところを、5月にまとめて入金されたことが分かる

D社は5月末に支払うべき240,000円のうち、80,000円を6月末入金に遅れて支払ったことが分かる

前回確認日 ／ ／ ／

買掛金の管理

NOTE 買掛金の未払いに注意する

買掛帳で取引先ごとの買掛金を把握

「**買掛帳**」とは、取引先ごとに買掛金を管理する台帳で、「**買掛金元帳**」「**買掛金台帳**」「**仕入れ先元帳**」とも呼ばれます。

取引先ごとに取引日、取引内容、仕入れ（支払）金額を記帳します。残高は未払い金となり、取引先ごとの金額を把握することができます。

買掛金は、納品を受けたとき、サービスを受けたときなどに発生します。記載漏れが起こらないように、その日に計上します。買掛金を管理することは、未払いを発生させず、会社の信用を守ることに直結します。

買掛管理表で残高を把握

「**買掛管理表**」は、主に１カ月単位で買掛金の発生と支払いを取引先名ごとに一覧にしたものです。取引先ごとに、発生した買掛金をいつ支払い、どのくらい買掛金残高があるのかをひと目で把握できます。買掛金のある取引先すべてを一覧にすることで、会社全体の買掛金を把握できます。

取引先ごとに、締め日や支払日、支払い方法が異なりますので、取引条件も記載しておくことをお勧めします。決まった形式があるわけではないので、自社に合った買掛管理表を作成しましょう。

取引先ごとの締め日と支払日を一覧にしておくことで、支払い漏れがなくなるため、こちらも併せて作成しましょう。買掛帳と買掛管理表で残高を把握することは健全な資金繰りにもつながります。

買掛帳の記入例

振り込みで支払った場合、出金元（例：普通預金）を記入する

支払金額を記入する。買掛金を消していくことから「支払消込」という

買掛金の取引内容を記入する

買掛帳　　G 社　　様

（単位：円）

20●●年 月	日	品名/出金	数量	単価	仕入金額	支払金額	残高
4	1	前月繰越					1,200,000
	4	商品3210	300	1,500	450,000		1,650,000
	4	商品7890	80	1,750	140,000		1,790,000
	4	値引き（商品7890）	80	(150)	(12,000)		1,778,000
	13	商品9999	450	2,400	1,080,000		2,858,000
	20	返品（商品9999）	45	(2,400)	(108,000)		1,900,000
	25	普通預金				850,000	2,008,000
	28	商品7777	15	2,000	30,000		1,930,000
		4月度			1,580,000	850,000	
		前月繰越			1,200,000		
		次月繰越				1,580,000	
					2,780,000	2,430,000	
		繰越					1,580,000

買い掛けが発生した都度記入する。納品書控えや請求書控えなどで内訳が分かる場合は、まとめて総額を記入してもよい

当月内の仕入れ金額と支払金額が一致することを確認する。その金額が次月繰越金額となる

取引後の買掛金残高を記入。取引先ごとに未払い金がいくらあるかが把握できる

買掛管理表の記入例

取引先ごとの「当月」の買掛金をまとめて記入する

買掛管理表

（単位：円）

取引先名	締め日	支払日	入金方法	繰越金額	4月 当月仕入金	4月 当月支払金	4月 月末残高	5月 当月仕入金	5月 当月支払金	5月 月末残高	6月 当月仕入金	6月 当月支払金	6月 月末残高
F社	15	翌15	振り込み	1,050,000	1,250,000	0	2,300,000	1,100,000	2,300,000	1,100,000	2,650,000	1,100,000	2,650,000
G社	20	翌25	振り込み	1,200,000	1,580,000	1,200,000	1,580,000	500,000	400,000	1,680,000	800,000	500,000	1,980,000
H社	25	翌25	手形	850,000	388,000	850,000	388,000	420,000	388,000	420,000	250,000	420,000	250,000
I社	25	翌末	振り込み	180,000	240,000	180,000	240,000	190,000	160,000	270,000	210,000	270,000	210,000
J社	末	翌末	集金	0	155,000	0	155,000	320,000	155,000	320,000	180,000	320,000	180,000
合計				3,280,000	3,613,000	2,230,000	4,663,000	2,530,000	3,403,000	3,790,000	4,090,000	2,610,000	5,270,000

取引先ごとの支払い条件を記入する

A社に対して4月（15日）に前月繰越金1,050,000円を支払わなければならなかったところを、5月にまとめて支払ったことが分かる

D社に対して5月末に支払うべき240,000円のうち、80,000円を6月末に遅れて支払ったことが分かる

前回確認日　／　／　／

借入金❶ 借入金の基本

NOTE 自社の借入金の状況を把握する

借入金の種類

借入金とは、事業の運転資金や設備資金として金融機関などから借りた金銭のことをいいます。１年以内に返済するものを短期借入金、それを超えるものを長期借入金として仕訳します。

金融機関からの借入金は証書貸付、手形貸付、手形割引、当座貸越の４つがありますが、**一般的に借入金とは証書貸付を指します**。

借入金の返済は、会社の信用につながる最も重要な業務のひとつです。「金銭消費貸借契約書」には、借入金額の他、返済期日と支払い方法、支払利息の利率についても明記されています。内容をしっかり把握しておきましょう。

プロパー融資と保証付き融資の違い

金融機関からの融資は、大きく分けてプロパー融資と**信用保証協会**保証付き融資の２つに分けられます。

プロパー融資は、会社が銀行などの金融機関から直接借り入れるもので、返済義務を果たせなかったときには銀行が100％貸し倒れのリスクを負います。そのため、会社の信用力を問われるので、中小企業や創業から日が浅い会社は融資を受けることが難しい場合もあります。

信用保証協会は、中小企業や小規模事業者が金融機関から借り入れをする際、保証人となりサポートする公的機関です。同協会の保証が付いていれば、返済できなくなった場合は同協会が代位弁済してくれるので、金融機関としては融資しやすくなります。金利以外に信用保証料の負担はありますが、担保や保証人がなくても利用できる、長期の借り入れが利用できるなどのメリットがあります。

借入金の種類

証書貸付	金融機関などと金銭消費貸借契約証書を交わして契約をする借り入れのこと。金銭消費貸借契約書には、借入金額や利率が書かれる	**長期**
手形貸付	金銭消費貸借契約書の代わりに、金融機関に約束手形を振り出し、借り入れる。基本的には短期間の融資で用いられる	**短期**
手形割引	取引先などから受け取った約束手形を銀行に買い取ってもらうことにより、金利や手数料を差し引いた金額を受け取る	**短期**
当座貸越	普通預金の残高が不足したときに、定期預金や国債などを担保に限度額内で融資を受けられる	**短期**

保証付き融資の仕組み

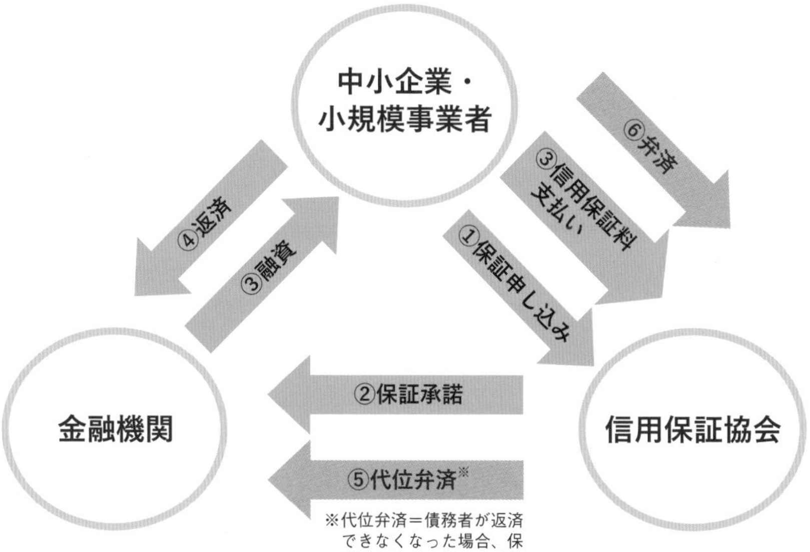

※代位弁済＝債務者が返済できなくなった場合、保証協会などの第三者が代わりに返済すること

❶保証申し込み
❷保証承諾
❸信用保証料支払い・融資
❹返済
　└ 信用保証協会への申し込みから金融機関への返済までの流れ

❺代位弁済
❻弁済
　└ 返済ができなくなったとき発生する

借入金❷ 借入金の管理

NOTE 借入金、ローン、リースの返済を管理する

借入金の管理

借入金には返済義務があり、返済条件が決まっています。返済期日に資金が足りなくなっては大変です。金融機関が発する融資ごとの「**借入金返済予定表**」の管理はもちろん、会社全体の「**借入金一覧表**」を作成して、銀行の残高の確認など、きちんと管理することが重要です。「**金銭消費貸借契約書**」や借入金返済予定表などで返済期日・返済金額・借入残高などを確認し、借入金一覧表に記入します。借入金一覧表は、資金繰りの資料としても重要なものです。

ローンとリースの管理

大きな設備や自動車などを購入するとき、会社もローンを組むことがあります。**ローンとは、一時的にお金を借りて購入し、毎月返済**をする仕組みです。

リースとは、リース会社が機器や設備を購入し、長期間賃貸する仕組みです。リースは、金銭ではなく物品を借ります。リース期間や月々のリース料を定め、毎月返済していきます。

ローンもリースも、利息の分、支払総額は高くなります。しかし、多額の支出が抑えられ、経費として必要な備品がそろい、しかも、最新機器を導入できるなどのメリットがあります。いずれも、借入金と同じく負債ですので、返済が滞らないようにしっかりと管理しましょう。

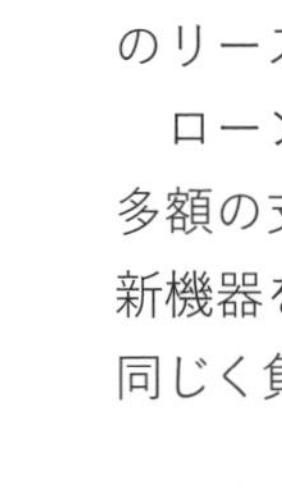

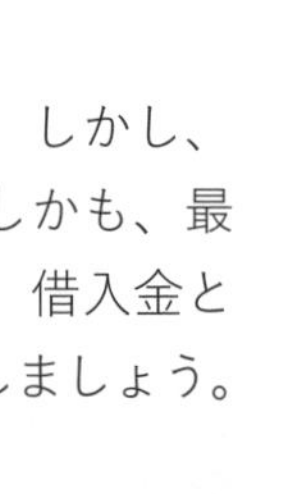

借入金返済予定表と借入金一覧表の記入例

融資ごとに金融機関から借入金返済予定表が発行される。件数が多い場合は、社内の融資ナンバーなどを決めておく

借入金返済予定表（毎月元金均等返済・固定金利）

借入先	日本政策金融公庫_001	借入金額	3,000,000 円
借入日	2021 年 4 月 20 日	返済開始日	2021 年 5 月 5 日
返済回数			

回数	返済年月	返済…
1	2021年5月	
2	2021年6月	
3	2021年7月	
4	2021年8月	
5	2021年9月	
6	2021年10月	
7	2021年11月	
8	2021年12月	
9	2022年1月	
10	2022年2月	
11	2022年3月	
12	2022年4月	
13	2022年5月	
14	2022年6月	
15	2022年7月	

借入返済予定表（元利均等返済・固定金利）

借入先	B信用金庫_●●ローン	借入金額	4,850,000 円
借入日	2020 年 10 月 15 日	返済開始日	2020 年 10 月 20 日
返済回数	60 回	年　率	2.100 %

回数	返済年月	返済額	うち元金	うち利息	借入金残高
1	2020年10月	85,222	76,734	8,488	4,773,266
2	2020年11月	85,222	76,869	8,353	4,696,397
3	2020年12月	85,222	77,003	8,219	4,619,393
4	2021年1月	85,222	77,138	8,084	4,542,255
5	2021年2月	85,222	77,273	7,949	4,464,982
6	2021年3月	85,222	77,408	7,814	4,387,574
7	2021年4月	85,222	77,544	7,678	4,310,030
8	2021年5月	85,222	77,679	7,543	4,232,351
9	2021年6月	85,222	77,815	7,407	4,154,536
10	2021年7月	85,222	77,952	7,270	4,076,584
11	2021年8月	85,222	78,088	7,134	3,998,496
12	2021年9月	85,222	78,225		
13	2021年10月	85,222	78,362		
14	2021年11月	85,222	78,499		
15	2021年12月	85,222	78,636		

ローンやリースも同様に返済予定表を作成する

借入金全体を一覧表にまとめることで、会社の借り入れ状況、返済日に必要な金額などを把握、管理できる

融資を受けている金融機関ごとに合計を記載する

一覧表作成時点での借入残高を記入する

融資で受けたお金を何の目的で使うのか記載する

借入金一覧表

12/25/20●●

金融機関名称と融資ナンバー	借入種別	借入額	現在残高	月返済額	借入日	返済期日	返済日	借入期間	返済方法	資金使途	金利	担保・保証など
日本政策金融公庫_001	証書貸付	3,000,000	1,400,000	52,270	2021.4.20	2026.5.5	5日	5年	元金均等	運転資金	1.9	－
計		3,000,000	1,400,000	52,270								
A銀行_101	証書貸付	5,000,000	2,896,360	42,406	2019.10.15	2029.10.20	20日	10年	元利均等	設備資金	3.5%	保証協会
A銀行_102	証書貸付	3,000,000	650,000	51,950	2019.10.15	2024.10.20	20日	5年	元金均等	運転資金	3.0%	プロパー
計		8,000,000	3,546,360	94,356								
B信用金庫_201	証書貸付	3,000,000	1,400,355	50,024	2018.1.25	2023.2.20	20日	5年	元利均等	運転資金	3.5%	保証協会
B信用金庫_●●ローン	自動車ローン	4,850,000	1,755,678	85,222	2020.10.15	2025.10.20	20日	5年	元利均等	設備資金	2.1%	自動車ローン
B信用金庫_202	手形貸付	1,000,000	1,000,000	0	2023.12.15	2024.6.15	－	6カ月	期日一括	運転資金	2.0%	プロパー
計		8,850,000	4,156,033	135,246								
総計		19,850,000	9,102,393	281,872								

返済口座の残高を確認する

返済元金に利息がプラスされた返済額

金融機関が直接融資をするプロパー融資か信用保証協会による保証付き融資か、不動産などを担保とする有担保融資かを記載する

資金繰り表の作成

NOTE 資金繰り表で資金の出入りを管理する

資金繰り表で黒字倒産を回避する

「**資金繰り表**」とは、一定期間の収入と支出を集計し、資金の動きや手持ちの過不足を把握できるように一覧にしたものです。

たとえ売り上げが立っていても、決済が数カ月先で、その間に経費や買掛金の支払い、借入金の返済など支出が多くなると、帳簿上は黒字でも支払いに回す現金が不足し、**黒字倒産**になることがあります。

資金繰り表で管理して、資金の過不足を事前に把握することで、資金不足になる前に売掛金の回収や在庫の処分、経費の削減、必要に応じた資金調達などの対策を取ることができます。

銀行から融資を受ける際にも、事業の継続性や返済能力を審査する目的で、資金繰り表の提出を求められる場合があります。

資金繰り表の作成

資金繰り表は、会社の現金などの出入りを表す「キャッシュフロー計算書」と似ていますが、キャッシュフローは過去のお金の流れであるのに対し、資金繰り表は将来のお金の出入りを予測して記載するものです。

資金繰り表は会社法での作成義務がなく、決められたフォーマットがありません。一般的には、収入と支出から経常収支（収入から支出を差し引いた額）を把握します。

資金繰り表は、月単位のものから年単位のもの、3～10年など中長期のものまであります。月々の資金繰り表のみでは、急な資金不足が起こったときに対応できません。少なくとも3カ月以上の資金繰り表を作成し、中長期の資金繰り表を組み合わせるなどして、必要な資金が不足することにならないよう、資金計画をしっかりと盛り込んだ事業計画を立てましょう。

資金繰り表の記入例

資金繰り表
(20●●年４月１日～20●●年９月30日)　(単位：百万円)

区分		項目	4月	5月	6月	7月	8月
前期繰越現金・当座預金(A)			6.1	11.2	14.9	4.0	3.2
収入	売上代金	現金売り上げ					
収入	売上代金	売掛金現金回収	23.9	28.1	21.4	19.7	18.7
収入	売上代金	手形期日落ち	5.5	5.1	5.3	5.9	7.0
収入	売上代金	手形割引					
収入		その他収入	0.4	0.4	0.4	0.4	0.4
収入		計(B)	29.8	33.6	27.1	26.0	26.1
支出	仕入れ・外注費	現金仕入れ					
支出	仕入れ・外注費	買掛金現金支払い	3.1	3.3	2.5	2.3	2.2
支出	仕入れ・外注費	手形決済	8.9	8.7	9.2	12.4	10.2
支出	経費	賃金給与	6.1	6.1	10.0	6.1	6.1
支出	経費	支払利息・割引料	0.7	0.7	0.7	0.7	0.7
支出	経費	上記以外の経費	10.4	8.6	8.1	7.8	8.7
支出		仕入れ・外注費、経費以外の支出			20.0		
支出		計(C)	29.2	27.4	50.5	29.3	27.9
差引過不足(D=B−C)			0.6	6.2	−23.4	−3.3	−1.8
財務	借入金	短期借入金			20.0		
財務	借入金	長期借入金	7.0			5.0	3.0
財務	借入金	計(E)	7.0	0.0	20.0	5.0	3.0
財務	借入金返済	短期借入金	2.5	2.5	2.5	2.5	2.5
財務	借入金返済	長期借入金			5.0		
財務	借入金返済	計(F)	2.5	2.5	7.5	2.5	2.5
財務		計(G=E−F)	4.5	−2.5	12.5	2.5	0.5
翌月繰越現金・当座預金(H=A+D+G)			11.2	14.9	4.0	3.2	1.9

「決算書」「試算表」「総勘定元帳」を確認して期首残高を記入する

売り上げの回収予定金額とそれ以降の予想売上金額を、回収パターンごとの金額を月ごとに記入する

受取利息・配当、前受け金、固定資産等の売却、定期預金取り崩し、増資などが該当する

支払手形、買掛金の支払い予定金額とそれ以降の予想仕入れ・外注費に対する予想支払金額を月ごとに記入する

それぞれの予定金額を月ごとに記入する

税金、役員賞与、配当、前渡し金、固定資産等の購入などが該当する

「返済予定表」などから予定金額を月ごとに記入。新規に借り入れ予定がある場合はそれも記入する

翌月繰越現金・当座預金欄がマイナスになったときは、資金不足を補填するために資金調達手段を検討し、調達予定月に金額を記入する

期首残高とは、会計年度の始めの残高のことです。3月決算の会社なら、4月１日が期首です。

資金繰り表は、各種会計ソフトに入っていますが、日本政策金融公庫ホームページにも、各種書式ダウンロードとしてフォーマットが掲載されています。

前回確認日　／　／　／

インボイス制度への対応

NOTE インボイス制度の対応に注意する

インボイス制度とは

2023（令和５）年10月１日に始まった**インボイス（「適格請求書」）制度**は、軽減税率などによって複雑になった消費税の税率と税額を正確に把握することを目的としています。消費税の納税義務がある**課税事業者**はこれまでの「請求書」に代わり、適格請求書を発行することができます。売り手が発行する適格請求書に基づき、買い手は消費税の**仕入れ税額控除（売り上げで受け取った消費税額から、仕入れで支払った消費税額を差し引いて消費税を納付**すること）を受けられます。

適格請求書には、売り手の名称や取引内容などの他、消費税率、消費税額、登録番号（Tと13桁の数字）を記す必要があります。

インボイス制度の流れ

①適格請求書発行事業者の登録

事業者は税務署長に申請し、適格請求書発行事業者として登録する必要があります。登録が承認されると、**税務署から登録番号や登録年月日などの通知**が届きます。

②適格請求書の発行と受領

登録事業者は、商品やサービスを提供する際、適格請求書を発行します。また、商品やサービスを購入した際は適格請求書を受け取ります。従業員が文房具などを購入した際、「請求書」は発行されないことが多いですが、「レシート」や「領収書」に「適格簡易請求書」として必要な事項が記載されていれば同等に扱うことができます。

③適格請求書の保存と管理

適格請求書を７年間保存することが法律で定められています。**税務調査時に提出**できるよう、適切に管理する必要があります。

適格請求書の例

請求書

××××年××月××日

株式会社○○○御中

〒123-4567
東京都新宿区○○町○－○
株式会社○○○○
登録番号 T-1234567891234

適格請求書発行事業者の登録番号

下記の通りご請求いたします。

税込合計金額 ￥3,280			消費税額 ￥280		
No.	品名	数量	単価	金額	備考
1	○○○	2	1,000	￥2,000	
2	○○	4	250	￥1,000	★
3					
合計				￥3,000	

税率　10% 対象　￥2,000（消費税 ￥200）
税率　8% 対象　￥1,000（消費税 ￥80）

適用税率と消費税額を税率ごとに記載

（★は軽減税率対象）

お振込先
○○銀行○○支店　普通 xxxxxxx
株式会社○○○○

●適格簡易請求書として認められる領収書やレシート

❶適格請求書発行業者の氏名または名称と登録番号が記載されている
❷税率ごとに区分した対価の額が記載されている

領　収　書

No.　123456

株式会社○○○○　御中

金額	¥25,024
但し	資材、食品（軽減税率）代金として
領収日	20●●年4月30日

上記正に領収いたしました

内訳	
税抜金額（10%税率対	¥20,000
消費税等（10%）	¥2,000
税抜金額（8%税率対	¥2,800
消費税等（8%）	¥224

❷

収入
印紙

株式会社 ○○○○ ×××支店
〒000-0000　○○県○○市○○ ×-×-×
電　話：　000-000-0000
登録番号：T1234567890123

❶

○○○資材
電　話：　000-000-0000
登録番号：T1234567890123

❶

領収書

202X年10月25日

商品S ※	¥1,000
商品T ※	¥3,000
商品U	¥4,500
商品V	¥5,500
小計1	¥4,000
（8%税率対象）	¥320
小計2	¥10,000
（10%税率対象）	¥1,000
合計	¥15,320
お預かり	¥16,000
おつり	¥680

❷

※は軽減税率８％対象商品です

免税事業者との取引での注意点

例えば、会社がB社に対して70,000円の商品やサービスを売り上げた場合、請求金額は77,000円と、消費税7,000円を加算します。この商品を仕入れるためにA社に支払った55,000円のうち5,000円は消費税です。

会社は、受け取った消費税7,000円と支払った消費税5,000円の差額2,000円を国に納付することになります。これが仕入れ税額控除です。

しかし、仕入れ先のA社が免税事業者（消費税の申告や納付を免除されている事業者）だった場合は、「適格請求書」を受け取れないので、仕入れ税額控除を受けることができません。つまり、会社は受け取った消費税7,000円を全額納付しなければなりません。

ただし、経過措置として、2023（令和５）年10月から2026（令和８）年９月までの３年間は、支払った消費税の80％を控除することができます。このルールは３年ごとに控除率が変わり、いずれは０％になる予定です。

この他、免税事業者との取引では以下の点に注意が必要です。

①**帳簿の正確な記録**…免税事業者からの仕入れについても、帳簿に正確に記録し、必要な書類を保存することが必要です。

②**法的リスクの理解**…免税事業者に対する不当な扱いは、法律違反につながる可能性があるため、取引条件の見直しに際しては、適切な法的助言を受けるとよいでしょう。

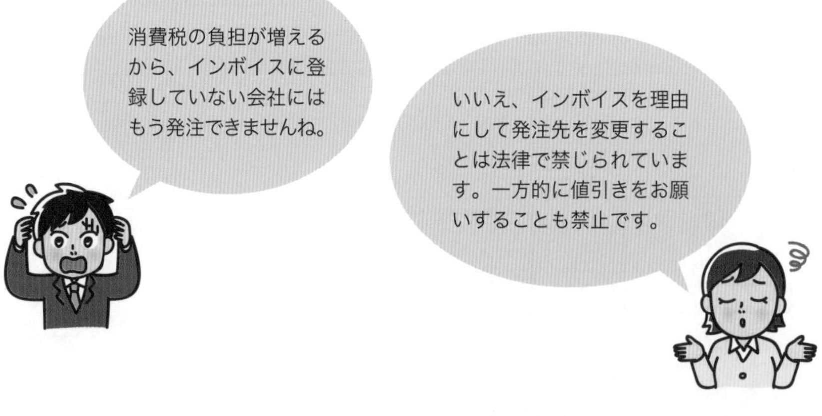

消費税の負担と納付の流れ

	取引	消費税（納付税額）	消費税（納付税額）〔免税事業者の場合〕
A社 生産・製造業者	売り上げ 50,000円 消費税❶ 5,000円	Ⅰ ❶＝5,000円	Ⅰ ①＝0円
自社 卸売業者	売り上げ 70,000円 消費税❷ 7,000円 仕入れ 50,000円 消費税❶ 5,000円	Ⅱ ❷－❶ ＝7,000円－5,000円 ＝2,000円	Ⅱ ❷－① ＝7,000円－0円 ＝7,000円
B社 小売業者	売り上げ 100,000円 消費税❸ 10,000円 仕入れ 70,000円 消費税❷ 7,000円	Ⅲ ❸－❷ ＝10,000円－7,000円 ＝3,000円	Ⅲ ❸－❷ ＝10,000円－7,000円 ＝3,000円
消費者	支払総額 110,000円 消費税額 10,000円	消費税額10,000円 各事業者が個別に納付した消費税の合計額 Ⅰ＋Ⅱ＋Ⅲ＝10,000円	

免税事業者との取引に関する経過措置

（年）

2024	2025	2026	2027	2028	2029	2030

- ～2026年9月：80％を控除
- 2026年10月～2029年9月：50％を控除
- 2029年10月～：控除なし

商取引の流れ

NOTE 商取引の流れを確認し、売り上げを記録する

商取引の流れ

商品やサービスを購入または販売するときには、取引先と自社との間で受注と発注の関係で取引が行われます。

受注の際は、「見積書」を作成し、合意を得て「**契約書**」を取り交わします。その後、「**発注書**」（「**注文書**」）を受け取り、商品を納入する際は「**納品書**」、「**請求書**」を添付します。「売掛帳」（➡p.76）に記入し、入金を確認次第、「**領収書**」を発行して、取引が終了します。

発注する場合は、発注書を作成し「**発注請け書**」（➡p.94）を受け取ります。商取引で必要な書類の作成時期や提出時期、記載内容などを確認しましょう。

売り上げの計上基準

売り上げをいつ計上するかについては、基準を定める必要があります。これを**売り上げ計上基準**といいます。主に出荷日に計上する**出荷基準**、引き渡し日に計上する**引き渡し基準**、取引先が検収した日に計上する**検収基準**、工事の完成日に計上する**工事完成基準**などがあります。どの基準を採用しても構いませんが、社内で統一して計上します。

計上基準を定めたら、月ごとに計上します。借方に売掛金として、貸方に売上高を記帳します。売掛金は得意先ごとに登録し、**月次決算の際に売掛帳と会計帳簿が一致している**かどうか確かめましょう。

商取引の流れ

発注者		受注者
見積もり依頼 購入や使用を検討している会社に見積書の作成を依頼する	**STEP 1** **見積もり依頼**	
	STEP 2 **見積書**	**見積書** 商品であれば、単価・数量・金額・納期などを記載する。工事やサービスであれば、内容・費用・期間など取引内容を明確に提示する
	（STEP 2とSTEP 3の間）	**契約書** 契約書を取り交わす場合は発注の前に行う
発注書(注文書) 発注を決めたら発注先に提出する。発注日・商品やサービス名・単価・数量・金額などを具体的に記載する	**STEP 3** **発注書**	
	STEP 4 **発注請け書**	**発注請け書**(請け書) 発注請け書で承諾することにより契約が成立する。契約書の代わりの文書として扱われる
	STEP 5 **納品書**	**納品書** 商品やサービスを納めた際に提出する。発注に対して、どの商品・サービスを納めたのかが分かるよう、納品物の名称と品番、数量、金額などを具体的に記載する
受領書 発注した商品やサービスを確かに受け取ったことを証明する書類。受領書の作成日、商品・サービスの名称、単価、数量などを記載する	**STEP 6** **受領書**	
検収書(➡p.97) 受け取った商品やサービスが注文通りに納品されたことを証明する書類。検収した日付・商品やサービス情報・検収担当者氏名などを記載し、押印する	**STEP 7** **検収書**	
	STEP 8 **請求書**	**請求書** 発注者に代金の支払いを請求するために締め日までに発行する。取引年月日、取引内容、請求金額、支払期限、振込先などを記載する ※インボイス制度により税率ごとに区分して合計した金額と消費税額を記載する
支払い 請求書に記載された支払い方法に従い、支払期限までに支払う。資本金が1,000万円を超える会社がフリーランスなどに業務委託する場合は、下請代金支払遅延等防止法（下請法）により、支払期日は成果物の受領日から60日以内と定められている	**STEP 9** **支払い**	
	STEP 10 **領収書**	**領収書** 代金を受け取ったことを証明する書類。代金を受け取った日付、宛名、金額、ただし書きなどを記載する ※インボイス制度により税率ごとに区分して合計した金額と消費税額を記載する

前回確認日　／　／　／

見積書の作成と保管

NOTE 見積書の保管に注意する

見積書の作成は受注のための大切なプロセス

「**見積書**」は、取引先に取引内容や見積金額、数量、納期などを示して、受注を促すために作成します。「見積依頼書」などで見積もりの依頼を受けたら、受注機会を逃さないよう速やかに作成する必要がありますが、見積書を提示しても契約に至らない場合もあります。

見積書は契約の前段階で提示するものであり、話し合いを進めながら内容を詰めていき、合意ができれば契約へと進みます。発注者が「**発注書**」（「**注文書**」）を発行し、受注者が「**発注請け書**」（「**注文請け書**」）を発行した段階で正式に契約が成立しますが、契約後に受注内容に変更が生じて実際の請求金額が変わる場合もあります。

一つの取引で複数の見積書を提示し、交渉を進める場合もありますし、再度の見積もり（再見積もり）を依頼される場合もあります。

また、相《あい》見積もりといって、発注者が複数の会社に見積書の作成を依頼し、それらを比較して発注先を検討する場合もあります。

見積書は必ず保存する

見積書作成後、契約となれば、相手先に商品やサービスを納め、代金を請求し、入金を確認してはじめて取引が完了します。請求漏れが起きないよう、取引先ごとのファイルに見積もり番号順に見積書をとじて保存します。また、見積書は取引上のトラブルが発生した場合、契約の経緯を裏付ける材料にもなります。その他、契約に至ったすべての書類も保存するようにしましょう。見積書の有効期限が来たら、営業担当に受注できたかどうかを確認します。受注がなかった場合は受注なしとして保存します。相手先に渡さなかった見積書も、通し番号に欠番がないように保存しておきます（保存期間は原則７年）。

見積書の記入例

顧客に契約への決断を促す役割の他、原材料の価格変動や人件費などのコスト上昇の影響に備えるため、必ず記載する

他の書類（「納品書」や「請求書」など）と同じ番号を振ると管理しやすくなる。発注者から問い合わせが来たときも番号を照合すれば迅速に対応できる

見　積　書

No.　1001
20●●年9月10日

○○○○株式会社 御中

下記の通り御見積もり致します。

件名	○○○○プロジェクト
有効期限	20●●年　10月　10日

合計	54,600 円（税込）

スモール株式会社
〒151-0053
東京都渋谷区代々木○-○○-○
TEL：03-0000-0000
担当：福岡　大輔
メール：d-fukuoka@small.XXXX
登録番号：T1234567890123

角印

品　名	品　番	数　量	単　位	単　価	税　率	金
商品 1	A00001	1	個	10,000	10%	10,000
商品 2	A00002	1	個	10,000	10%	10,000
商品 3 ※	A00003	1	個	10,000	8%	10,000
商品 4	A00004	1	個	10,000	10%	10,000
商品 5 ※	A00005	1	個	10,000	8%	10,000

小計	50,000
消費税	4,600
合計	54,600

※は軽減税率対象

税率別内訳	税抜金額	消費税額
10%対象	30,000	3,000
軽減8%対象	20,000	1,600

品目ごとに、品番・品名、数量（単位を入れる）、単価、税率、金額を記載する

小計（税抜き金額）、消費税額、税込みの合計金額を記入する

記名の欄に押印する（一般的に角印）。法的な義務はないが、押した方が信頼感や安心感を与えられる

税込み価格であることを明記する

インボイス制度（2023年10月開始）に対応した見積書です。適格請求書発行事業者になるためには、税務署に登録が必要です。

発注書、契約書の作成

NOTE 発注書・発注請け書、契約書で契約を確定する

発注書は発注者が、発注請け書は受注者が作成する

発注者は、「**見積書**」の内容で受注先と合意に至り、商品やサービスを注文するときには「**発注書**」(「**注文書**」) を発行します。発注書には、受注者名、発注者名、納期や支払い条件、発注内容などを記入します。発注書は「**契約書**」を基に作成する場合もあれば、発注書が契約書を兼ねる場合もあります。

発注書を受け取った受注者は、発注を請ける証明として「**発注請け書**」(「**注文請け書**」) を発行し、いずれも必ず控えを保存します。

契約書を作成する場合

見積書で合意した後、発注の前に契約書を作成する場合があります。契約書には、契約の内容、金額、契約期間、作成日などを記載し、双方が署名押印し、取引成立を証明します。**収入印紙が必要な課税文書**に当たるか確認して２通作成し、１通は自社控え、もう１通は相手方に渡します。契約締結後、発注者は契約内容に基づく発注書を作成します。契約書を作成した場合、発注書の発行には印紙税がかかりません。

契約書を作成しない場合

契約書を交わさず、発注書の交付で契約が成立することを取り決めている場合は発注書に、発注請け書の交付で契約が成立することを取り決めている場合は発注請け書に、印紙税がかかるので注意しましょう（発注書の契約金額が５万円未満、発注請け書の契約金額が１万円未満の場合は不要)。なお、契約書も含め、FAXや電子メールで送信した場合は課税文書に該当しないため、印紙税はかかりません。

発注書の記入例

受注者名を記載する

受注者へ支払われる取引金額を税込みで記載する

発注書の発行日を記載する

発注書

20●●年10月1日
発注書番号 0000001

スモール株式会社 御中
〒151-0053
東京都渋谷区代々木○-○○-○

○○○○株式会社
〒100-0000
住所：東京都千代田区0-1-2 ○○ビル3F
電話：03-0000-0000
担当者：▲▲ ▲▲
メール：XXXX@XXX.XXXX
登録番号：T3210987654321

下記の通り発注致します。

合計金額（税込み）
¥54,600

納期	20●●年 5月 30日
納品場所	

品 名	品 番	数 量	単 位	単 価	税 率	金 額
商品1	A00001	1	個	10,000	10%	10,000
商品2	A00002	1	個	10,000	10%	10,000
商品3 ※	A00003	1	個	10,000	8%	10,000
商品4	A00004	1	個	10,000	10%	10,000
商品5 ※	A00005	1	個	10,000	8%	10,000

小計	50,000
消費税	4,600
合計	54,600

※は軽減税率対象

税率別内訳	税抜金額	消費税額
10%対象	30,000	3,000
軽減8%対象	20,000	1,600

備 考
• 月末締め翌月末支払い

希望する納品日と納品場所を明記する。トラブルにならないよう納期は無理のない期日を設定する

発注の内容を記載する。品名、数量、単価など、後で「請求書」の内容確認にも使えるため詳細に記載する

〈下請法の対象となる取引の場合〉
- 発注書の交付が義務付けられている
- 発注者は受注者に対し、納品日から60日以内かつ迅速に支払いを行う義務が生じる

発注者名と問い合わせ先（住所、電話番号、担当者名、メールアドレス）を記載する

発注請け書の記入例

発注者の名称を記載する

受注者名、問い合わせ先（住所、電話番号、担当者名、メールアドレス）を明記する

文書の発行日を記載する。契約の流れが前後しないよう、発注日より後の日付を書く

発　注　請　け　書

請け書No.　1001
20●●年10月10日

〇〇〇〇株式会社 御中

下記の通り御注文をお請け致しました。

件名	〇〇〇〇プロジェクト
納期	20●●年　5月　30日
納品場所	

合計	54,600 円（税込）

スモール株式会社
〒151-0053
東京都渋谷区代々木〇 - 〇〇 - 〇
TEL：03-0000-0000
担当：福岡　大輔
メール：d-fukuoka@small.XXXX
登録番号：T1234567890123

収　入
印　紙

品　名	品　番	数　量	単　位	単　価	税　率	金　額
商品 1	A00001	1	個	10,000	10%	10,000
商品 2	A00002	1	個	10,000	10%	10,000
商品 3 ※	A00003	1	個	10,000	8%	10,000
商品 4	A00004	1	個	10,000	10%	10,000
商品 5 ※	A00005	1	個	10,000	8%	10,000

小計	50,000
消費税	4,600
合計	54,600

※は軽減税率対象

税率別内訳	税抜金額	消費税額
10% 対象	30,000	3,000
軽減8% 対象	20,000	1,600

小計（税抜き金額）、消費税額、税込みの合計金額を記載する。収入印紙の金額は受注額（税抜き）により変わる。税抜き金額が記載されていない場合は税込み合計額が対象となる

収入印紙を貼るときは割り印を忘れずに。税抜きの受注額が1万～100万円の場合は200円の収入印紙を貼る。貼る場所は一般的には「契約書」の上部の余白部分が多いが、決まりはない

複数の商品やサービスを受注したときは、品目ごとに項目を分けて具体的に記載する

納品書、請求書の作成

NOTE 納品書から請求書の流れと作成に注意する

納品書と受領書はセットで

「**納品書**」とは、受注した商品やサービスを発注者に納品するときに、品名、金額、数量、納品日などを明記して発行する書類です（➡p.98）。法律上の作成義務はありませんが、発注者は内容の確認ができて安心です。発行した納品書は必ず控えを残しておき、「**請求書**」の発行の際に納品書と内容が一致しているか確認します。納品書とセットで発行されることが多い書類が「受領書」です。受領書は、発注者が納品物を受領したことを証明する書類です。納品書と共に送り、発注者のサインまたは押印の後、返送してもらうことで納品した証明となります。

memo

[検収書とは]

「検収書」とは、発注先から納入された商品やサービスについて、納品されたものが発注通りか（間違いや破損・不足がないか、機器が作動するかなど）検品後、問題なく受領したことを伝えるために発注者が発行する書類です。

請求書の作成は念を入れて確認

請求書は、発注者に代金を請求するために発行する書類です（➡p.99）。請求金額は、売上額と消費税額を分けて記入します。見積時の金額から単価や数量の変更などで請求額が変わっている場合もあるため、作成後は営業担当者などの確認を取るようにします。請求書は会計上重要な書類であり、必ず控えをファイルします。送付期限（締め日）に気を付けましょう。一方、発注者は、請求書を受け取ったら「仕入れ先元帳」に仕入れとして計上し、信用を失わないよう支払期限までに支払います。請求書は、メールに添付して送付することもできます。その場合、PDFファイルにして発行するのが一般的です。

納品書の記入例

納品先の会社名、担当者の部署、氏名を間違いのないよう記載する。株式会社は㈱と略さずに書く

商品の納品日を記載するのが原則。配送の場合は、納品日が交通事情による遅延などでずれる可能性があることから出荷日を記載するのが一般的

義務ではないが、「納品書」・「請求書」・「領収書」と通し番号を付けておくと管理しやすい

納　品　書

○○○○株式会社
営業部
ご担当：○○○○ 様

納品No.	1001
納品日	20●●年5月30日

下記の通り御納品致します。

件名	○○○○プロジェクト
支払い条件	月末締め翌月末払い

合計	54,600円（税込）

スモール株式会社
〒151-0053
東京都渋谷区代々木○-○○-○
TEL：03-0000-0000
担当：福岡　大輔
メール：d-fukuoka@small.XXXX
登録番号：T1234567890123

角印

品名	品番	数量	単位	単価	税率	金額
商品1	A00001	1	個	10,000	10%	10,000
商品2	A00002	1	個	10,000	10%	10,000
商品3 ※	A00003	1	個	10,000	8%	10,000
商品4	A00004	1	個	10,000	10%	10,000
商品5 ※	A00005	1	個	10,000	8%	10,000

小計	50,000
消費税	4,600
合計	54,600

※は軽減税率対象

税率別内訳	税抜金額	消費税額
10%対象	30,000	3,000
軽減8%対象	20,000	1,600

混乱を招かないよう、品番や品名は「見積書」や請求書と統一する。数量・単価・金額は間違いのないように記入する

税込み金額を記載する。2カ所の合計金額は一致させる

取引先からの問い合わせに備え、連絡先は必ず記載する。押印は角印が一般的。電子印鑑を利用する場合はセキュリティー性の高い有料サービスが安心

請求書の記入例

請求先の会社名または氏名を記載する。株式会社などの法人格は㈱などと略さずに書く

適格請求書発行事業者の登録番号、氏名または名称を記載する

税率ごとに区分した消費税額の合計を記載する

請　求　書

○○○○株式会社 御中

請求No.　1001
請求日　20●●年 5 月30日

下記の通り御請求致します。

振込先	○○銀行○○支店　普通口座 0123456
	スモール（カ
支払い期日	20●●年 6 月30日

ご請求金額	54,600 円（税込）

スモール株式会社
〒 151-0053
東京都渋谷区代々木○ - ○○ - ○
TEL：03-0000-0000
担当：福岡　大輔
メール：d-fukuoka@small.XXXX
登録番号：T1234567890123

角印

品　名	品　番	数　量	単　位	単　価	税　率	金　額
商品 1	A00001	1	個	10,000	10%	10,000
商品 2	A00002	1	個	10,000	10%	10,000
商品 3 ※	A00003	1	個	10,000	8%	10,000
商品 4	A00004	1	個	10,000	10%	10,000
商品 5 ※	A00005	1	個	10,000	8%	10,000

小計	50,000
消費税	4,600
合計	54,600

※は軽減税率対象

税率別内訳	税抜金額	消費税額
10% 対象	30,000	3,000
軽減8% 対象	20,000	1,600

軽減税率の対象品目である場合はその旨を記載する

税率ごとに区分して合計した対価の額（税抜きまたは税込み）と適用税率を記載する

memo

[消費税の端数処理]

消費税相当額に 1 円未満の端数が生じる場合、切り捨て・切り上げ・四捨五入の処理方法は、事業者の判断に委ねられています。

いずれの方法でも、1 請求書当たり税率ごとに 1 回ずつと定められています。

前回確認日　／　／　／

支払い管理

NOTE 支払い管理は慎重に注意して行う

支払い管理のミスは取引先の信用を失う

会社間での商品・サービスの取引は、代金後《あと》払いで行われる掛取引が一般的です（➡p.74）。例えば、「当月末締め、翌月20日払い」といった取引契約で、一定期間の取引分を支払期日にまとめて支払います。なお、代金のうち、まだ支払っていないお金を買掛金（➡p.78）といい、指定された支払期日までに支払います。

支払金額や支払期日などをきちんと管理し、スムーズに買掛金を決済することは、取引先の信用を失わないための経理の大事な仕事と自覚して業務を行わなければなりません。支払い管理ミスをなくし効率化するため、手作業ではなく、表計算ソフトや会計システムで管理する方法が便利です。

支払管理表で支払い漏れを防ぐ

いつ、いくらをどこに支払うかを明確にするため、「支払管理表」を作成し、情報を一元化します。資金を用意する時期と金額がすぐに確認できるので、資金繰りにも役立ちます。

さまざまな取引先からの「請求書」を漏れなく受け取り、すぐに締め日、支払日、支払金額、支払い方法(現金・振り込み・小切手・手形)などを慎重に確認します。支払期日は取引先ごとに異なるため、支払管理表のチェックが重要です。

支払管理表の記入例

支払日			支払先	摘要（科目）	支払方法	支払金額	手数料	合計金額	済
年	月	日							
20●●	9	25	●●●	8月分買掛金	振り込み	450,000	330	450,330	
	9	25	○○○	〃	振り込み	25,000	484	25,484	
	9	25	△△△	〃	手形	3,000,000	―	3,000,000	
	9	30	▲▲▲	〃	振り込み	300,000	―	300,000	
	9	30	■■■	〃	振り込み	685,000	660	685,660	
	9	30	□□□	〃	振り込み	128,000	330	128,330	
	9	30	◆◆◆	〃	手形	1,250,000	―	1,250,000	

支払い業務の流れ

1 請求書の確認 支払管理表の作成
金額、項目、支払い時期など発注内容・納品内容と合致しているか確認し、支払管理表を作成する

2 支払い（振り込みなど）
支払管理表と照合して、漏れ、金額、支払先の誤りがないか確認する

3 記帳
振り込み作業後は、出金伝票に、出金日、仕入れ先、支払い方法、支払金額、伝票番号、取引先番号などを記帳する

4 消し込み
請求額と支払いによる出金とが一致しているか確認する。支払い漏れがないよう、会計帳簿に記載された買掛金を、支払いのたびに、すぐに消し込んで残高を管理する

5 「領収書」・「振込明細書」を保存
支払い完了後、取引先からの領収書を、振り込みの場合は振込明細書を保存する

振り込み作業は金融機関の窓口でもできますが、オンライン決済や自動振り込みの利用が増えています。時間と手間の節約効果大です。

前回確認日　／　／　／

現金管理の流れと毎日のお金の管理

NOTE 現金管理は日を置かずに毎日行う

現金管理の意味とは

簿記における現金とは、通貨（紙幣・硬貨）、他人振出小切手、送金小切手、郵便為替《かわせ》証書などをいい、会社の現金の出入りと残高を把握することを現金管理といいます。取引内容が見えにくい現金での入出金を可視化することで、使途不明金や社内の不正利用の防止にもつながります。現金を払い出すときは、根拠となる「**レシート**」や「**領収書**」などを受け取り、現金の動きを可視化するために、すぐに会計ソフトや「**現金出納《すいとう》帳**」に記入します。

実際の残高と帳簿は一致させる

実際の現金残高と現金出納帳などの金額とが一致するか確認するために、一日の終わりに現金の集計を行います。集計には現金残高を紙幣、硬貨の種類別に記録する「**金種表**」で確認します。レジを利用している場合は、レジ保管の金額を差し引いて計算します。もし一致しない場合は原因を調べ、可能な限り一致するよう努力します。どうしても原因が分からない場合は、**現金過不足**という勘定科目を使って、会計ソフトや現金出納帳の残高を現金残高に合わせます。

memo

［一致しない場合に考えられる原因］

- 現金出納帳などへ記入した金額の間違い
- 領収書、レシートのない支払いがある
- 現金を確認していない金庫やレジがある
- 引き出しの中など、別に保管している現金がある
- 一時的な私的な支払いがある

現金出納帳の記入例

収入
入金があった場合、その金額を記載します。消費税については、税込みで記入

現金出納帳

20●●年　6月
No.

年	月	日	摘　要	収入	支出	差引残高
			繰　越			108,450
●●	6	10	レターパック20枚		7,400	101,050
		10	スマートレター10枚		1,800	99,250
		12	交通費精算（▲▲ ▲▲）		2,008	97,242

日付欄
現金の入金・出金があった日を記入

摘要
詳細を具体的に記入

支出
お金を支払った場合は、支出の欄にその金額を記載します。消費税については、税込みで記入

差引残高
①入金の場合：直前の残高に入金額を足した金額（＝差引残高）を記入
②出金の場合：直前の残高から出金額を引いた金額を記入
※帳簿上の現金残高と現実の現金残高は一致する

金種表の記入例

紙幣、硬貨ごとに枚数を数えて、記入

金種表

年　月　日

金　種		数	単　位	金　額
紙幣	¥10,000	10	枚	¥100,000
	¥5,000	2		¥10,000
	¥1,000	35		¥35,000
棒金	¥500	0	本	¥0
	¥100	2		¥10,000
	¥50	1		¥2,500
	¥10	2		¥1,000
	¥5	1		
	¥1	1		
硬貨	¥500	20	枚	
	¥100	30		
	¥50	0		
	¥10	20		
	¥5	5		
	¥1	30		

棒金：同種類の硬貨を50枚ずつ包んで棒状にしたもの。正式名称は包装硬貨

手計算でもよいが、自動計算できるツールを使うと便利。スマホでも使える金種計算アプリは、OSを選ばず、データも保存できる

前回確認日　／　／　／

領収書、レシートの管理

NOTE 領収書・レシートを管理する

受け取った領収書、レシートはどう処理する？

従業員が会社の業務で支払うお金は、会社の経費になります。支払いの際に受け取った「**領収書**」「**レシート**」は、商品やサービスを提供する側が支払いを受けたことを証明する書類です。必ず受け取るよう周知します。領収書に日付、領収書受領者の氏名（自社名）、金額、取引内容（ただし書き）、領収書発行者とその住所が記載されているかを確認します。仕訳作業に必要であること、また、**税務調査で追及される可能性**もあることから、受け取る際、宛名が上様や空欄である場合は、受領者の氏名（自社名）を、取引内容がお品代となっている場合は、具体的な内容を書いてもらうようにします。

領収書、レシートがない場合はどうする？

公共交通機関の運賃、打ち合わせ時に割り勘で支払った飲食費、得意先への祝い金や香典など、領収書がもらえないケースもあります。その場合は、出金した従業員に「**支払証明書**」や「**出金伝票**」を作成してもらい、お金の授受の客観的証拠となる招待状やお礼状などを添付してもらいます。領収書などを紛失した場合も同様の処理をします。

memo

［得意先などとの飲食代の損金算入規定とは］

資本金１億円以下の会社の場合、得意先などの接待の飲食代は、合計800万円（年間）までは交際費から除外され、接待飲食費となり全額損金算入※されます。資本金１億円超えの会社は１人当たり10,000円以下です。いずれも、その金額を超える場合は、50％損金算入となります（2024年４月以降）。

※損金算入：法人税法に則って計算された経費や損失を損金といい、法人税法に則って計算された益金（収益）から損金を差し引くことを損金算入という。

領収書のチェックポイント

No.　　　　　　　　　　　　　　20●●年7月12日

領収書

スモール株式会社 御中

￥16,500-

但し　お食事代として
上記に領収いたしました。

内　訳	
税抜金額	￥15,000
消費税額	￥1,500

株式会社〇〇〇
〒000-0000
東京都渋谷区代々木 1-11-1
TEL：
FAX：
登録番号：T0123456789012

収入印紙

- 金額が正しく記載されているか
- 日付が正しく入っているか
- 収入印紙は貼り付けられているか（金額が税込み5万円以上のとき）
※クレジットカード払いは印紙不要
- 領収書を受け取った人の氏名もしくは自社名が正しく記載されているか
- 発行した人の会社名（氏名・店名）と住所が記載されているか
- 具体的に用途が記載されているか

支払証明書の記入例

No.　　　　　　　　　　　　　　年　月　日

支払証明書

支払年月日	20●●年8月11日
支払金額	￥10000
支払先	〇〇株式会社　△△様
支払事由	取引先〇〇会長 葬儀香典
領収書がない理由	領収書の発行なし
添付書類	葬式の案内状

上記の通り支払いをいたしました。

支払者氏名	〇〇　〇〇

上記の支払事由を承認したことを証明いたします。
精算日　　　年　月　日

- 支払いをした日付を記入
- 領収書の発行がなかった理由を記載する
- 証拠となる書類を添付する
- 代金をどこに支払ったのか、会社名・店名・個人名・自動販売機などを記入
- 香典、自動販売機で買った飲み物代、公共機関での移動費など

領収書をもらえない支払いを経費として証明するときに作成する書類。同じ内容のものに出金伝票があります。

実費精算❶
仮払いの処理

NOTE 仮払いの処理に注意する

仮払いのメリット、デメリット

従業員が提出した「**領収書**」を基に精算することを**実費精算**といい、**仮払い**と**立て替え払い**の２つがあります。

出張など会社の業務で必要な費用を、会社が概算で事前に従業員に支払うことを仮払いといいます。金額が概算であるため、実際の支払額とは異なることもあり、後日精算します。仮払いで経費を支払う場合、従業員が自費で立て替える必要がなく、従業員の負担が小さいというメリットがありますが、経理担当者から見ると、業務が煩雑になるデメリットがあります。**仮払金**の件数が増えると金額の間違いや精算漏れが起きがちなので、「管理台帳」を作成しましょう。

仮払いの流れを知っておく

①**申請を受ける**：従業員が仮払金額や内容、目的などを明記した「仮払い経費申請書」を作成して提出してもらいます。

②**仮払い**：申請書に基づき内容に問題がなければ仮払金を支給します。その際、「仮払い経費受領書」あるいは申請書の受け取り欄に受領のサインや受領印をもらいます。

③**仕訳処理(1)**：支給日に仮払金出金の会計処理を行います。

④**精算**：領収書や「レシート」を添えた「仮払い経費精算書」を提出してもらい、記載漏れや不明点がなければ差額分を精算します。

⑤**仕訳処理(2)**：精算後に仮払金を各勘定科目へ振り替えます。

仮払い経費申請書の記入例

NO.　1234

仮払い経費申請書

所　属	営業企画部
氏　名	福岡大輔

下記の通り仮払い申請をいたします。

仮払金	50,000円	仮払希望日	20●●年11月12日
目　的	株式会社ABC　訪問出張（１泊２日）		
内　容	交通費：新幹線東京駅から名古屋駅まで　往復 21,120円 宿泊費：名古屋▲▲ホテル　１泊 12,000円		

NO.　1234

仮払い経費受領書

	承認	承認

［仮払いしたときの仕訳例］

借　方		貸　方	
仮払金	50,000	現金	50,000

仮払い経費精算書の記入例

NO.　1234

仮払い経費精算書

提出日	20●●年11月15日
所　属	営業企画部
氏　名	福岡大輔

日　付	支払先	内　容	
20●●/11/13	東海道新幹線	交通費（東京駅—名	[illegible]
20●●/11/13	東京駅名店街	手土産	3,300
20●●/11/13	○○タクシー	タクシー（名古屋駅—株式会社ABC）	1,310
20●●/11/13	◆◆◆タクシー	タクシー（株式会社ABC—名古屋駅）	1,490
20●●/11/13	名古屋▲▲ホテル	宿泊	12,000
		合　計	58,820

仮払い	20●●年11月12日	50,000
精算	20●●年11月15日	58,820
差引過不足額		8,820

［仮払金を精算したときの仕訳例］

借　方		貸　方	
旅費交通費	47,720	仮払金	50,000
交際費	11,100	現金	8,820

前回確認日　／　／　／

実費精算❷
立て替え払いの処理

NOTE 立て替え払いの処理に注意する

立て替え払いのメリットとデメリット

立て替え払いとは、取引先を訪問した際の交通費、打ち合わせ時の飲食代などの経費を、一時的に従業員に立て替えてもらった場合に、後日精算して実費を返すことです。

仮払いと比較すると、申請書類の提出や手間も減りますが、高額な場合は従業員の負担が大きくなります。事前に高額な支払いになることが分かっているときには仮払いにしましょう。

立て替え払いの流れを知っておく

①申請を受ける：「**領収書**」や「**レシート**」を添えた「立て替え払い経費精算書」（「交通費精算書」、「出張旅費精算書」）に支払先の名称、金額などを記入して提出してもらいます。仕訳は、従業員が立て替え払いをした日ではなく、従業員にお金を精算した日に行うのが一般的です。ただし、従業員が立て替えた経費で決算時に精算が終わっていないものは、立て替えた年度の経費となるため未払金で処理します。

②精算する：計算間違いはないか、業務に関係するものかなど、内容をよく確認して、立て替え払い分を従業員に払い戻します。

③仕分処理：申請書ごとに勘定科目や消費税の税区分を確認します。

公共交通機関の運賃は領収書がもらえないため「立て替え払い経費精算書」に、乗車日、乗車駅と降車駅、金額、訪問先の会社名などを記入してもらいます。

申請忘れや領収書などの紛失を避けるため、会社で統一して締め切り日を設け周知するとよいでしょう。

立て替え払い経費精算書の記入例

立て替え払い経費精算書

所属	広報部
氏名	三重　菜津美

No.	
申請日	20●●年○月○日

日付	内容	支払先	備考	金額
6月28日	C社への交通費（○○駅-□□駅）	△△鉄道	交通費	670
6月28日	タクシー（□□駅からB社）	●●タクシー	旅費交通費	2,800

［立て替え払いの仕訳例］

従業員から経費精算書と領収書の提出を受け、現金で精算した

借　方		貸　方		摘要
旅費交通費	3,470	現金	3,470	○月○日 旅費交通費精算

［従業員の立て替え払いが決算をまたぐ場合］

立て替え払いの日

借　方		貸　方		摘要
旅費交通費	3,470	未払金	3,470	○月○日 旅費交通費

従業員から経費精算書と領収書の提出を受け、現金で精算した

借　方		貸　方		摘要
未払金	3,470	現金	3,470	○月○日 旅費交通費精算

memo

［出張旅費規程で基準額を決める］

会社の経費を精算するときは実費精算が基本ですが、「出張旅費規程」によって、出張での交通費、宿泊費、日当（手当）を、距離、時間、宿泊数、役職などで算出した定額を定めておくことができます。

上限額が決まっているので、実費精算でのトラブルを防ぐことができ、領収書の確認などの手続きを省略することもできます。そのためには、全従業員を対象に「出張旅費規程」で目的と範囲を明確にして周知しておく必要があります。ただ、世間一般より高額過ぎると経費として認められず、課税される場合があるので注意しましょう。

固定資産管理の流れ

NOTE 固定資産台帳で固定資産を管理する

固定資産は、長期にわたり使用・保有する資産

固定資産とは、企業活動のために自社で１年以上使用・保有する資産で、原則として取得価額が10万円以上のものをいいます。固定資産はその形態や内容により、**有形固定資産、無形固定資産、投資その他**の資産の３つに分類されます。一方、現金、預金、売掛金など、１年以内に現金化、費用化できる資産は**流動資産**といいます。

固定資産管理は、高額で長期的に活用することが多い固定資産を適切に管理し、効率的に使用し、減価償却を正確に行うための業務です。

固定資産は固定資産台帳で管理する

時間の経過によって価値が減少する固定資産を、**耐用年数（使用可能期間）**に応じて各事業年度の費用として配分することを減価償却といいます。**償却資産（減価償却資産）**には、建物、機械、車両、システムなどがあり、価値が減少しないため減価償却できない土地などの固定資産は、非償却資産（非減価償却資産）といいます。

高額な償却資産を一度に経費として計上してしまうと、その年度の利益が極端に少なくなり、正しい経営状況を把握しづらくなるため、耐用年数の１年ごとに分割して計上します。

償却資産となるものは、取得価額、取得年月日、耐用年数、償却方法、償却率などの情報が必要で、「貸借対照表」とは別に、必要事項をまとめて非償却資産とともに「固定資産台帳」で管理し、減価償却費を計算します。耐用年数は、会計上は定められていませんが、税務上は種類や用途ごとに国税庁の「耐用年数表」（➡p.116）に定められており、会計上もこれに従い計上します。

固定資産管理の流れ

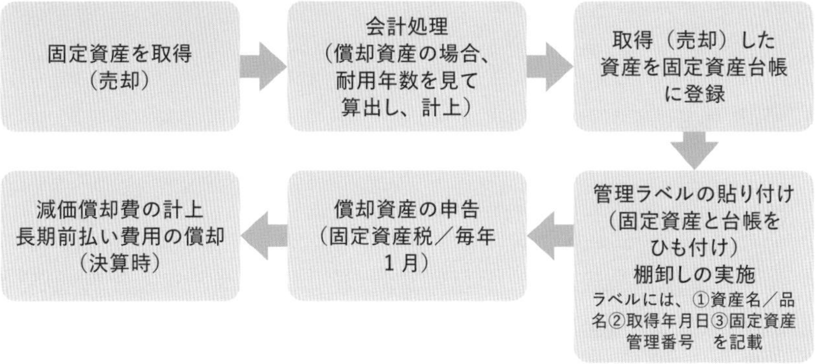

固定資産の種類

種　類		定　義	具体例
有形固定資産	形があり目に見える資産	①償却資産 建物や機械など経年劣化（時間の経過に伴い価値が減少）する、減価償却の対象となる資産	**【建物】**事務所、店舗、ビル、倉庫など **【備品】**椅子、机、棚、パソコンなどの事務用品 **【車両運搬具】**営業用の車、トラックなど
		②非償却資産 土地や建設仮勘定※など、経年劣化しない（減価償却の対象とならない）資産 ※建築中の建物や製作中の機械などの固定資産が完成するまで、一時的に計上するための勘定科目	**【土地】**事務所、店舗、ビル、倉庫、駐車場などに使う土地など
無形固定資産		建物や機械のような形のない資産。主に法律上の権利などが該当する	ソフトウエア、特許権、商標権など
投資その他の資産		長期利殖目的や他企業を支配する目的で保有する有価証券（投資）、あるいは、上記のいずれにも当てはまらないもの（その他の資産）の総称	投資有価証券、長期預金、長期前払い費用など

申告対象とならない資産

自動車税・軽自動車税の課税対象となるもの	例：小型特殊自動車に分類されるフォークリフトなど
無形固定資産	例：ソフトウエア、特許権など
耐用年数１年未満、または取得価額 10 万円未満の償却資産について、税務会計上固定資産として計上しないもの	
取得価額20万円未満の償却資産、税務会計上３年間で一括償却しているもの	

前回確認日　／　　／　　／

固定資産取得時の処理

NOTE 固定資産取得時の処理に注意する

固定資産台帳を作成する

個々の**固定資産の取得から減価償却の状況（履歴）などを詳細に管理するのが「固定資産台帳」**です。取得した際に固定資産台帳に記帳し管理します。固定資産台帳は税務申告において備えるべき重要な帳簿の一つですが、記載内容に規定はなく、一般的に使われる項目には下の固定資産台帳の項目例のようなものがあります。

固定資産台帳の記入例

固定資産台帳　　自20●●年 1月 1日　　至20●●年 12月31日

管理番号	資産名	資産種類	取得年月日	数量	償却方法	償却率
1000	応接セット（接客用）	工具器具備品	20●●年 1月10日	1	定率法	0.4
合計						

資産種類
建物、車両運搬具、機械装置など「貸借対照表」の表示科目に合わせる

取得年月日
取得した日付を記入

償却方法
代表的な方法は以下の２つ
①**定額法**：毎年同額を償却していく方法。建物や無形固定資産などに用いられる
②**定率法**：毎年一定の割合で償却していく。年を経るごとに減価償却費は小さくなる

● 固定資産台帳の項目例

資産名、資産番号、資産区分、設置場所、用途、取得・供用・除去年月日、取得価額、数量、耐用年数、償却方法、償却率、減価償却額、帳簿価額 など

減価償却費を計算する

減価償却費は、耐用年数を調べ、償却方法に従って計算します。耐用年数とは、国税庁が定めた使用可能期間のことです。固定資産を取得後、「耐用年数表」(➡p.116)を調べ、取得価額を耐用年数で分割して償却します。

償却方法は、会社が税務署に届け出た方法によりますが、届け出ていない場合は、減価償却の種類と取得年月日により決まります。減価償却費を計算後、固定資産台帳に計上します。

取得価額
購入するためにかかった金額。運送保険料、購入手数料、関税などの費用の合計金額を記入

耐用年数	取得価額	期首帳簿価額	期中増加	期中減少	減価償却費	期末帳簿価額	処分見込価額	摘要
5	500,000円	500,000円			200,000円	300,000円		
	500,000円	500,000円			200,000円	300,000円		

耐用年数
国税庁が定める耐用年数を調べて記入

償却率・減価償却費
国税庁が定める耐用年数ごとの償却率で計算する。耐用年数５年と定められた接客用応接セットの償却率0.400。
１年目→50万円×0.4で20万円
２年目→(50万円－20万円)×0.4で12万円

固定資産の種類と取得年月日によって違う償却方法

償却方法には、主に定額法と定率法の２種類があります。**定額法**は、取得価額を耐用年数で割り、毎年一定額を償却する方法です。**定率法**は期首の帳簿価額に定率法の償却率で求めた金額を償却します。初年度が最も高く、年数がたつほど償却費が減っていきます。

固定資産の種類		法定償却方法
建物	1998(平成10)年３月31日以前に取得	定率法
	1998(平成10)年４月１日以降に取得	定額法
建物付属設備・構築物	2016(平成28)年３月31日以前に取得	定率法
	2016(平成28)年４月１日以降に取得	定額法
機械装置、船舶、航空機、車両運搬具、工具、器具備品		定率法
無形固定資産・生物		定額法

減価償却資産の償却率等表は国税庁のホームページに掲載されています。

memo

［償却資産の特例］

一括償却資産

償却資産の初年度の減価償却は、月割り計算で期末までの月数分行います。例えば、12月に購入した資産は、12月から３月までの４カ月分のみが減価償却されます。

しかし、取得価額が10万円以上20万円未満の減価償却資産は、いつ購入したものでも１年分として３分の１ずつ一括償却ができます。つまり、耐用年数より短い期間で経費として損益算入でき、節税になります。

少額減価償却資産

中小企業者の特例として、取得価額が10万円以上30万円未満の減価償却資産は、購入年度に全額損益算入することができます。適用対象資源は、１事業年当たり最大300万円までで、2024年（令和６）年３月31日までに取得、事業の用に供したものに限られます。

[定率法]

方　法	毎年、未償却残高に一定の償却率を掛ける
計算式	減価償却費＝未償却残高×定率法の償却率

【例】
120万円の軽自動車を法人で購入した場合
耐用年数は４年。定率法を用いるため、償却率は0.500

定率法イメージ

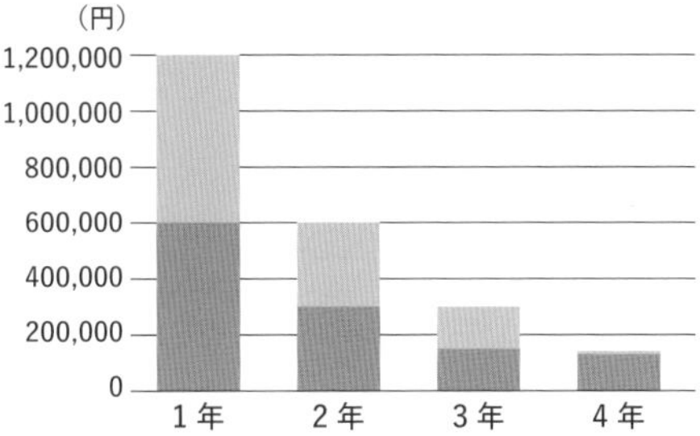

(円)

	償却費	翌年度期首価額
1年	600,000	600,000
2年	300,000	300,000
3年	150,000	150,000
4年	149,999	1

減価償却期間が終了しても、資産を事業の用として使用していることを示すため、残存簿価として固定資産台帳に１円を残す

[定額法]

方　法	毎年同じ金額を償却していく
計算式	減価償却費＝取得価額×定額法の償却率

【例】
2017(平成29)年に蓄電池電源設備を100万円で取り付けた場合
耐用年数は６年。2016年４月以降は**定額法**を用いるため、償却率は0.167。
減価償却費は、100万円×0.167で167,000円となる

定額法イメージ

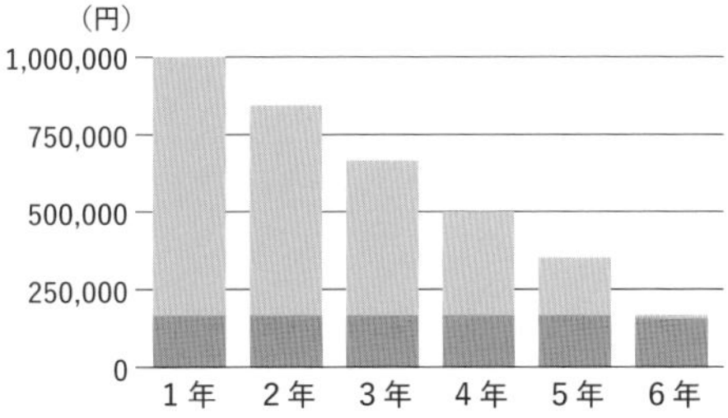

(円)

	償却費	翌年度期首価額
1年	167,000	833,000
2年	167,000	666,000
3年	167,000	499,000
4年	167,000	332,000
5年	167,000	165,000
6年	164,999	1

●主な減価償却資産の耐用年数表

〈建　　物〉

構造・用途	細　　目	耐用年数
木造・合成樹脂造のもの	事務所用のもの	24
	店舗用・住宅用のもの	22
	飲食店用のもの	20
	旅館用・ホテル用・病院用・車庫用のもの	17
	公衆浴場用のもの	12
	工場用・倉庫用のもの（一般用）	15
木骨モルタル造のもの	事務所用のもの	22
	店舗用・住宅用のもの	20
	飲食店用のもの	19
	旅館用・ホテル用・病院用・車庫用のもの	15
	公衆浴場用のもの	11
	工場用・倉庫用のもの（一般用）	14
鉄骨鉄筋コンクリート造・鉄筋コンクリート造のもの	事務所用のもの	50
	住宅用のもの	47
	飲食店用のもの	
	延べ面積のうちに占める木造内装部分の面積が30%を超えるもの	34
	その他のもの	41
	旅館用・ホテル用のもの	
	延べ面積のうちに占める木造内装部分の面積が30%を超えるもの	31
	その他のもの	39
	店舗用・病院用のもの	39
	車庫用のもの	38
	公衆浴場用のもの	31
	工場用・倉庫用のもの（一般用）	38
れんが造・石造・ブロック造のもの	事務所用のもの	41
	店舗用・住宅用・飲食店用のもの	38
	旅館用・ホテル用・病院用のもの	36
	車庫用のもの	34
	公衆浴場用のもの	30
	工場用・倉庫用のもの（一般用）	34
金属造のもの	事務所用のもの	
	骨格材の肉厚が、（以下同じ。）	
	4㎜を超えるもの	38
	3㎜を超え、4㎜以下のもの	30
	3㎜以下のもの	22
	店舗用・住宅用のもの	
	4㎜を超えるもの	34
	3㎜を超え、4㎜以下のもの	27
	3㎜以下のもの	19
	飲食店用・車庫用のもの	
	4㎜を超えるもの	31
	3㎜を超え、4㎜以下のもの	25
	3㎜以下のもの	19

〈建物附属設備〉

構造・用途	細　　目	耐用年数
アーケード・日よけ設備	主として金属製のもの	15
	その他のもの	8
店用簡易装備		3
電気設備（照明設備を含む）	蓄電池電源設備	6
	その他のもの	15
給排水・衛生設備、ガス設備		15

〈車両・運搬具〉

構造・用途	細　　目	耐用年数
一般用のもの（特殊自動車・次の運送事業用等以外のもの）	自動車（2輪・3輪自動車を除く。）	
	小型車（総排気量が0.66リットル以下のもの）	4
	貨物自動車	
	ダンプ式のもの	4
	その他のもの	5
	報道通信用のもの	5
	その他のもの	6
	2輪・3輪自動車	3
	自転車	2
	リヤカー	4

〈工　　具〉

構造・用途	細　　目	耐用年数
測定工具、検査工具（電気・電子を利用するものを含む。）		5
治具、取付工具		3
切削工具		2
型（型枠を含む。）、鍛圧工具、打抜工具	プレスその他の金属加工用金型、合成樹脂、ゴム・ガラス成型用金型、鋳造用型	2
	その他のもの	3
活字、活字に常用される金属	購入活字（活字の形状のまま反復使用するものに限る。）	2
	自製活字、活字に常用される金属	8

〈器具・備品〉

構造・用途	細　　目	耐用年数
家具、電気機器、ガス機器、家庭用品（他に掲げてあるものを除く。）	事務机、事務いす、キャビネット	
	主として金属製のもの	15
	その他のもの	8
	応接セット	
	接客業用のもの	5
	その他のもの	8
	ベ	8

（国税庁「主な減価償却資産の耐用年数表」より）

表に記載がないものは、最寄りの税務署に尋ねましょう。

主な減価償却資産の耐用年数表（法定耐用年数表）は、国税庁ホームページに掲載されています。

前回確認日	／	／	／

固定資産の修繕、廃棄、売却

NOTE 固定資産の修繕、廃棄、売却に注意する

固定資産の修繕

固定資産が壊れるなどして修繕した場合、その**修繕費**は経費として計上できます。ただし、原状を回復するためのものに限られます。

修繕によって固定資産の価値が上がったり、使用年数を延長させたりした場合は、固定資産を新たに取得したものと見なされます。これを**資本的支出**といい、資産として計上します。

20万円未満であれば、修繕の内容が実質的に価値を上げるような資本的支出に該当するものでも、修繕費として全額を経費計上できます。

固定資産の廃棄・売却

固定資産を廃棄、売却したときは、「固定資産台帳」や帳簿から除却（削除）します。同時に、「契約書」や「廃棄証明書」など、廃棄、売却したことを証明するものを保存します。

例えば、車両の場合「廃車証明書」を保存します。証明書の発行が難しい場合、廃棄現場の写真を撮影するとよいでしょう。廃棄に伴う費用が発生した場合、そのことも明記しましょう。廃棄、売却した場合、未償却残高と売却価額との差額を固定資産除却損か固定資産売却益として仕訳します。

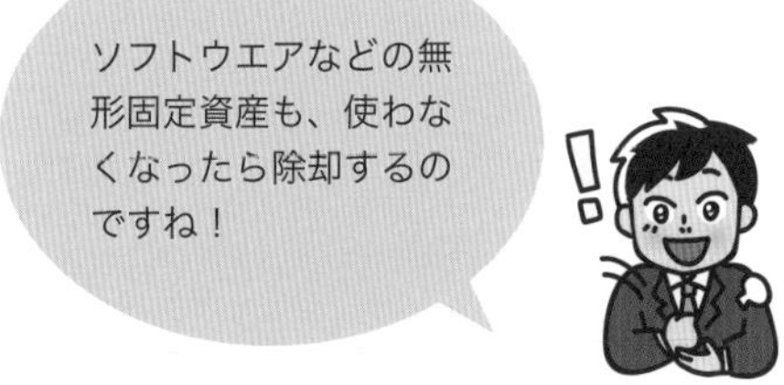

修繕費か資本的支出かの判断基準

「建物に避難階段を取り付けた」「入り口ドアが壊れたので修理した」「機械の部品を性能の高いものに取り替えた」……。

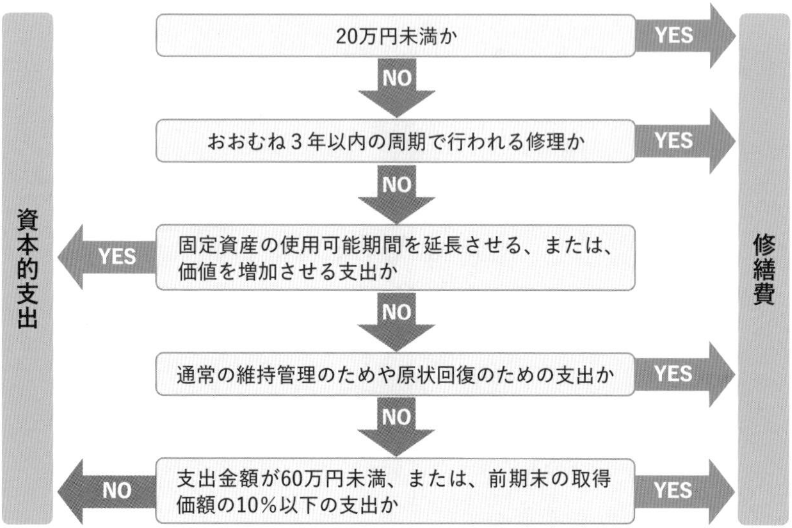

廃棄や売却の仕訳例

【仕訳例①】機械が故障し、耐用年数の途中で除却する場合、減価償却が終わっていないため、未償却の部分が除却損となる。

(円)

借方		貸方	
勘定科目	金額	勘定科目	金額
減価償却累計額	700,000	工具・計測器	1,000,000
固定資産除却損	300,000		
合計	1,000,000	合計	1,000,000

【仕訳例②】社用車を200万円で購入し、2年後170万円で売却した場合、減価償却費は2年間で1,110,222円であったため、売却益は810,222円となる。

(円)

借方		貸方	
勘定科目	金額	勘定科目	金額
現預金	1,700,000	車両運搬具	2,000,000
減価償却累計額	1,110,222	固定資産売却益	810,222
合計	2,810,222	合計	2,810,222

前回確認日 ／ ／ ／

第3章

労務の日々の業務

Subject

給与計算／税金などの納付／賞与計算

※この章には業務的に「経理」の範囲になる内容も含んでいます。

給与計算のスケジュール

出勤日数・欠勤日数・労働時間・残業時間などの勤怠項目、基本給・残業手当などの各種手当・総支給額などの支給項目、健康保険や厚生年金保険の社会保険料・雇用保険料や所得税・住民税などの控除項目、これら3つの項目を明記した「給与明細書」を作成して従業員に渡すまでが給与計算業務の流れです。

就業規則や時間外労働の割増率、社会保険料の改定の有無など、もれなく確認し、支払日に遅れが出ないよう、しっかりスケジュールを立てなければなりません。

＊スケジュールは10日締め当月25日給与支払いの例

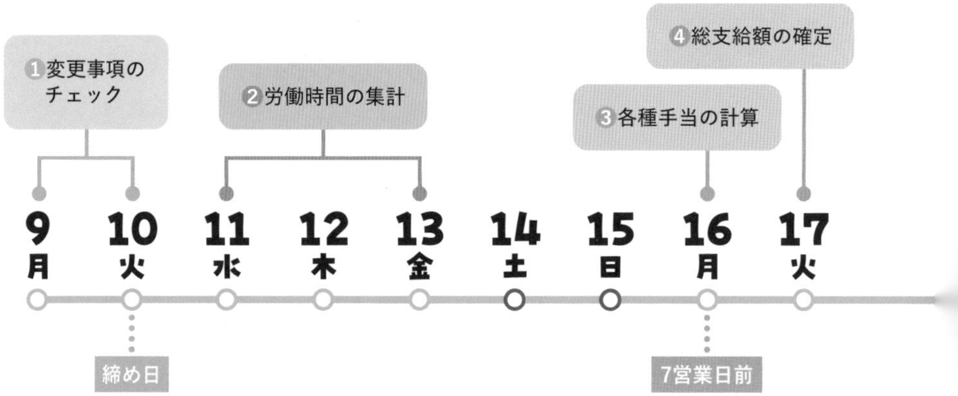

① マスタ変更

社員の基本情報マスタ（マスタデータ）、社会保険の随時改定の有無などを確認する（➡p.122）

② 勤怠チェック

タイムカードなどで労働時間を確認、集約する。時間外手当を確定する（➡p.124-129）

③ 各種手当の計算

通勤手当、住宅手当など、各種手当の額を確定する（➡p.128）

④ 総支給額の確定

基本給と各種手当の合計金額が総支給額になる

勤怠項目・支給項目・控除項目が給与計算の3つのポイント。正社員の他、パートタイムやアルバイトなど、給与規定や社会保険の取り扱いもさまざまだから、注意が必要ですね！

下図は余裕をもったスケジュールです。あくまで参考にして、自社に合わせて進めてくださいね。

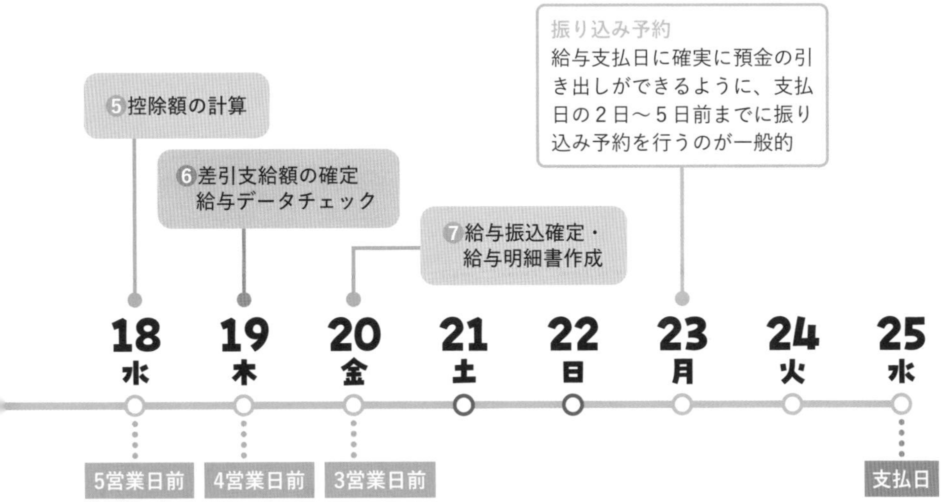

5 控除額の計算

社会保険料・雇用保険料・所得税・住民税など、給与から差し引く金額を計算する（➡ p.130-137）

6 差引支給額の確定

総支給額から控除額を差し引いた金額が差引支給額になる（➡ p.138）

7 給与明細書の作成

勤怠項目、支給項目と総支給額、控除項目と控除額、差引支給額を明記した給与明細書を作成する（➡ p.138）

基本情報の変更事項をチェックする

NOTE 社会保険の改定に注意する

社会保険の随時改定のルール

社会保険料は、**従業員ごとに定められた標準報酬月額**（➡p.215）に、都道府県ごとに決まった保険料を掛けて計算します。

原則、毎年1回の見直しがあり、4～6月に支払った報酬の平均額を基に標準報酬月額が決まります。これを**定時決定**（➡p.215）といいます。

一方で、従業員の固定的賃金が変更され、給与が大幅に変わったときは、定時決定を待たず標準報酬月額を改定しなければなりません。これを**随時改定**（➡p.220）といい、改訂の条件は、変動前の標準報酬月額と、変動月から3カ月間の給与総額の平均に該当する標準報酬月額との間で2等級以上変化したことなどです。

給与変動後4カ月目の支給給与から、改定した社会保険料を差し引きます。4月に給与の変動があった場合は7月支給の給与から新しい社会保険料を控除します。控除する金額の変更に間違いが起こらないように、給与計算の際は随時改定の有無を確認しましょう。

社員情報のマスタ管理

給与計算は、大きく分けると、勤怠項目（労働日数や時間数、時間外労働時間数など）の確認、各種手当の計算、各種控除額の計算の3つの仕事に分けられます。

手当の計算や控除額の計算は、従業員のマスタ（基礎データ）を基準に決められています。例えば、従業員が引っ越しをした場合は交通費（通勤手当）が変わりますし、昇給があれば報酬月額以外に各種保険料の控除額も変わります。給与計算の前に、マスタの変更の有無を確認することは重要です。

給与計算に関する情報を適切に管理するためには、マスタ管理を行いましょう。マスタには、商品マスタ、顧客マスタ、社員マスタ、給与マスタなどがあり、これらのマスタを一元的にコンピューターで管理することをマスタ管理といいます。

給与計算に関する従業員ごとのデータは給与マスタと呼ばれます。給与マスタは、市販の人事給与ソフトやエクセルなどの表計算ソフトで管理するのが一般的ですが、人事給与ソフトを使用する場合、入力された支給や控除の項目を基に、自動的に給与が計算されます。社会保険料をはじめ、各項目に変更があったときは、マスタ変更を行うのを忘れないようにしましょう。

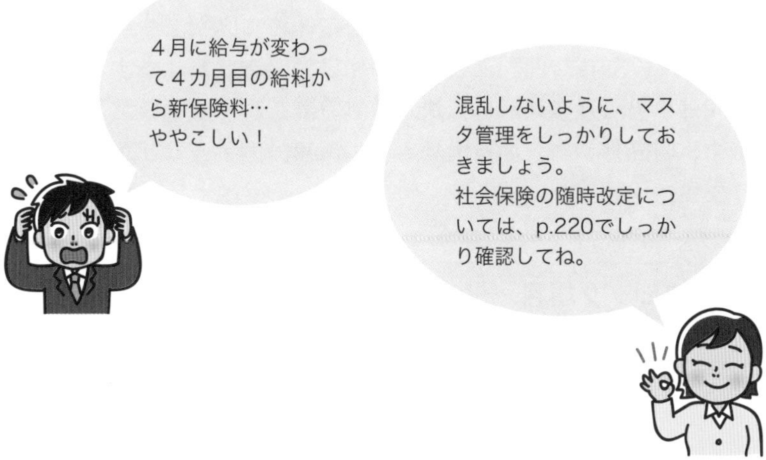

memo

［報酬・賃金・給与・給料の違い］

それぞれ、労働に対して支払われるもの（主に金銭）の名称ですが、管轄する法律や視点によって呼び方が違います。賃金は労働関係の法律、給与は所得税法、報酬は健康保険や厚生年金保険などで主に使用される呼び方です。

賃金と報酬の違いは、支払い側と受け取る側が労使関係にあるかどうかです。賃金は労使関係での支払い、報酬はどのような場合でも使われます。

給料と給与の違いは、給料は原則基本給のことをいい、給与は諸手当や賞与などを含む広い範囲のものをいいます。

給与計算❷

労働時間の集計

NOTE 従業員の労働時間を管理する

勤怠項目 ― 労働時間の集計

給与計算には、勤怠・支給・控除の３項目があります。その一つの勤怠項目は、給与計算の基となる従業員の労働時間を計算します。

現在では「タイムカード」や「ICカード」で打刻し、データで管理するのが主流です。

この勤怠データから、法定休日と所定休日の区別、休憩時間の差し引きをして、残業時間、深夜勤務や休日労働を計算します。

時間外手当（残業代）は、法定労働時間を超えて働いたときに支払います。時間外手当、休日出勤手当、深夜労働手当などが残業代に当たります。（➡p.128）

勤怠チェック項目

- □ 出勤時間と退勤時間
- □ 実労働時間
- □ 休憩時間
- □ 時間外労働
- □ 深夜、休日労働
- □ 出勤日、欠勤日、休日出勤日
- □ 有給休暇の日数、残日数
- □ 振り替え休日

決められた労働日数と出勤日数が一致するか、打刻漏れがないか、出張や直帰の場合の記録があるか、休日出勤があるかなどをチェックして、労働時間を計算しましょう。

勤怠管理システムを導入すれば、パソコンやスマートフォンから打刻や管理ができるので、テレワークにも対応できます。

タイムカード集計表の記入例

打刻漏れがないかチェックする

22時～翌5時の残業は別途計上する

法定休日で働いた場合は、基礎賃金の35％以上の割増賃金となる

20●●年度4月度

5	要出勤日数	出勤日数	欠勤日数	遅刻日数	早退日数	休日出勤	有給休暇
	21	20	1	1	1	1	1
福岡　大輔	勤務時間	普通残業時間	深夜残業時間	休日(法定)労働時間	休日(所定)労働時間	休日深夜残業時間	遅刻早退時間
	180:00	23:00	5:00	13:00	0:00	1:00	5:05

月	日	曜日	勤怠		始業時間	終業時間	休憩	勤務時間	普通残業時間	深夜残業時間	休日労働時間	休日深夜残業時間
4	11	火	1	出勤	9:00	18:15	1:00	8:15	0:15			
4	12	水	1	出勤	9:00	20:11	1:00	10:11	2:11			
4	13	木	1	出勤	9:00	19:10	1:00	9:10	1:10			
4	14	金	1	出勤	8:51	22:54	1:00	13:03	5:03	0:54		
4	15	土										
4	16	日	5	休日出勤	9:00	23:00	1:00	13:00			13:00	1:00
4	17	月	6	有給休暇								
4	18	火	3	遅刻	9:05	20:07	1:00	10:02	2:02			
4	19	水	1	出勤	8:55	21:58	1:00	12:03	4:03			
5	8	月	4	早退	9:00	12:00		3:00				
5	9	火	2	欠勤								
5	10	水	1	出勤	8:53	22:58	1:00	13:05	5:05	0:58		
合計								180:00	23:22	4:34	13:00	1:00

勤怠の分類番号などを決めて整理すると分かりやすい

1カ月の合計労働時間は、法定ルールでは1分単位での計算が原則だが、30分未満を切り捨て、30分以上を切り上げることも可

基礎賃金の50％以上の割増賃金となる

前回確認日　／　／　／

給与計算③

振り替え休日、代休の管理

NOTE 休日労働を管理する

会社の休日

会社の休日には、**法律で決められた法定休日**（１週間に１日または４週間に４日）と、**会社が定めた所定休日**があります。なお、法定休日は会社が決めることができます。

●振り替え休日

振り替え休日とは、あらかじめ休日と決められていた日を労働日とし、他の労働日を休日とすることをいいます。この場合、休日に出勤しても、休日労働とはなりません。ただし、振り替え休日として認められるには以下の要件が必要で、原則同一週内に設定しなければ割増賃金を支払う必要が生じます。

振り替え休日の前提条件

- 就業規則に振り替え休日に関する規定がある
- 事前に振り替え日を特定している
- 法定休日の要件を満たす

●代休

代休とは、突発的に休日に労働した場合に、代償として以後の労働日を休みとするものです。事前に確定していないことから、休日を振り替えたことにはならず、休日労働分の割増賃金が発生します。代休の付与は必須ではありませんが、代休を与えないことで週40時間の法定労働を超えると、法定時間外労働の割増賃金を支払う必要があります。

この他、条件を充たした従業員に有給で休暇を付与する年次有給休暇（➡ p.32）があります。

休日出勤した場合の割増賃金

法定休日：35%以上増し
所定休日：25%以上増し

振り替え休日と代休の基礎

●振り替え休日と代休の違い

	振り替え休日	代休
要　　件	事前に休日出勤が決まっている	突発的に休日出勤が決まる
休日を取得する日	事前に定める	事後に定める
割増賃金の発生	なし	割増賃金発生

ただし、翌週以降に振り替え、法定労働時間を超えると法定時間外労働が発生

●振り替え休日と代休の取得パターン例

振り替え休日　事前に法定休日を、同じ週の他の労働日と振り替えておくと、所定労働時間は変わらないため、**割増賃金は発生しない。**

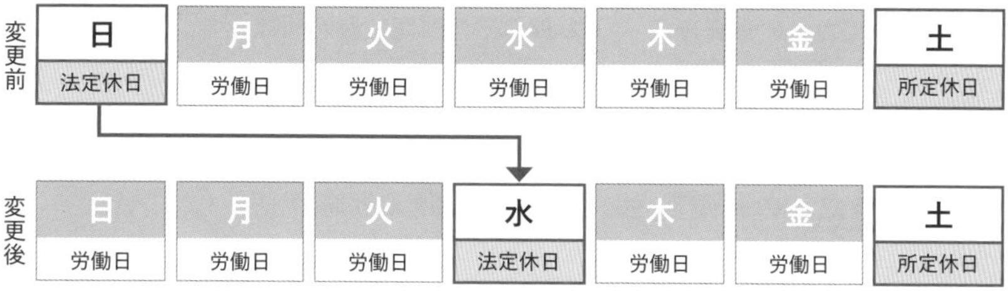

代休　事前の手続きなしに法定休日に労働し、代償として、後日の労働日を休みとした場合、仕事をした法定休日は休日労働となり、**割増賃金が発生する。**

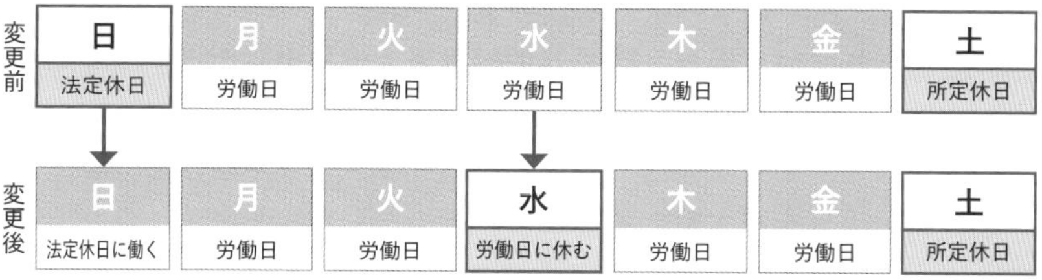

前回確認日　／　／　／

時間外手当、その他の手当の計算

NOTE 各手当の内容を確認する

時間外手当の計算

時間外手当は、法定労働時間を超えて働いたときに支払います。時間外労働手当（法定内・法定外）、休日出勤手当、深夜労働手当すべてが時間外手当に当たり、区別して集計し、計算します。時間外労働は、原則として１カ月45時間、１年360時間を限度とし、それを超えてはならないことになっています。

●時間外手当計算の手順

①１時間当たりの基礎賃金の計算

１時間当たりの基礎賃金は、従業員の勤務体系によって変わります。以下を参考に基礎賃金を計算しましょう。

時間給：時間給
日　給：日給÷１日の所定労働時間数
月　給：１カ月の基礎賃金 ÷１カ月の平均所定労働時間数

②時間外手当の計算

①で算出された１時間当たりの基礎賃金に割増率と時間外勤務時間を掛けます。

１時間当たりの基礎賃金×割増率×時間外勤務時間

その他の手当の計算

手当とは、基本給以外に会社から支給される賃金のことで、**法律で義務付けられている手当（時間外労働手当・休日出勤手当・深夜労働手当）**と、それ以外に分けられます。役職手当や通勤手当、家族手当、住宅手当など、会社が独自に定めているさまざまな手当があります。

これらの手当を基本給に上乗せしたものが総支給額です。ただし、**通勤手当は一定額まで所得税非課税**になるため、源泉徴収税額の給与には含めません。社会保険料を計算するときには給与に含まれます。

時間外労働の割増率

労働の種類	労働時間	割増率
時間外労働（法定内残業）	1日8時間、週40時間以内	なし
時間外労働（法定外残業）	1日8時間、週40時間を超える	25%以上
所定休日労働	1日8時間、週40時間を超える	25%以上
法定休日労働	法定休日の労働時間	35%以上
深夜労働	22:00～翌5:00の労働時間	25%以上
月60時間を超える時間外労働	月60時間を超える時間外労働の時間	50%以上

就業規則上の所定労働時間は超えるが法定労働時間は超えない

時間外労働に深夜労働が加わる場合、22:00以降の労働時間については、各割増率に深夜労働割増率を加えた割増率になる。
例：時間外労働 ＋ 深夜労働＝25＋25＝50%（以上）
　　法定休日労働 ＋ 深夜労働＝35＋25＝60%（以上）

通勤手当の非課税限度額

区　分		課税されない金額
①交通機関または有料道路を利用している人に支給する通勤手当		1カ月当たりの合理的な運賃などの額（最高限度150,000円）
②自動車や自転車などの交通用具を使用している人に支給する通勤手当	通勤距離が片道55キロメートル以上である場合	31,600円
	片道45キロメートル以上55キロメートル未満である場合	28,000円
	片道35キロメートル以上45キロメートル未満である場合	24,400円
	片道25キロメートル以上35キロメートル未満である場合	18,700円
	片道15キロメートル以上25キロメートル未満である場合	12,900円
	片道10キロメートル以上15キロメートル未満である場合	7,100円
	片道2キロメートル以上10キロメートル未満である場合	4,200円
	片道2キロメートル未満である場合	（全額課税）
③交通機関を利用している人に支給する通勤用定期乗車券		1カ月当たりの合理的な運賃などの額（最高限度　150,000円）
④交通機関または有料道路を利用する他、交通用具も使用している人に支給する通勤手当や通勤用定期乗車券		1カ月当たりの合理的な運賃などの額と②の金額との合計額（最高限度　150,000円）

前回確認日　／　　／　　／

控除額の計算❶
社会保険料の計算

NOTE 社会保険の制度を確認する

社会保険とは

社会保険は、広義には、病気やけが、老齢、障害、死亡、介護、失業などに対し必要な給付を行う公的保険制度で、医療保険（**健康保険・国民健康保険**）、年金保険（**厚生年金保険・国民年金**）、**介護保険**、**労災保険**、**雇用保険**の５つを指します。（➡p.45）

会社は、法律によりこれらの保険に加入の義務があります。

社会保険料の計算・控除・納付

社会保険（健康保険、厚生年金保険、介護保険）料は、従業員ごとに定められた標準報酬月額に、都道府県ごとに決まった保険料率を掛けて計算します。原則、毎年１回の見直しがあります。

４～６月に支払った報酬の平均額を算出し、７月１日～７月10日に年金事務所へ「被保険者報酬月額算定基礎届（算定基礎届）」を提出すると、等級に分かれた標準報酬月額が決まります。

●社会保険（広義）の種類

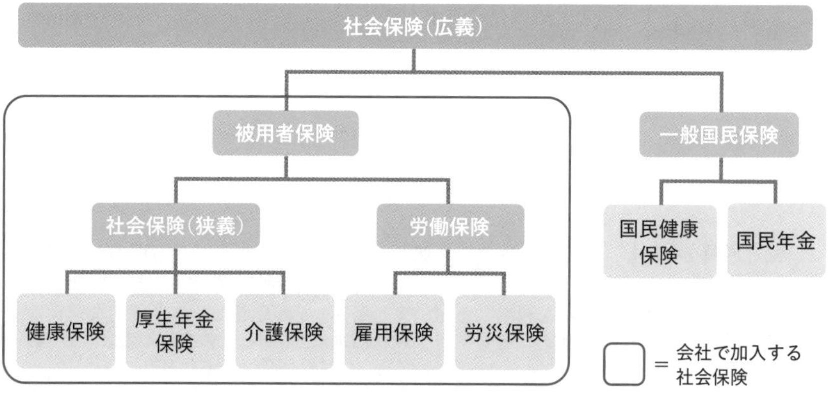

等級ごとに保険料が決まっており、その年の９月以降、翌年８月まで適用されます。これを、**定時決定**（➡p.215）といいます。

なお、毎年３月に健康保険と介護保険の料率が変わるので確認しましょう。なお、**厚生年金保険料率は、18.3%で固定**されています。

健康保険料と厚生年金保険料、介護保険料は、従業員と雇用主で折半して支払うため、従業員の給与から控除し納付します。

社会保険料の翌月徴収・翌月納付

社会保険料は、一般的に毎月の給与から前月分の保険料を控除します。つまり、保険料は、翌月に支払われる給与から控除して、月末に年金事務所に納付します。これを、翌月徴収・翌月納付といいます。

翌月に納付することを忘れないようにしましょう。

翌月徴収・翌月納付の例

給与支払時に前月分の社会保険料を控除し、
その月の末日に会社負担分と合わせ年金事務所へ納付する

●給与の支払いが10日締め当月25日払いの場合

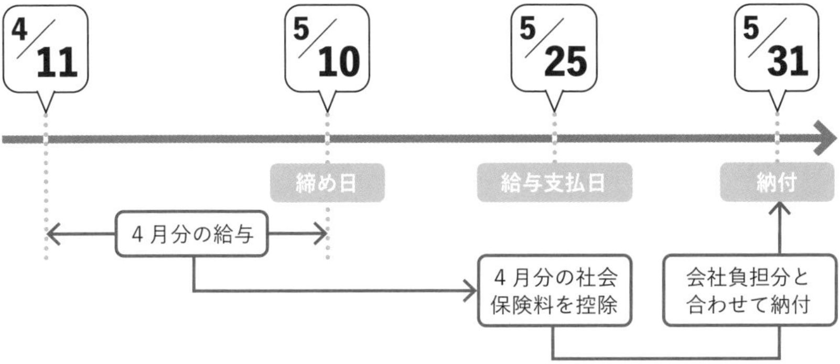

控除額の計算❷
介護保険料の計算

NOTE 介護保険の対象者に注意する

満40歳から介護保険料を控除する

満40歳以上64歳までの従業員については、**介護保険料**を控除します。介護保険は65歳以上の人や、一定の介護が必要になった人が介護サービスを受けることができる保険です。

給与から保険料を控除するタイミングは、満40歳です。これは、40歳の誕生日の前日を指します。この時から介護保険の第２号被保険者となり、健康保険料とともに介護保険料を納付します。介護保険は、健康保険、厚生年金保険と同様、会社と従業員との折半です。

給与から控除する分は、「健康保険・厚生年金保険の保険料額表」で確認します。

介護保険料は健康保険料に含まれているため、「介護保険第２号被保険者に該当する場合」の欄を参照します。65歳以上は、介護保険第１号被保険者となり、住んでいる市町村、特別区が徴収します。

介護保険料の計算

介護保険料率は毎年変わるため、最新の健康保険・厚生年金保険の保険料額表の介護保険第２号被保険者に該当する場合の部分から保険料を確認します。

● 介護保険の被保険者

	第２号被保険者	第１号被保険者
対象者	満40歳以上65歳未満の公的医療保険（健康保険）加入者	65歳以上
受給要件	老化に起因する疾病（特定疾病）が原因で要介護・要支援認定を受けたとき	要介護・要支援認定を受けたとき
保険料の徴収方法	40歳になった月から医療保険料と一体的に徴収される	65歳になった月から市町村、特別区（原則、年金からの天引き）で徴収される

参考：「介護保険制度について（40歳になられた方へ）」厚生労働省

健康保険・厚生年金保険の保険料額表の見方

●介護保険料の事例

42歳で平均報酬月額30万円の従業員の場合（東京都の会社勤務、全国健康保険協会：協会けんぽに加入）➡40歳以上65歳未満なので「介護保険第2号被保険者」に該当する。

標準報酬
報酬月額に対応する等級と標準報酬月額。等級欄の（　）内数字は厚生年金保険の標準報酬月額等級

報酬月額
基本給の他、役付手当、通勤手当、残業手当など、会社から現金または現物で支給されるものすべての金額

健康保険料
介護保険料を負担するかしないかで、保険料が変わる点に注意する

令和6年3月分（4月納付分）からの健康保険・厚生年金保険の保険料額表

・健康保険料率：令和6年3月分～　適用　　・厚生年金保険料率：平成29年9月分～　適用
・介護保険料率：令和6年3月分～　適用　　・子ども・子育て拠出金率：令和2年4月分～　適用

（東京都）　（単位：円）

標準報酬		報酬月額		全国健康保険協会管掌健康保険料				厚生年金保険料（厚生年金基金加入員を除く）	
				介護保険第2号被保険者に該当しない場合		介護保険第2号被保険者に該当する場合		一般、坑内員・船員	
				9.98%		11.58%		18.300%※	
等級	月額	円以上	円未満	全額	折半額※	全額	折半額※	全額	折半額
1	58,000	～	63,000	5,788.4	2,894.2	6,716.4	3,358.2		
2	68,000	63,000 ～	73,000	6,786.4	3,393.2	7,874.4	3,937.2		
3	78,000	73,000 ～	83,000	7,784.4	3,892.2	9,032.4	4,516.2		
4(1)	88,000	83,000 ～	93,000	8,782.4	4,391.2	10,190.4	5,095.2	16,104.00	8,052.00
5(2)	98,000	93,000 ～	101,000	9,780.4	4,890.2	11,348.4	5,674.2	17,934.00	8,967.00
6(3)	104,000	101,000 ～	107,000	10,379.2	5,189.6	12,043.2	6,021.6	19,032.00	9,516.00
7(4)	110,000	107,000 ～	114,000	10,978.0	5,489.0	12,738.0	6,369.0	20,130.00	10,065.00
8(5)	118,000	114,000 ～	122,000	11,776.4	5,888.2	13,664.4	6,832.2	21,594.00	10,797.00
9(6)	126,000	122,000 ～	130,000	12,574.8	6,287.4	14,590.8	7,295.4	23,058.00	11,529.00
10(7)	134,000	130,000 ～	138,000	13,373.2	6,686.6	15,517.2	7,758.6	24,522.00	12,261.00
11(8)	142,000	138,000 ～	146,000	14,171.6	7,085.8	16,443.6	8,221.8	25,986.00	12,993.00
12(9)	150,000	146,000 ～	155,000	14,970.0	7,485.0	17,370.0	8,685.0	27,450.00	13,725.00
13(10)	160,000	155,000 ～	165,000	15,968.0	7,984.0	18,528.0	9,264.0	29,280.00	14,640.00
14(11)	170,000	165,000 ～	175,000	16,966.0	8,483.0	19,686.0	9,843.0	31,110.00	15,555.00
15(12)	180,000	175,000 ～	185,000	17,964.0	8,982.0	20,844.0	10,422.0	32,940.00	16,470.00
16(13)	190,000	185,000 ～	195,000	18,962.0	9,481.0	22,002.0	11,001.0	34,770.00	17,385.00
17(14)	200,000	195,000 ～	210,000	19,960.0	9,980.0	23,160.0	11,580.0	36,600.00	18,300.00
18(15)	220,000	210,000 ～	230,000	21,956.0	10,978.0	25,476.0	12,738.0	40,260.00	20,130.00
19(16)	240,000	230,000 ～	250,000	23,952.0	11,976.0	27,792.0	13,896.0	43,920.00	21,960.00
20(17)	260,000	250,000 ～	270,000	25,948.0	12,974.0	30,108.0	15,054.0	47,580.00	23,790.00
21(18)	280,000	270,000 ～	290,000	27,944.0	13,972.0	32,424.0	16,212.0	51,240.00	25,620.00
22(19)	300,000	290,000 ～	310,000	29,940.0	14,970.0	34,740.0	17,370.0	54,900.00	27,450.00
23(20)	320,000	310,000 ～	330,000	31,936.0	15,968.0	37,056.0	18,528.0	58,560.00	29,280.00
24(21)	340,000	330,000 ～	350,000	33,932.0	16,966.0	39,372.0	19,686.0	62,220.00	31,110.00
25(22)	360,000	350,000 ～	370,000	35,928.0	17,964.0	41,688.0	20,844.0	65,880.00	32,940.00
26(23)	380,000	370,000 ～	395,000	37,924.0	18,962.0	44,004.0	22,002.0	69,540.00	34,770.00

事例

介護保険第2号被保険者に該当しない場合
40歳未満の被保険者と、65歳以上の第1号被保険者で健康保険に継続加入する被保険者

厚生年金保険料
等級ごとの保険料となる。料率は一律18.3%

介護保険第2号被保険者に該当する場合
40歳以上65歳未満の被保険者。健康保険料率（10.00%）に介護保険料率（1.82%）が加わっている

折半額
会社と従業員が半分ずつ負担するため、こちらの金額が控除額となる

※利率を乗じて1円未満の端数が出た場合、50銭超えは切り上げ、50銭以下は切り捨ての端数処理を行います。

前回確認日　／　／　／

給与計算⑦

控除額の計算③ 労働保険料の計算

NOTE 労働保険料の計算に注意する

労働保険の種類

労働保険は、労働者の保護と雇用の安定を図るための制度で、**労災保険（労働者災害補償保険）**と雇用保険があります。一人でも従業員を雇用する会社は必ず保険料を納付しなければなりません。

労災保険…従業員が業務中にけがや病気をして働けなくなった場合や亡くなったときなどに給付を行う制度です。保険料は全額会社負担のため給与から控除しません。
雇用保険…従業員の生活および雇用の安定と就職の促進のために設けられた制度です。失業保険の他、育児や介護を行う従業員や教育訓練を受講した従業員に支給される給付金などがあります。保険料は会社と従業員が一定の割合で負担（会社の方が多く負担）します。

給与から控除するのは雇用保険分だけです。労災保険料は、全額が事業主負担のため給与から控除しません。ただし、労災保険料と雇用保険料は同一に申告（➡p.286）、納付します。

労働保険料の計算

労働保険料は、従業員に支払う賃金総額に**保険料率（労災保険率＋雇用保険料率）**を乗じた額を指します。年度当初に概算で申告、納付し、翌年度の期首に確定申告の上、精算します。事業主は、当年度の確定保険料から前年度の概算保険料を引いた差額と、当年度の概算保険料を合わせて申告、納付します。

雇用保険料は、月の総支給金額

に被保険者負担率を掛けて算出し、毎月給与から控除します。総支給金額には、通勤手当や住宅手当を含みます。

労働保険料の計算

【例】
１年間に労働者に支払う賃金が400万円の小売業を営んでいる場合
従業員１名
給与　毎月25万円×12カ月／賞与　50万円×２回

- 労災保険率：3/1000（被保険者の負担なし。料率は事業の種類により異なる）
- 雇用保険料率：15.5/1000（うち被保険者負担6/1000）

労働保険料＝賃金総額×（労災保険率＋雇用保険料率）
＝4,000,000円×（3/1000＋15.5/1000）
＝74,000円

- 被保険者の負担額：賃金総額×雇用保険料率（従業員負担分）

● 令和６（2024）年度の雇用保険料率

負担者／事業の種類	① 従業員負担（失業等給付・育児休業給付の保険料率のみ）	② 事業主負担			①＋② 雇用保険料率
			失業等給付・育児休業給付の保険料率	雇用保険二事業の保険料率	
一般の事業	**6/1000**	**9.5/1000**	6/1000	3.5/1000	**15.5/1000**
農林水産・清酒製造の事業※	**7/1000**	**10.5/1000**	7/1000	3.5/1000	**17.5/1000**
建設の事業	**7/1000**	**11.5/1000**	7/1000	4.5/1000	**18.5/1000**

出典：「令和６年度雇用保険料率のご案内」厚生労働省・都道府県労働局・ハローワーク
※雇用保険二事業とは、雇用安定事業と能力開発事業の２つのこと。失業の予防、雇用機会の増大、労働者の能力開発・向上などを図る事業。
※園芸サービス、牛馬の育成、酪農、養鶏、養豚、内水面養殖および特定の船員を雇用する事業については一般の事業の率が適用されます。

労災保険率はp.287を参照してください。詳しくは厚生労働省のウェブサイトに掲載されています。

前回確認日　／　　／　　／

控除額の計算❹ 所得税と住民税の計算

NOTE 給与から控除する税額に注意する

源泉所得税の徴収

所得税は個人の所得に対してかかる税金で、納税者が当年１年間のすべての所得（概算）から控除分を差し引いた課税所得に税率を適用して納付します（申告納税）。

所得の中で、給与や賞与については、会社が従業員の所得税を控除（徴収）し、従業員に代わって納付します。これを源泉徴収といいます。

課税対象額は、総支給額から社会保険料や雇用保険料を差し引いた金額です。総支給額には残業代や諸手当が含まれますが、非課税内の通勤手当は含まれません。

この課税対象額を国税庁が公表している「**給与所得の源泉徴収税額表**」の月額表に当てはめ、源泉所得税額を求めます。この金額を毎月の給与から控除し、給与支払日の翌月10日までに納付します。

所得税は当年１年間の所得に対して課税されるものなので、年末に再計算をして差額を調整します。これを年末調整（➡p.162）といいます。

個人住民税特別徴収の流れ

住民税は住んでいる地域に納める税金で、都道府県民税と市町村民税があります。個人が納付する個人住民税は、会社が従業員の給与から天引きして市区町村に納付します（**特別徴収**）。税額は市区町村から送付されてくる「税額通知書」（「特別徴収税額の決定・変更通知書」）に記されていて、会社で計算する必要はありません。税額は、都道府県民税と市町村民税が合算されています。税額通知書は、会社を経由して従業員に交付されます。

会社は、従業員の前年の「給与支払報告書」を１月31日までに市区町村に提出し、市区町村からは５月31日までに会社宛てに税額通知書が届きます。記載された金額を給与から控除し、毎月の給与支給日の翌月10日までに納付します。

給与所得の源泉徴収税額表（令和６〔2024〕年分）の見方

甲：「給与所得者の扶養控除等申告書」を提出している場合

乙：「給与所得者の扶養控除等申告書」を提出していない場合

（三）　（290,000円～439,999円）

その月の社会保険料等控除後の給与等の金額		甲								乙
		扶養親族等の数								
		0人	1人	2人	3人	4人	5人	6人	7人	
以上	未満	税額								税額
円	円	円	円	円	円	円	円	円	円	円
290,000	293,000	8,040	6,420	4,800	3,190	1,570	0	0	0	50,900
293,000	296,000	8,140	6,520	4,910	3,290	1,670	0	0	0	52,100
296,000	299,000	8,250	6,640	5,010	3,400	1,790	160	0	0	52,900
299,000	302,000	8,420	6,740	5,130	3,510	1,890	280	0	0	53,700
302,000	305,000	8,670	6,860	5,250	3,630	2,010	400	0	0	54,500
305,000	308,000	8,910	6,980	5,370	3,760	2,130	520	0	0	55,200
308,000	311,000	9,160	7,110	5,490	3,880	2,260	640	0	0	56,100
311,000	314,000	9,400	7,230	5,620	4,000	2,380	770	0	0	56,900
314,000	317,000	9,650	7,350	5,740	4,120	2,500	890	0	0	57,800
317,000	320,000	9,890	7,470	5,860	4,250	2,620	1,010	0	0	58,800
320,000	323,000	10,140	7,600	5,980	4,370	2,750	1,130	0	0	59,800
323,000	326,000	10,380	7,720	6,110	4,490	2,870	1,260	0	0	60,900
326,000	329,000	10,630	7,840	6,230	4,610	2,990	1,380	0	0	61,900

支給額から社会保険料を控除後の課税対象額（通勤手当を含まない）

その月の所得税額

「給与所得者の扶養控除等申告書」で確認する

個人住民税特別徴収の流れ

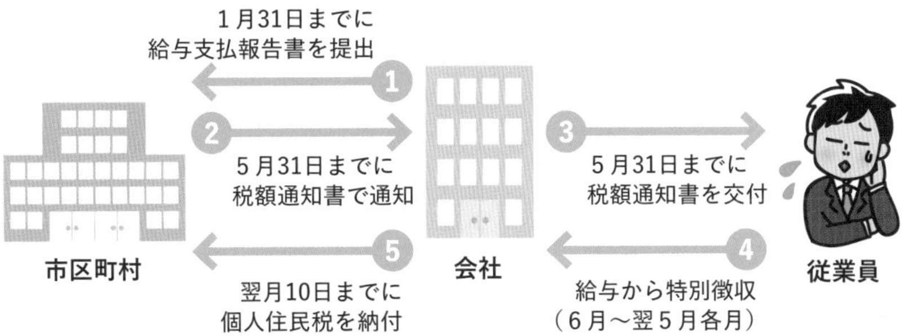

前回確認日　／　／　／

給与明細書の作成

NOTE 給与明細書の作成と給与の支給に注意する

差引支給額の確認と給与明細書の作成

給与計算をし、総支給額から控除額をすべて差し引いて支給額を確定します。支給額が確定したら、「給与明細書」を作成して従業員に給与を支払う際に交付します。

給与の支払いは、**労働基準法**第24条の「賃金支払いの５原則」を基に支払います。給与は直接払いが原則ですが、従業員の同意があれば口座振り込みもできます。その際、振込手数料は会社負担です。給与は「支払日の午前10時には引き出せるようにしなければならない」という指導が**労働基準監督署**からなされています。そのため、支払日が休日の場合は前日に引き出せるように注意しましょう。

多くの会社では、給与支給日に確実に従業員の口座に入金できるよう、事前に金融機関へ資金を送金し、振り込み予約をしています。また、振り込み手続きの代行サービスを行う会社もあります。全国銀行協会（全銀協）が定める、銀行と企業間での振り込み依頼や口座振り替えの電子データ送受信のフォーマット（全銀ファイル）を利用することで、従業員への振り込みが一度で完了します。

給与明細書は、振り込みであっても従業員に渡す必要があります。同意があれば、電子データで交付することも可能です。

源泉徴収簿に記載

「源泉徴収簿」は、法律上作成を義務付けられていませんが、毎月の給与ごとに記載しておくと、年末調整をスムーズに行うために大変役に立ちます。給与明細書の記載事項（従業員の給与金額、社会保険料、源泉徴収税額などの基本情報）を、源泉徴収簿（➡p.175）に記載します。

給与明細書の作成のポイント

勤怠
給与計算期間の出勤・欠勤日数や実働時間、残業時間を記入する。実際の勤務状況がきちんと反映されているか確認が必要

給与明細書

2024年4月25日支給
スモール株式会社
給与計算期間　3月16日～4月15日

社員番号	所属	氏名
3	営業部	福岡　大輔　様

勤怠								
	就業日数	出勤日数	休日出勤日数	欠勤日数	遅刻・早退	有給休暇日数	振替休日数	代休
	21	20	1	1	2	1	0	0
	労働時間	普通残業時間	深夜残業時間	休日残業時間	休日深夜残業時間			
	180:00	23:00	5:00	13:00	1:00			

支給								
	基本給	役職手当	営業手当	資格手当	住宅手当	家族手当	欠勤控除	
	350,000	25,000					××××	
	時間外手当	深夜勤務手当	休日出勤手当	通勤手当			総支給額	
	××××	××××	××××	××××			××××	

控除								
	健康保険	厚生年金保険	介護保険	雇用保険	社会保険料計	課税対象額		
	××××	××××	××××	××××	××××	××××		
	所得税	住民税					控除総額	
	××××	××××					××××	
							差引支給額	
							××××	

控除
給与から天引きされる社会保険料や税金の金額を記載する。納めるべき保険料や税金が未払いにならないよう注意する

支給
毎月固定で支払う基本給の他、所定の労働時間を超えた場合の時間外手当、休日や深夜に働いた場合の休日出勤手当、深夜勤務手当など各種手当がある

総支給額から税金などの控除額を差し引いた額。実際に従業員に支払われる額

memo

［賃金支払いの５原則］

1　通貨で支払う
2　直接労働者に支払う
3　全額を支払う
4　毎月１回以上支払う
5　一定の期日を定めて支払う

前回確認日　／　／　／

給与計算を間違えた場合

NOTE 給与計算の不備に注意する

給与計算の間違いは従業員の生活に関わり、会社への不信感を生じさせ、労働基準監督署からは是正勧告や罰則を受ける可能性があります。ミスがあった場合は、速やかに対処しなくてはなりません。

給与計算ミスの背景

自社の給与計算のルールや支払い方法についての知識不足、給与計算に必要なデータ（勤怠の記録・従業員ごとの情報など）が適切に更新・管理されていない、給与計算のスケジュールが短い、給与担当者のスキル不足などが考えられます。

右のような場合に、特にミスが起こりやすいので注意します。

- 住所の変更による交通費の変更
- 中途入社、退職
- 有給休暇、時間外労働の計算ミス
- 給与の日割り計算
- 欠勤・早退・遅刻などの控除漏れ
- 扶養家族の変更や異動による入力漏れ
- 保険料率の改定の見落とし
- 雇用条件の変更や昇給による標準報酬月額の変更

給与計算ミスへの対処

ミスが判明したら直ちに本人に通知し誠実に謝罪し、正しい「給与明細書」を手渡します。その際には具体的な予防策を提示し、信頼の回復に努めます。

不足分があった場合：労働基準法の全額支払いの原則により、翌月の給与で調整すると違法となります。速やかに不足分を支払います。

過払いした場合：できるだけ当月内で過払い分を返還してもらいます。本人の同意なしに過払い分を賃金から控除することはできません。

ミス撲滅のために、給与計算のルールの整備、法令改正の情報のチェック、手作業の削減、ダブルチェック体制の導入、給与計算ツールの活用、アウトソーシングなどを検討します。

前回確認日　／　／　／

源泉所得税❶
源泉所得税の納付

NOTE 源泉所得税の納付に注意する

給与の源泉所得税の納付

所得税は、個人の所得に対し一定の割合で課せられる税金です。従業員の給与にかかる所得税は、会社が支給人数、額面の総額、源泉徴収税額などを記入した「**給与所得・退職所得等の所得税徴収高計算書（一般用）**」（➡p.142）により計算して源泉徴収した後、給与を支払った月の翌月10日までに国に納める必要があります（例：5月20日に給与を支払い→6月10日までに納付）。

給与以外の源泉所得税の納付

給与以外でも、個人に報酬や手数料を支払うと源泉所得税を預かる場合があります。この場合の源泉所得税には、報酬の種類によって以下の2つの納付方法があります。

- 支払い先が、税理士、公認会計士、弁護士など、いわゆる士業への報酬にかかる所得税は、給与所得・退職所得等の所得税徴収高計算書により、給与と一緒に納付します。納期の特例（➡p.144）も使えます。
- 原稿料、デザイン料などの支払いでは、「**報酬・料金等の所得税徴収高計算書**」（➡p.143）により源泉所得税を徴収し、報酬を支払った月の翌月10日までに納付します。納期の特例は使えません。

なお、2013（平成25）年1月1日から2037（令和19）年12月31日までの間に発生する所得について、**復興特別所得税**（一律、所得税の2.1%相当額）が徴収されます。本書では、復興特別所得税の記載を省略しています。

給与所得・退職所得等の所得税徴収高計算書（一般用）の記入例

会計年度（自社の決算月に関係なく毎年４月１日～３月31日）

各月の実人員の数（日雇労務者は延べ人数）を記入する

給与、退職手当などを支払った年月を記入する

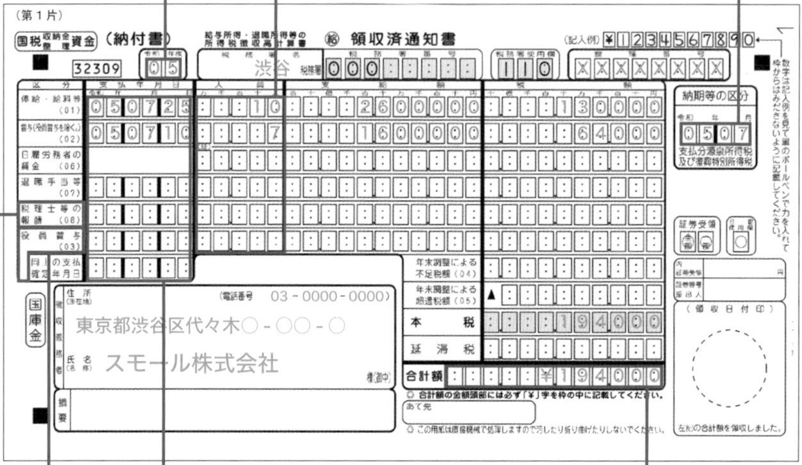

実際の支払年月日を記入する

納付する税の合計額を記入する

法人の役員に対する賞与を記入する

税理士、公認会計士、弁護士、社会保険労務士などに支払う報酬を記入する

報酬・料金等の所得税徴収高計算書の記入例

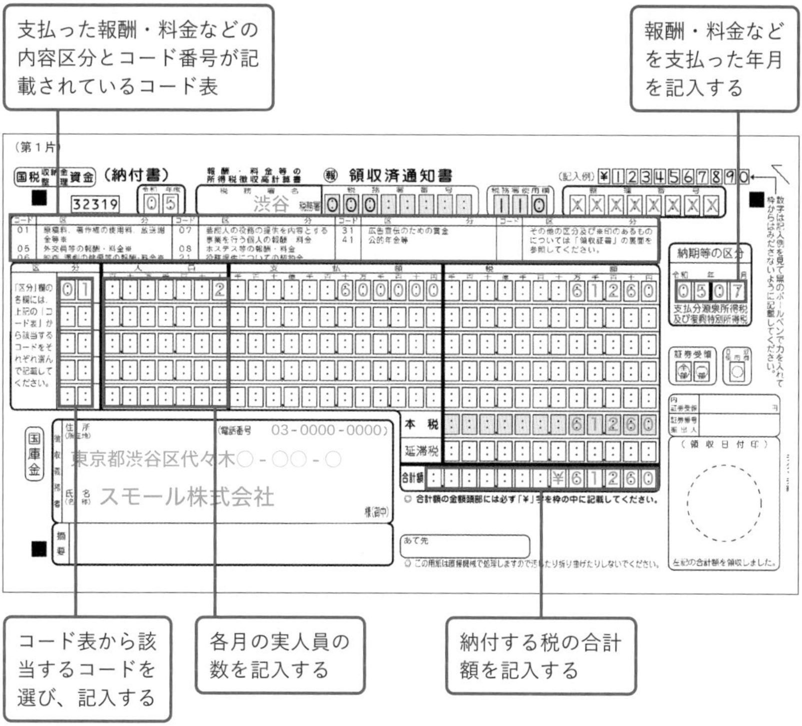

源泉所得税の納付方法

金融機関や税務署の窓口で納付できますが、e-Taxによるキャッシュレス納付（ダイレクト納付、インターネットバンキング、クレジットカード納付、スマホアプリ納付など）を利用すれば手間が軽減できます。なお、e-Taxを利用する場合、管轄の税務署に「利用開始届出書」を提出し、利用者識別番号を取得しておく必要があります。

また、いずれの方法も、「給与所得・退職所得等の所得税徴収高計算書」を作成・送信します。

前回確認日　／　／　／

源泉所得税❷ 源泉所得税の納期の特例

NOTE 源泉所得税の納付に注意する

従業員が10人未満なら納期の特例が適用される

源泉所得税の納付は、基本的には源泉徴収した翌月10日までが原則ですが、給与支給人員が常時10人未満の源泉徴収義務者は、源泉徴収した所得税を半年分ずつ年２回にまとめて納めることができます。

特例の対象は、給与や退職金から源泉徴収した所得税、並びに税理士、弁護士、司法書士などへの報酬から源泉徴収した所得税に限られます。原稿料や講演料、デザイン料などの報酬には適用されません。

納期の特例を申請後、翌月分の給与から適用

納期の特例は、所轄の税務署に「**源泉所得税の納期の特例の承認に関する申請書**」を提出した月の翌月から適用の対象となります。申請した月の給与には適用できません。

その年の１月から６月までに源泉徴収した所得税は７月10日、７月から12月までに源泉徴収した所得税は翌年１月20日がそれぞれ納付期限になります。

住民税（**特別徴収分**）にも納期の特例が適用できます（➡p.147）。ただし、所得税とは納付期限が１カ月ずれていますので、注意が必要です。また、申請書も別途必要になります。

●源泉所得税の納付期限

１月から６月までの支払い分	７月10日
７月から12月までの支払い分	翌年１月20日

●住民税（特別徴収分）の納付期限

６月から11月までの支払い分	12月10日
12月から翌年５月までの支払い分	６月10日

源泉所得税の納期の特例の承認に関する申請書の記入例

源泉所得税の納期の特例の承認に関する申請書

税務署受付印

※整理番号

令和 4 年12月 5 日

日本橋 税務署長殿

住所又は本店の所在地	〒103-0023 東京都中央区日本橋本町○-○○-○ 電話　03 − 0000 − 0000
（フリガナ）	カブシキガイシャ　フクシマショウテン
氏名又は名称	株式会社　福島商店
法人番号	※個人の方は個人番号の記載は不要です。 X X X X X X X X X X X X X
（フリガナ）	フクシマ　ケンイチ
代表者氏名	福島　健一

次の給与支払事務所等につき、所得税法第 216 条の規定による源泉所得税の納期の特例についての承認を申請します。

給与支払事務所等に関す

給与支払事務所等の所在地 ※　申請者の住所（居所）又は本店（主たる事務所）の所在地と給与支払事務所等の所在地とが異なる場合に記載してください。	〒 電話　−　−		
申請の日前６か月間の各月末の給与の支払を受ける者の人員及び各月の支給金額 〔外書は、臨時雇用者に係るもの〕	月区分	支給人員	支給額
	4 年 6 月	外 5 人	外 1,450,000 円
	4 年 7 月	外 5 人	外 1,450,000 円
	4 年 8 月	外 5 人	外 1,450,000 円
	4 年 9 月	外 5 人	外 1,450,000 円
	4 年10月	外 1 5 人	外 80,000 1,450,000 円
	4 年11月	外 5 人	外 1,450,000 円
1　現に国税の滞納があり又は最近において著しい納付遅延の事実がある			

申請日の直近６カ月の支給分を記入する。支払い実績が６カ月に足りない場合は支給した月のみを記載。実績がない場合は記載不要

役員報酬を支払っている場合は、その人数も含める

臨時雇用者の人員、支給額は「外書《そとがき》」に記入する

承認の通知は特にされません。通知がなければ承認ということです。

給与所得・退職所得等の所得税徴収高計算書（納期特例分）の記入例

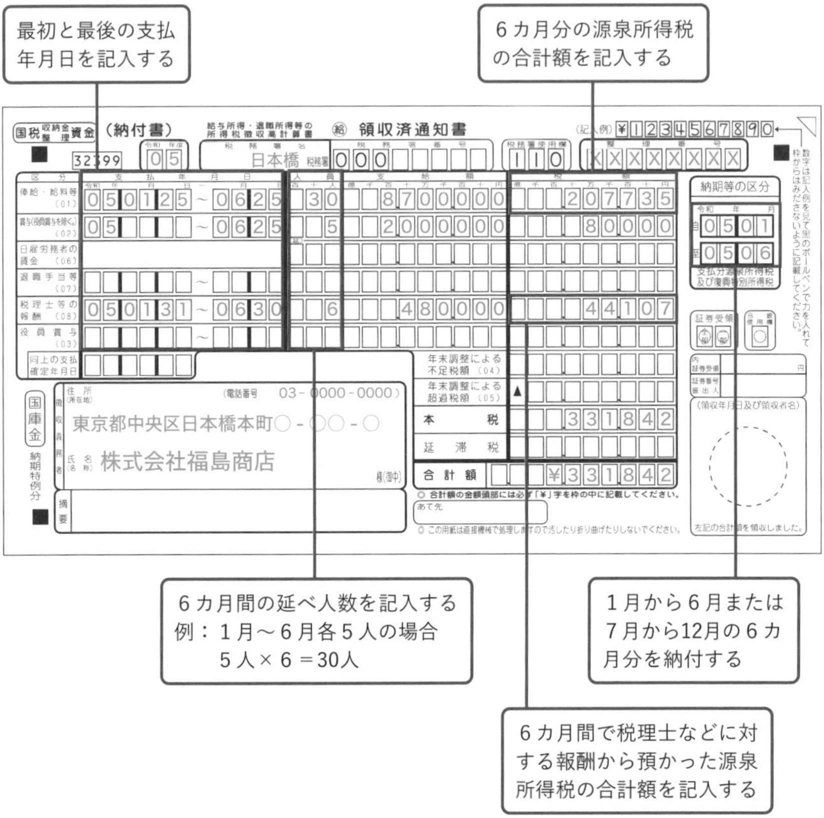

前回確認日　／　／　／

住民税の納付（特別徴収）

NOTE 住民税の特別徴収に注意する

住民税の納付（特別徴収）の手順

住民税は、道府県民税（都民税）と市町村民税（特別区民税）を総称したもので、１月１日時点で住民登録をしていた都道府県と市区町村に対して納付する**地方税**です。

従業員の住民税（個人住民税）は、所得税の源泉徴収と同様に、会社が毎月の給与から差し引いて、従業員に代わり市区町村に会社ごとの分を毎月納付します。この方法を特別徴収といいます。

会社は、毎年１～12月までの１年間の給与支払額を「**給与支払報告書**」（➡p.181）にまとめて従業員の住む市区町村に提出します。

これを基に、従業員が住む市区町村から毎年５月末までに、住民税の年間納付額と月ごとの額が書かれた「給与所得等に係る市町村民税・道府県民税 特別徴収税額の決定・変更通知書」（「特別徴収税額の決定・変更通知書」）と、毎月分の「納入書」が会社に送られてきます。

通知書は、納税義務者用（従業員用）と特別徴収義務者用（会社用）があり、納税義務者用は６月の給与時に従業員に渡します。会社は、会社用に記載された金額に基づき給与から住民税額を差し引いて預かり、翌月10日までに従業員の住所地の市区町村に納付します。

納期の特例は期間に注意

源泉所得税と同じく、常時10人未満の会社は「特別徴収税額の納期の特例に関する申請書」を提出すると、年２回にまとめて納付できる**納期の特例**がありますが、源泉所得税とは期間が異なります。６月から11月までの支払い分は12月10日、12月から翌年５月までの支払い分は６月10日が納入期限になります（➡p.144）。

特別徴収税額の決定・変更通知書の見方

所得
給与収入(年収)や給与所得(給与収入から給与所得控除の金額を差し引いた金額。「源泉徴収票」の支払金額と一致する)などが記載されている

扶養
配偶者や扶養親族の区分が記されている

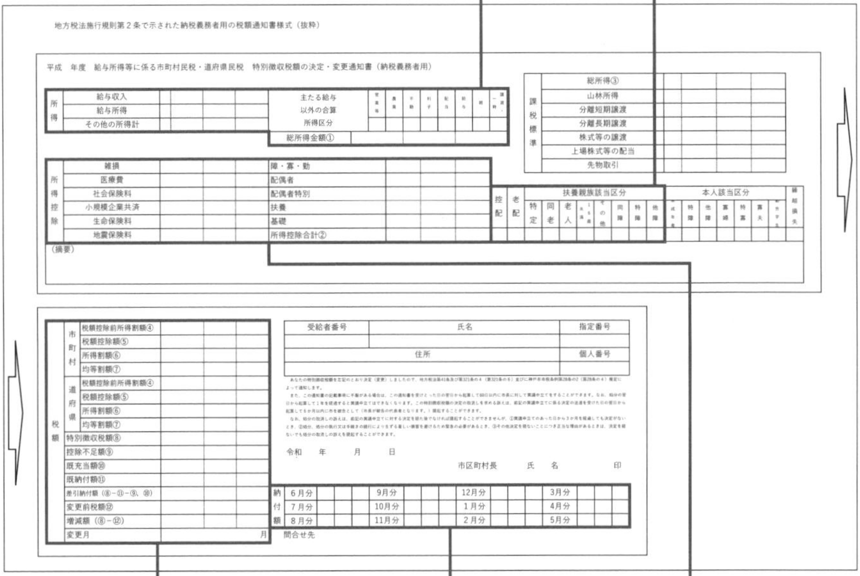

税額計算が記載されている。「特別徴収税額⑧」が6月～翌年5月までに納める住民税の合計額

毎月の納付額

所得控除
給与所得から差し引くことができる所得控除の金額が記載されている

令和6（2024）年度より、eLTAX（エルタックス（➡p.27））を経由する「特別徴収税額通知（納税義務者用）」の電子化がスタートした。電子的送付に同意した特別徴収義務者・納税義務者は電子データで通知の受け取りが可能になった。

住民税の納付方法

住民税は、市区町村から送られてきた「住民税納入書」（納入書）を使い、金融機関の窓口で納付できますが、**すべての自治体へ一括して電子納付ができるeLTAX**を利用して、ダイレクト納付やインターネットバンキングなどで支払うこともできます。

住民税納付書の見方

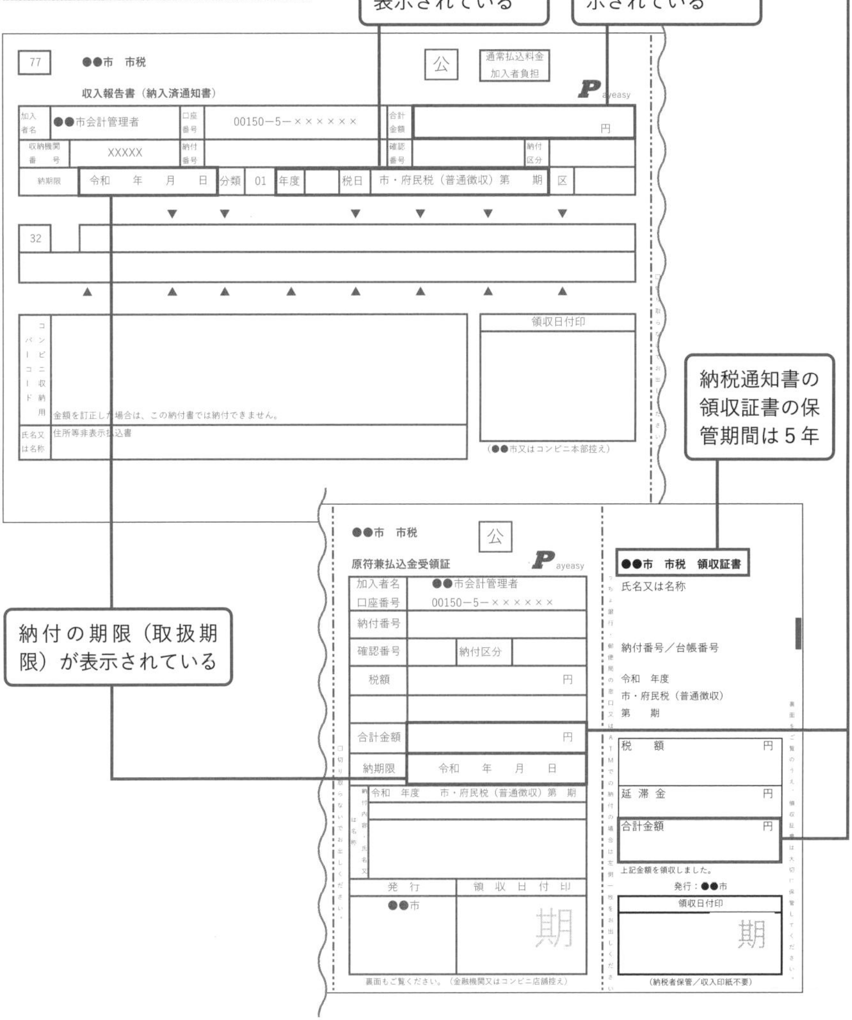

社会保険料の納付

NOTE 社会保険料の納付に注意する

社会保険料の納付の流れ

社会保険料（健康保険料・厚生年金保険料）は、その月の標準報酬月額を基に算出され、給与から控除した従業員負担分と会社負担分をまとめて、前月分を当月の末日までに納付します（翌月徴収）。

納付には、金融機関の窓口での納付と、口座振替による納付、電子納付があります。金融機関の窓口での納付、電子納付のための「納入告知書」（「納付書」）、または、口座振替のための「**保険料納入告知額・領収済額通知書**」が、毎月20日ごろ**年金事務所**から会社へ送られてくるので、これを基に納付します。どちらも必要事項は印字されているので記載する箇所はありません。

社会保険料の納付方法

1. 金融機関の窓口で納付：

納付書に基づき、銀行など金融機関の窓口で納付します。

2. 電子納付：

口座振替は自動的に行われるので、納付を忘れてしまうことはありませんが、引き落とし前に口座残高の確認が必要です。

納付書に基づく金融機関での納付から口座振替への変更は、年金事務所にある「健康保険・厚生年金保険 保険料口座振替納付（変更）申出書」に記入・押印し、取引金融機関に申請しておけば、金融機関から年金事務所に回送され、自動的に口座振替となります。

3. 口座振替納付：

納付書に基づき、Pay-easy（ペイジー：税金や公共料金などを、パソコン、スマホ、ATMなどから支払うことができるサービス）を利用して納付します。

社会保険料の納付の流れ

前月 ｜ 当月（20日 ／ 月末）

毎月20日前後に年金事務所から納入通知書が届く

毎月月末までに
納付する

従業員

健康保険料・厚生年金保険料の納付額

従業員負担分	会社負担分	子ども・子育て拠出金※

給与から前月分の社会保険料を徴収する

※子育て支援に当てられる税金。厚生年金保険料と一緒に納付するが、全額を会社が負担する。

保険料納入告知額・領収済額通知書の見方

保険料納入告知額・領収済額通知書

あなたの本月分保険料額は下記のとおりです。

なお、納入告知書を指定の金融機関に送付しましたから、指定振替日（納付期限）前日までに口座残高の確認をお願いします。

事業所整理番号	11- アイウ	事業所番号	12345
納付目的年月	令和５年４月	納付期限	令和５年５月 31 日
健康勘定	健康保険料		462,314
厚生年金勘定	厚生年金保険料		582,590
子ども・子育て支援勘定	子ども・子育て拠出金		9,817
合計額			1,054,721円

下記の金額を指定の金融機関から口座振替により受領しました。

令和５年３月分保険料	令和５年４月 30 日	
健康勘定	健康保険料	462,314
厚生年金勘定	厚生年金保険料	582,590
子ども・子育て支援勘定	子ども・子育て拠出金	8,817
合計額		1,053,721円

令和５年５月 20 日

歳入徴収官
厚生労働省年金局事業管理課長
日本年金機構
[redacted]年金事務所

様

当月納付分「保険料納入告知額通知書」
当月末に振り替えとなる前月分の社会保険料の納付額の通知

前月納付分「領収済通知書」
前月末に振り替えられた前々月分の社会保険料の領収書

前月分の社会保険料の納付額と、前々月分の社会保険料の領収書が１枚に記載されている

前回確認日 ／ ／ ／

賞与計算のスケジュール

賞与は、毎月支給される給与とは別に、ボーナスや夏季手当、年末手当などとして支給される給与ですが、支給は義務付けられているものではありません。そのため、事前に賞与の支払いの有無や、支給額、支給日などの上長への確認が必要になります。

給与計算と同じく、健康保険料、厚生年金保険料、雇用保険料と所得税を総支払額から控除しますが、計算方法と手続きが異なり、住民税は控除しません。

＊スケジュールは参考です

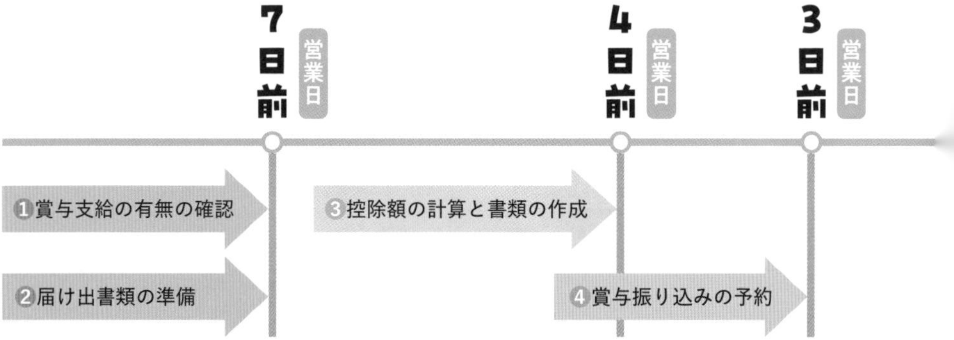

❶ 賞与支給の有無の確認

賞与を支給するかどうか上長から確認を取り、支給日、従業員別の支給額を確認する

❷ 届け出書類の準備

「被保険者賞与支給届」（支給しない場合は「賞与不支給報告書」）を用意する

❸ 控除額の計算と書類の作成

健康保険料、厚生年金保険料、雇用保険料と所得税を計算、控除額を算出する

「健康保険・厚生年金保険被保険者賞与支払届」を作成する（➡p.158）

❹ 賞与振り込みの予約

金融機関に振り込みの予約をする。3営業日前が理想的な流れ

賞与計算で注意しなければならないのは、新入社員や退職者への支払額の計算です。就業規則でどのような規定になっているか確認しましょう。

賞与は支払対象者や条件が、会社によって異なっているんですね。

❼「健康保険・厚生年金保険被保険者賞与支払届」の提出

賞与支払い後5日以内に提出する。土日祝日についての記載がないので、曜日に関係なく暦日での日数となる。5日後が土日祝日の場合は、翌日までに提出する（➡p.158）

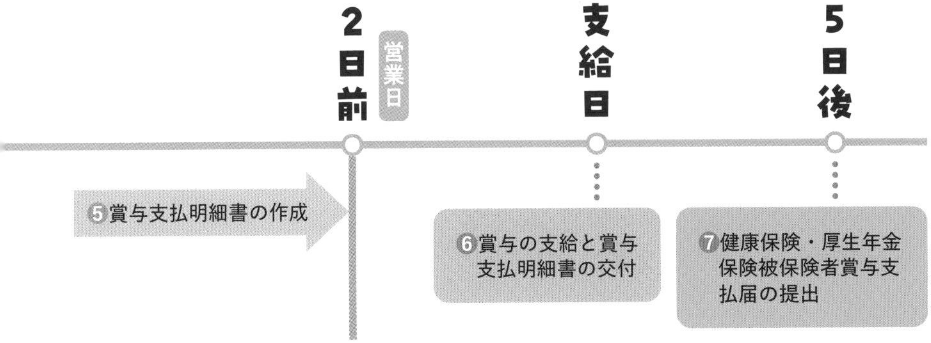

❺「賞与支払明細書」の作成

支給項目と総支給額、控除項目と控除額、差引支給額を明記した賞与支払明細書を作成する（➡p.157）

❻賞与の支給と賞与支払明細書の交付

賞与支払日（振込日）に、賞与支払明細書を従業員に交付する

memo ［社会保険料と源泉所得税の納付］

源泉所得税は支払月の翌月10日までに納付。社会保険料は支払月の翌月末日までに納付

健康保険料、厚生年金保険料、雇用保険料と所得税の計算と控除

NOTE 賞与から控除する保険料と税額に注意する

保険料の計算

賞与から差し引くものは健康保険料、厚生年金保険料、雇用保険料、そして所得税です。**住民税は差し引きません**。

注意点は、賞与の健康保険料、厚生年金保険料の計算には、標準報酬月額ではなく**標準賞与額**を使用する点で、給与計算とは違います。標準賞与額とは、賞与支給額から1,000円未満を切り捨てた額のことです。

なお、満40歳以上64歳までの人は「介護保険第２号被保険者」となり、介護保険料が発生しますので、健康保険料は従業員の年齢によっても金額が変わる点に注意してください。

雇用保険料は、1,000円未満を切り捨てない賞与支給額で計算されます。

賞与支給額から健康保険料、厚生年金保険料、雇用保険料を控除し、その後に所得税の計算をします。

源泉徴収税額の計算

①源泉徴収税率を求める

賞与にかかる源泉徴収税率は前月の健康保険料、厚生年金保険料と雇用保険料を控除した給与の額を基に計算します。

この額を基に「**賞与に対する源泉徴収税額の算出率の表**」により扶養親族の数と、前月の社会保険料などの控除後の給与金額から、賞与に対する源泉徴収税率を確認します。

②源泉徴収税額を求める

保険料控除後の給与金額に源泉徴収税率を乗じると、源泉徴収税額が算出されます。

健康保険・厚生年金保険の保険料額表の見方

令和6年3月分（4月納付分）からの健康保険・厚生年金保険の保険料額表

・健康保険料率：令和6年3月分～　適用　　・厚生年金保険料率：平成29年9月分～　適用
・介護保険料率：令和6年3月分～　適用　　・子ども・子育て拠出金率：令和2年4月分～　適用

（東京都）　　（単位：円）

標準報酬		報酬月額		全国健康保険協会管掌健康保険料				厚生年金保険料（厚生年金基金加入員を除く）	
				介護保険第2号被保険者に該当しない場合		介護保険第2号被保険者に該当する場合		一般、坑内員・船員	
				9.98%		11.58%		18.300%※	
等級	月額			全額	折半額	全額	折半額	全額	折半額
		円以上	円未満						
1	58,000	～	63,000	5,788.4	2,894.2	6,716.4	3,358.2		
2	68,000	63,000 ～	73,000	6,786.4	3,393.2	7,874.4	3,937.2		
3	78,000	73,000 ～	83,000	7,784.4	3,892.2	9,032.4	4,516.2		

健康保険料の保険料率
40歳未満の健康保険の保険料率

健康保険料の保険料率
満40歳以上64歳までの健康保険の保険料率。健康保険料率（10.00％）に介護保険料率（1.82％）が加わっている

厚生年金保険の保険料率
厚生年金基金※に加入している場合は、免除保険料率や掛金を各基金へ問い合わせる

※2013（平成26）年４月１日以降、厚生年金基金は廃止となり、新設は認められていない。

賞与に対する源泉徴収税額の算出率の表の見方

賞与に対する源泉徴収税額の算出率の表（令和６年分）

（平成24年３月31日財務省告示第115号別表第三（令和２年３月31日財務省告示第81号改正））

賞与の金額に乗ずべき率	甲 扶養親族 0人		1人		2人		3人		乙	
	前月の社会保険料等控								前月の社会保険料等控除後の給与等の金額	
	以上	未満	以上	未満	以上	未満	以上	未満	以上	未満
%	千円	千円	千円	千円	千円	千円	千円	千円	千円	千円
0.000	68千円未満		94千円未満		133千円未満		171千円未満			
2.042	68	79	94	243	133	269	171	295		
4.084	79	252	243	282	269	312	295	345		
6.126	252	300	282	338	312	369	345	398		
8.168	300	334	338	365	369	393	398	417		
10.210	334	363	365	394	393	420	417	445	222千円未満	
12.252	363	395	394	422	420	450	445	477		
14.294	395	426	422	455	450	484	477	510		
16.336	426	520	455	520	484	520	510	544		
18.378	520	601	520	617	520	632	544	647		

①扶養親族が２人の場合 ➡ 緑色の囲みを見る
②前月の社会保険料などの控除後の給与が30万円の場合（前月給与35万円－〔健康保険料 ＋ 厚生年金保険料＋雇用保険料：５万円〕）➡ 青色の囲みを見る
③源泉徴収税率 ➡ 4.084％（赤色の囲み）

甲：「給与所得者の扶養控除等（異動）申告書」を提出した従業員に適用
乙：２カ所以上から給与を受け取り、「給与所得者の扶養控除等（異動）申告書」を提出していない従業員に適用

賞与の差引支給額の計算の流れ

●健康保険料、厚生年金保険料と雇用保険料の控除額の計算

1	**健康保険料**	標準賞与額×保険料率÷2
2	**厚生年金保険料**	標準賞与額×保険料率÷2
3	**雇用保険料**	賞与支給額 ×雇用保険料率（被保険者負担率）

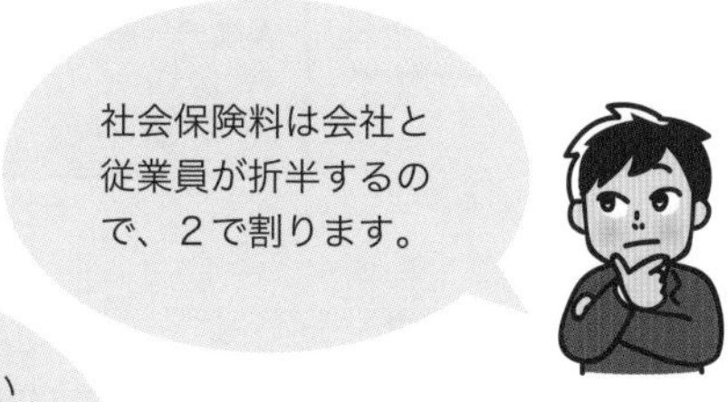

●源泉徴収税額の計算

4	**源泉徴収税額**	｛賞与支給額−（①＋②＋③）｝×源泉徴収税率

●差引支給額の計算

5	**差引支給額**	賞与支給額−（①＋②＋③）−④

賞与の差引支給額の計算例

Aさんの場合

- 38歳・甲欄適用者・扶養家族２人・東京都在住
- 前月の社会保険料などの控除後の給与　300,000円
- 賞与支給額　600,300円

1	**健康保険料**	600,000 × 9.98% ÷ 2 ＝ 29,940
2	**厚生年金保険料**	600,000 × 18.30% ÷ 2 ＝ 54,900
3	**雇用保険料**	600,300 × 6/1000 ＝ 3,601.8（50銭以下は切り捨て、50銭超えは切り上げ）➡3,602
4	**源泉徴収税額**	600,300 －（29,940 + 54,900 + 3,602）＝ 511,858 511,858 × 4.084% ＝ 20,904.28（１円未満切り捨て）➡20,904
5	**差引支給額**	600,300 －（29,940 + 54,900 + 3,602）－ 20,904 ＝ 490,954

賞与支払明細書の記入例

賞与支払明細書
（20●●年７月10日）

A　殿

支払額	賞与額	600,300
	手当	
	手当	
	手当	
	手当	
	手当	
	手当	
控除額	健康保険料	29,940
	介護保険料	
	厚生年金保険料	54,900
	雇用保険料	3,602
	源泉徴収税	20,904
	合計	109,346
差引支給額		490,954

係印

前回確認日　／　／　／

賞与支払届の提出と納付

NOTE 賞与支払届の提出に注意する

賞与支払届の提出と社会保険料納付

賞与支給日から５日以内に「**健康保険・厚生年金保険被保険者賞与支払届**」(「**被保険者賞与支払届**」)を、**年金事務所に提出**します。なお、支給していなければ「賞与不支給報告書」を提出します。

それにより、支給月の通常給与分と賞与分を合わせた保険料が書かれた「納入告知書」が会社に送られてきますので、当月末までに健康保険料、厚生年金保険料を納付します。

なお、雇用保険料は、７月10日までに概算額と前年分の精算をするため、賞与後にすべきことはありません。

源泉所得税の納付

賞与から控除した所得税（源泉徴収税）は、納付期限までに、給与分とともに、「納付書」の賞与欄に記載して納付します。

[納付期限]

- 健康保険料、厚生年金保険料：納付対象月の翌月末日
- 雇用保険料：７月10日
- 源泉所得税：翌月10日（納期の特例がある場合、７月10日と１月20日）

memo

[事業所整理記号]

厚生年金保険に関する書類に使われる事業所整理記号とは、事業所ごとに付与された「数字２桁とカタカナ４文字以内」の組み合わせです。カタカナ部分がひらがなや英数字で表されている場合もあります。年金事務所から送付される「健康保険・厚生年金保険被保険者標準報酬月額決定通知書」や「納入告知書」などに記載されている「02-ホヘト」のような記号です。

被保険者賞与支払届の記入例

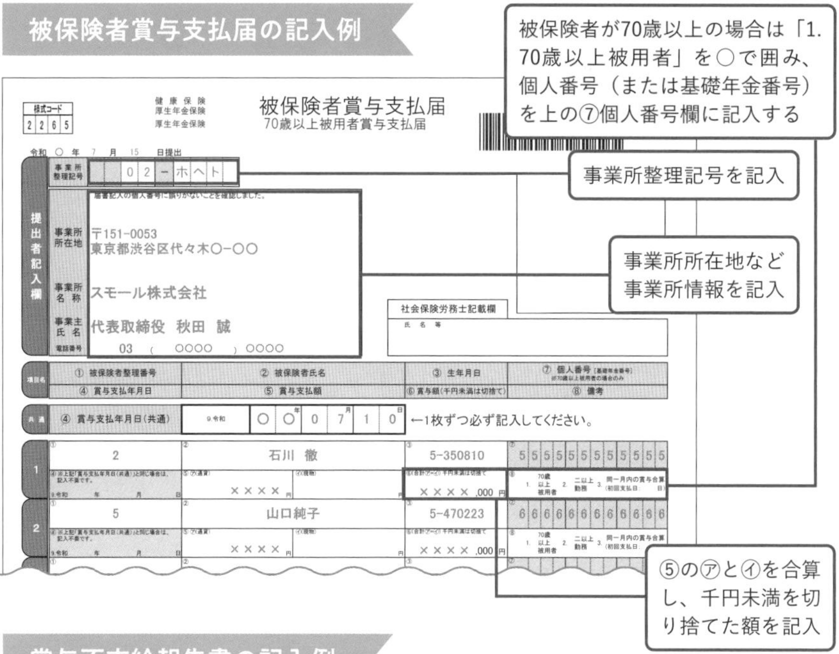
様式コード 2265
健康保険 厚生年金保険 厚生年金保険
被保険者賞与支払届
70歳以上被用者賞与支払届
令和 ○ 年 7 月 15 日提出
事業所整理記号 02－ホヘト
届書記入の個人番号に誤りがないことを確認しました。
事業所所在地 〒151-0053 東京都渋谷区代々木○-○○
事業所名称 スモール株式会社
事業主氏名 代表取締役 秋田 誠
電話番号 03（ ○○○○ ）○○○○
社会保険労務士記載欄 氏名等
提出者記入欄
項目名 ① 被保険者整理番号 ② 被保険者氏名 ③ 生年月日 ⑦ 個人番号［基礎年金番号］※70歳以上被用者の場合のみ
④ 賞与支払年月日 ⑤ 賞与支払額 ⑥ 賞与額（千円未満は切捨て） ⑧ 備考
共通 ④ 賞与支払年月日（共通） 9.令和 ○○年 07月 10日 ←1枚ずつ必ず記入してください。
1 ① 2 ② 石川 徹 ③ 5-350810 ⑦ 555555555555
④ ※上記「賞与支払年月日（共通）」と同じ場合は、記入不要です。 9.令和 年 月 日 ⑤ ㋐（通貨） ××××円 ㋑（現物） 円 ⑥（合計㋐+㋑）千円未満は切捨て ××××,000円 ⑧ 1. 70歳以上被用者 2. 二以上勤務 3. 同一月内の賞与合算（初回支払日： 日）
2 ① 5 ② 山口純子 ③ 5-470223 ⑦ 666666666666
④ ※上記「賞与支払年月日（共通）」と同じ場合は、記入不要です。 9.令和 年 月 日 ⑤ ㋐（通貨） ××××円 ㋑（現物） 円 ⑥（合計㋐+㋑）千円未満は切捨て ××××,000円 ⑧ 1. 70歳以上被用者 2. 二以上勤務 3. 同一月内の賞与合算（初回支払日： 日）

賞与不支給報告書の記入例

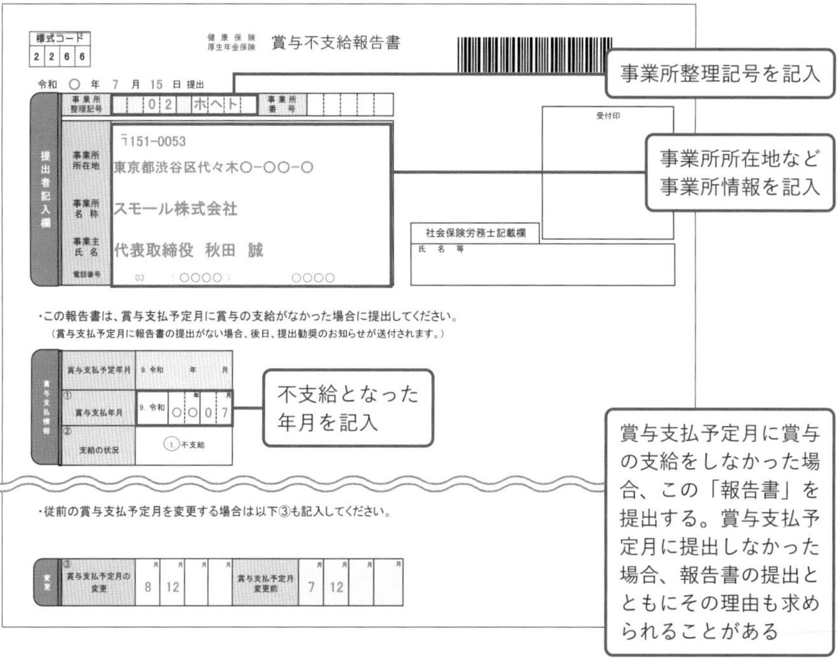
様式コード 2266
健康保険 厚生年金保険
賞与不支給報告書
令和 ○ 年 7 月 15 日 提出
事業所整理記号 02 ホヘト 事業所番号
受付印
提出者記入欄
事業所所在地 〒151-0053 東京都渋谷区代々木○-○○-○
事業所名称 スモール株式会社
事業主氏名 代表取締役 秋田 誠
電話番号 03（○○○○）○○○○
社会保険労務士記載欄 氏名等
・この報告書は、賞与支払予定月に賞与の支給がなかった場合に提出してください。
（賞与支払予定月に報告書の提出がない場合、後日、提出勧奨のお知らせが送付されます。）
賞与支払情報
賞与支払予定年月 9. 令和 年 月
① 賞与支払年月 9. 令和 ○○年 07月
② 支給の状況 ①不支給
・従前の賞与支払予定月を変更する場合は以下③も記入してください。
変更 ③ 賞与支払予定月の変更 8月 12月 月 月 賞与支払予定月変更前 7月 12月 月 月

申告・申請・届け出の様式がすぐ探せる便利なサイト

経理・労務・総務の仕事には、申告・申請・届け出が必要な業務が多くあります。公的なウェブサイトに様式のダウンロード一覧ページが用意されています。主なものを下記にまとめました。

国税庁

税務手続の案内

https://www.nta.go.jp/taxes/tetsuzuki/shinsei/annai/yousiki.htm

A 所得税関係／F 法定調書関係　など

● 控除関係の申告書や、源泉徴収票などの法定調書類のダウンロードができます。

日本年金機構

厚生年金保険

https://www.nenkin.go.jp/service/kounen/index.html

● 健康保険・厚生年金保険の保険料関係の主な届書様式のダウンロードができます。また、アクセス数の多い届書を一覧にまとめたページもあります。

〈主な届書様式の一覧〉

https://www.nenkin.go.jp/service/kounen/todokesho/shuyotodoke.html

全国健康保険協会（協会けんぽ）

申請書

https://www.kyoukaikenpo.or.jp/g2/

● 各種給付金や健康保険被保険者証再交付申請書、マイナンバー新規（変更）登録などの申請書がダウンロードできます。

ハローワークインターネットサービス

帳票一覧

https://hoken.hellowork.mhlw.go.jp/assist/001000.do?screenId=001000&action=initDisp

事業者の方の行う手続き

● 雇用保険被保険者資格取得届などの被保険者に関する手続きや、高年齢雇用継続給付・育児休業給付・介護休業給付などに関する雇用継続給付関係の届出書・申請書がダウンロードできます。

厚生労働省

主要様式ダウンロードコーナー

https://www.mhlw.go.jp/stf/seisakunitsuite/bunya/koyou_roudou/roudoukijun/roudouhoken.html

● 労働保険適用・徴収関係様式、労働基準法等関係様式、労災保険給付関係主要様式など、さまざまな様式がダウンロードできます。

第 4 章

経理・労務・総務の年1回の仕事

Subject

年末調整／決算／社会保険／
勤怠管理／会社の仕組み

※この章には「年1回の仕事」ではない項目を一部含んでいます。

経理

年末調整のスケジュール

毎月の給与から源泉徴収を行っている源泉所得税は概算なので、1年間で差額が生じます。例えば、結婚や出産などで家族構成が変われば控除額が変わるため、過不足が発生します。

年末調整に必要な書類は、従業員一人一人に記載してもらう必要があり、業務が煩雑になりがちです。スケジュールに沿って確実に業務を進めていきましょう。配布書類や回収期日について、従業員への周知を徹底することが大切です。

＊スケジュールは参考です

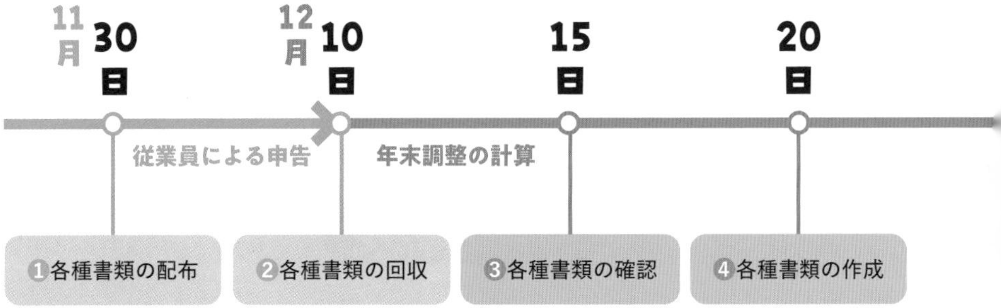

❶ 各種書類の配布

対象者に年末調整に必要な各種書類を配布する。回収期日も伝える（➡p.164）

❷ 各種書類の回収

従業員は、「控除証明書」など必要書類も忘れずに添付する（➡p.168）

❸ 各種書類の確認

記入漏れや誤り、添付漏れなどがあれば本人に連絡する（➡p.168-174）

❹ 各種書類の作成

「源泉徴収簿」で所得税額の差額を計算し、「源泉徴収票」「給与支払報告書」を作成する（➡p.175-182）

提出の遅れや記載ミスは必ずあると思った方が確かです。確認をしっかりしないといけませんね。

そうでなくても、年末で忙しいっていうのに。年調ソフトの活用に期待したいなぁ。

［年末調整の対象者］

- 役員
- 従業員（パートタイム、アルバイト含む）

［年末調整の対象にならない人］

- 給与の収入金額が2,000万円を超える人
- ２カ所以上から給与の支払いを受け、他の会社に「扶養控除等（異動）申告書」などを提出している人　など

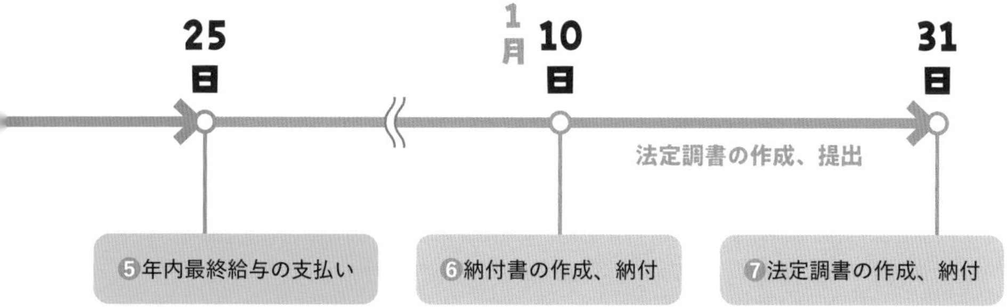

⑤ 年内最終給与の支払い

従業員ごとに源泉徴収額と正しい所得税額との差額を計算して精算し、「源泉徴収票」と「給与明細書」を一緒に渡す

⑥ 納付書の作成、納付

「所得税徴収高計算書」（「納付書」）を作成して源泉徴収税額を計算し、1月10日までに税務署に提出・納付する（納期の特例の場合は１月20日まで）（➡p.179）

⑦ 法定調書の作成、納付

１月31日までに「給与所得の源泉徴収票」と「給与所得の源泉徴収票等の法定調書合計表」を所轄の税務署に提出する（➡p.183）

申告書提出の周知

NOTE 年末調整の対応に注意する

年末調整では配布・回収する書類がたくさんある

会社は、従業員への毎月の給与支払時に所得税の源泉徴収を行っています。しかし、源泉徴収税額は概算であるため、１年間の所得が確定した時点で、実際に納めるべき所得税額に過不足が生じている場合があります。そこで、正しい税額を従業員ごとに計算して精算します。これを年末調整といい、必ず実施しなければなりません。

年末調整にはさまざまな書類が必要なため、その年の最後の給与計算のタイミングから逆算して従業員に周知・配布し、余裕を持って回収します。

年調ソフトなどを利用しよう

煩雑な年末調整は電子化が進められ、国税庁の年末調整控除申告書作成用ソフトウエア（年調ソフト）（無料）や民間の労務管理システム（有料）などを利用して簡素化できるようになりました。

年調ソフトでは、従業員は「控除申告書」の提出を省略でき、会社は控除額の検算が不要となるため、書類作成や記載ミスの訂正などにかかる手間、保管のコストなど、年末調整に費やす時間とコストを削減できます。また、「源泉徴収簿」を用いた年末調整の税額計算には、国税庁が提供する年末調整計算シートを使うと効果的です。

［従業員に配布する書類］
① 「年末調整のお知らせ」（書類の書き方などの説明）
② 「給与所得者の扶養控除等（異動）申告書」（今年分のコピー）
③ 「保険料控除申告書」（生命保険料、損害保険料などの支払いを証する書類）
④ 「基礎控除申告書 兼 配偶者控除等申告書 兼 所得金額調整控除申告書」

年末調整の具体的な計算の手順

1 給与総額から、給与所得控除後の給与所得額を求める

↓

2 ❶の給与所得額から、公・民の保険料、扶養控除などの所得控除額の合計を差し引き、課税所得額を求める

↓

3 ❷の課税所得額の1,000円未満を切り捨てて「年末調整のための算出所得税額の速算表」で税率を当てはめ、算出所得税額を求める

↓

4 ❸の税額に102.1%（復興特別所得税［所得税額の2.1%］）を掛けて100円未満を切り捨て、1年間の納めるべき所得税額（年調年税額）を求める

↓

5 源泉徴収した所得税額の合計と❹の年調年税額を比較し、❹が多い場合は差額を徴収し、少ない場合は差額を還付する

年調年税額の計算の流れ

1	給与総額	－	給与所得控除	＝	給与所得額		
2	給与所得額	－	社会保険料控除 生命保険料控除 地震保険料 小規模企業共済掛金控除　など	－	基礎控除 配偶者（特別）控除 扶養控除 障害者などの控除　など	＝	課税所得額
3	課税所得額	×	所得税率	－	控除額	＝	算出所得税額
4	算出所得税額	－	住宅ローン控除	＝	年調所得税額		
5	年調所得税額	×	102.1%	＝	年調年税額		

対象となる従業員と給与の期間

NOTE 年末調整の対象者、期間に注意する

年末調整の対象者を確認する

年末調整の対象者には、正規雇用の従業員（役員も含む）はもちろん、一定以上の給与の契約社員、パートタイム、アルバイトも含まれます。

前提として「**給与所得者の扶養控除等(異動)申告書**」の提出があり、「源泉徴収税額表」の甲欄に該当する従業員で、かつ、年間を通じて勤務している人、途中入社の人で年末まで勤務している人が対象です。

年末調整の対象となる給与の期間

年末調整の対象となる給与は、当年１月１日から12月31日まで（退職者は退職日まで）の間に支払われた給与です。年末調整の時点で未払いであっても、12月31日までに支払うことが確定している給与は、その年の年末調整の対象となります。なお、前年に未払いになっている給与を当年に支払ったとしても、その分は前年分の年末調整に含まれるため、当年の年末調整の対象となる給与とはなりません。

［確定申告の必要がある人］

以下のような給与以外に収入がある場合は、年末調整の源泉徴収票に記載された金額を基に、本人が確定申告をします。

- 副業、不動産など、給与以外に20万円以上の所得がある人
- 医療費控除、初年度の住宅ローン控除を受ける人
- ふるさと納税を６自治体以上に納めた人
- ２カ所以上の会社で働き、給与を受けている人　など

年末調整の対象になる人、ならない人

年末調整の対象となる人	会社に「給与所得者の扶養控除等（異動）申告書」を提出している従業員のうち、 ①１年（１月１日〜12月31日）を通じて勤務している人 ②年の中途で就職し、年末まで勤務している人 ③年の中途で退職した人のうち、次の人 ・死亡により退職した人 ・著しい心身の障害のため退職した人で、その退社の時期から見て、今年中に再就職ができないと見込まれる人 ・12月中に支給期の到来する給与の支払いを受けた後に退職した人 ・パートタイムとして働いている人が退職した場合で、その年中に支払いを受ける給与の総額が103万円以下である人（退職後その年中に他の勤務先などから給与の支払いを受けると見込まれる場合を除く） ④年の中途で、海外の支店へ転勤したことなどの理由により、非居住者（国内に住所も１年以上の居所も有しない人）となった人

年末調整の対象とならない人	①年末調整の対象となる人のうち、その年中の主たる給与の収入金額が2,000万円を超える人 ②年末調整の対象となる人のうち、災害により被害を受けて「災害被害者に対する租税の減免、徴収猶予等に関する法律」の規定により、本年分の給与に対する源泉所得税および復興特別所得税の徴収猶予または還付を受けた人 ③２カ所以上から給与の支払いを受けている人で、他の会社に扶養控除等（異動）申告書を提出している人や、年末調整を行うときまでに同申告書を提出していない人 ④年の中途で退職した人で、年末調整の対象となる人の③に該当しない人 ⑤非居住者 ⑥継続して同一の雇用主に雇用されない日雇い労働者など

出典：国税庁パンフレット『令和５年分　年末調整のしかた』

必要書類の配布、回収

NOTE　年末調整の必要書類の注意する

年末調整に必要な書類は３つ

年末調整では、従業員に必要書類を配布して記入してもらい、漏れのないよう回収します。書類配布はその年の最終給与支払日の25日前まで、回収は15日前までに行うと、業務流れに無理が生じません。

従業員に配布し、回収する書類は、「**給与所得者の扶養控除等（異動）申告書**」（今年分のコピーと翌年分）「**給与所得者の保険料控除申告書**」「**給与所得者の基礎控除申告書 兼 給与所得者の配偶者控除等申告書 兼 所得金額調整控除申告書**」の３つです。

●各申告書の内容

扶養控除等申告書は、扶養する配偶者や親族に関する書類で、**扶養控除**や**障害者控除**などの申告ができます。今年分のコピーは、昨年の年末調整で従業員から提出してもらったもので、変更がある場合は配布したコピーに赤字で修正してもらいます。

保険料控除申告書は、民間の生命保険や地震保険などの控除のための書類です。

「基礎控除申告書 兼 配偶者控除等申告書 兼 所得金額調整控除申告書」は、各控除に対応する申告書に必要事項を記入していきます。

この他、住宅ローン控除を受ける場合は、「給与所得者の（特定増改築等）住宅借入金等特別控除申告書」を提出してもらいます。

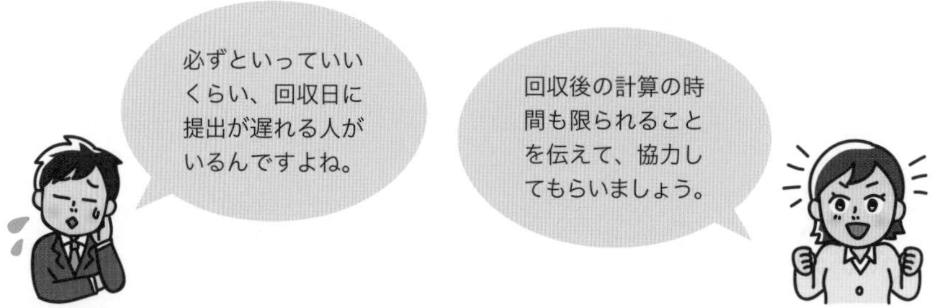

年末調整のときに配布する書類

書類名	内　容
給与所得者の扶養控除等（異動）申告書	•従業員が扶養している親族についての情報を記入するもので、扶養控除、障害者控除、寡婦控除、勤労学生控除などを受けるために提出する書類。前年末に提出された今年分のコピーも一緒に配布する •扶養する親族がいなくても提出が必要
給与所得者の保険料控除申告書	•従業員が民間の生命保険料控除や地震保険料控除などを受けるために提出する書類 •保険料の支払いがない場合は従業員の住所、氏名のみを記入して提出
給与所得者の基礎控除申告書 兼 給与所得者の配偶者控除等申告書 兼 所得金額調整控除申告書	•従業員が基礎控除、配偶者（特別）控除、所得金額調整控除の適用を受けるために提出する書類 •３種類の申告書が１枚にまとまっており、該当箇所に必要事項を記入する
年末調整のお知らせ	•各種書類の分かりやすい書き方、それぞれの添付書類、提出期限などを明記する

●対象者のみ

給与所得者の（特定増改築等）住宅借入金等特別控除申告書	住宅ローン控除（住宅借入金等特別控除）の適用を受けるときに提出する書類

年末調整のときに回収する書類と添付書類

書類名	添付書類
給与所得者の扶養控除等（異動）申告書	•今年分のコピー（修正がない場合も回収する） •中途入社の場合、前職の源泉徴収票（前職の源泉徴収票がない場合は、本人が確定申告をすることを周知する） •配偶者や扶養親族が海外居住の場合、親族関係書類、送金関係書類
給与所得者の保険料控除申告書	•保険会社が発行した証明書 •国民年金基金の掛金証明書
給与所得者の基礎控除申告書 兼 給与所得者の配偶者控除等申告書 兼 所得金額調整控除申告書	•配偶者や扶養親族が海外居住の場合、親族関係書類、送金関係書類

給与所得者の扶養控除等(異動)申告書の記入例

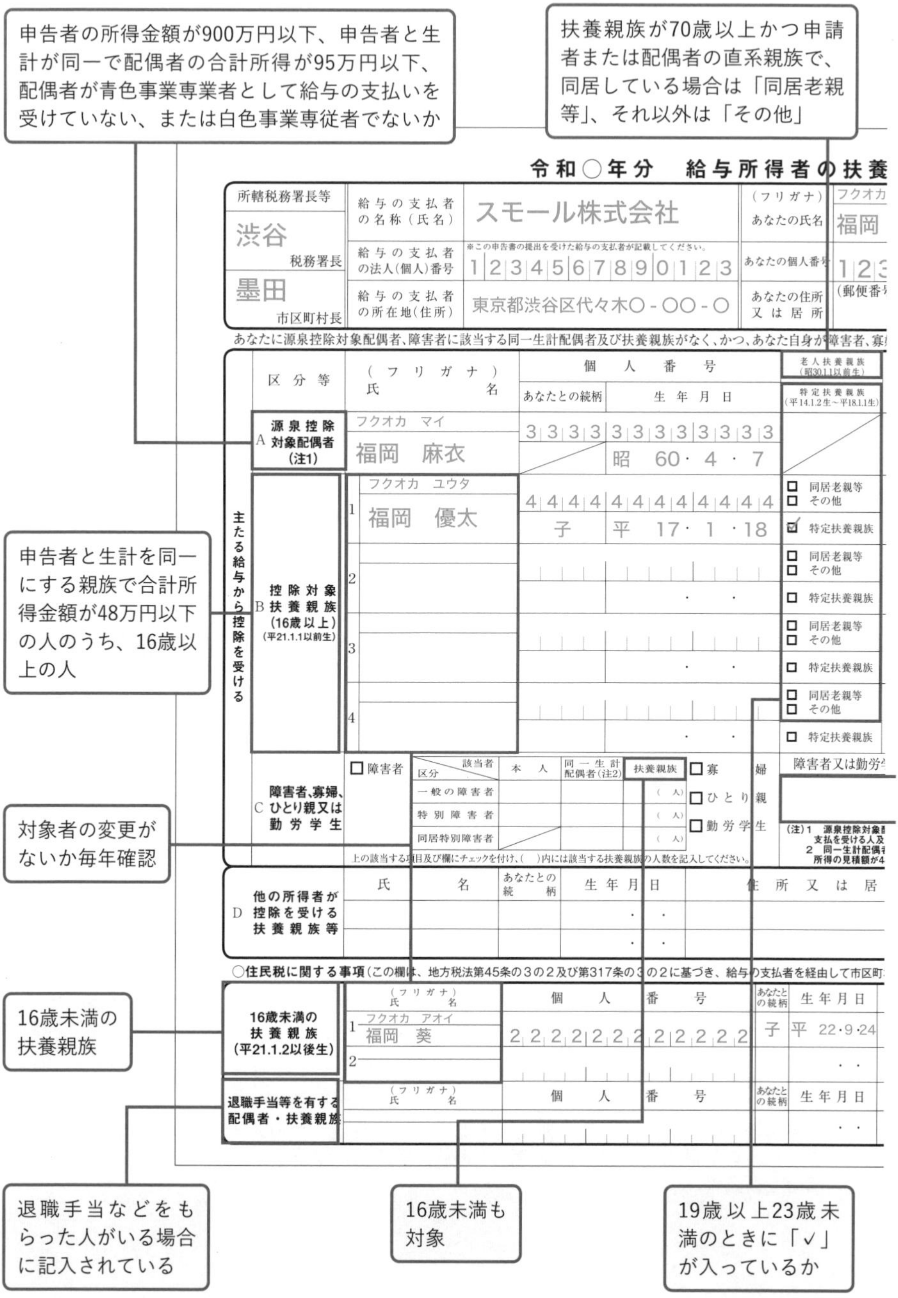

令和○年分　給与所得者の扶養

所轄税務署長等	給与の支払者の名称(氏名)	スモール株式会社	(フリガナ) あなたの氏名	フクオカ 福岡
渋谷 税務署長	給与の支払者の法人(個人)番号	※この申告書の提出を受けた給与の支払者が記載してください。 1234567890123	あなたの個人番号	123
墨田 市区町村長	給与の支払者の所在地(住所)	東京都渋谷区代々木〇-〇〇-〇	あなたの住所又は居所	(郵便番号

あなたに源泉控除対象配偶者、障害者に該当する同一生計配偶者及び扶養親族がなく、かつ、あなた自身が障害者、寡

主たる給与から控除を受ける	区分等	(フリガナ) 氏名	個人番号 / あなたとの続柄	生年月日	老人扶養親族(昭30.1.1以前生) 特定扶養親族(平14.1.2生~平18.1.1生)
A	源泉控除対象配偶者(注1)	フクオカ マイ 福岡 麻衣	333333333333	昭 60・4・7	
B	控除対象扶養親族(16歳以上)(平21.1.1以前生) 1	フクオカ ユウタ 福岡 優太	444444444444 / 子	平 17・1・18	□同居老親等 □その他 ☑特定扶養親族
	2			・ ・	□同居老親等 □その他 □特定扶養親族
	3			・ ・	□同居老親等 □その他 □特定扶養親族
	4			・ ・	□同居老親等 □その他 □特定扶養親族

C 障害者、寡婦、ひとり親又は勤労学生	□障害者	区分＼該当者	本人	同一生計配偶者(注2)	扶養親族	□寡婦 □ひとり親 □勤労学生	障害者又は勤労学
		一般の障害者			(　人)		
		特別障害者			(　人)		
		同居特別障害者			(　人)		

上の該当する項目及び欄にチェックを付け、(　)内には該当する扶養親族の人数を記入してください。

(注)1 源泉控除対象配 支払を受ける人及 2 同一生計配偶者 所得の見積額が4

D 他の所得者が控除を受ける扶養親族等	氏名	あなたとの続柄	生年月日	住所又は居
			・ ・	
			・ ・	

○住民税に関する事項(この欄は、地方税法第45条の3の2及び第317条の3の2に基づき、給与の支払者を経由して市区町

16歳未満の扶養親族(平21.1.2以後生)	(フリガナ) 氏名	個人番号	あなたとの続柄	生年月日
1	フクオカ アオイ 福岡 葵	222222222222	子	平 22・9・24
2				・ ・

退職手当等を有する配偶者・扶養親族	(フリガナ) 氏名	個人番号	あなたとの続柄	生年月日
				・ ・

［添付書類］

- 勤労学生控除を受ける場合は、勤労学生に該当する旨を証する書類
- 源泉徴収において、非居住者である親族に係る扶養控除、障害者控除または源泉控除対象配偶者の控除の適用を受ける場合には、その親族に係る親族関係書類
- 非居住者（海外に住んでいる）である親族に係る扶養控除または障害者控除の適用を受ける場合には、その親族に係る送金関係書類

養控除等（異動）申告書

扶

記載のしかたはこちら

ダイスケ	あなたの生年月日	昭 58年 12月 8日	従たる給与についての扶養控除等申告書の提出（提出している場合には、○印を付けてください。）
大輔	世帯主の氏名	福岡 大輔	
3 4 5 6 7 8 9 0 1 2	あなたとの続柄	本人	
号130－0004 ） 墨田区東駒形○-○○-○	配偶者の有無	有	

婦、ひとり親又は勤労学生のいずれにも該当しない場合には、以下の各欄に記入する必要はありません。

令和6年中の所得の見積額	非居住者である親族 / 生計を一にする事実	住所又は居所	異動月日及び事由（令和6年中に異動があった場合に記載してください（以下同じです。）。）
290,000円	（該当する場合は○印を付けてください。）	申告者と同居	
0円	☑16歳以上30歳未満又は70歳以上 □留学 □障害者 □38万円以上の支払	申告者と同居	
円	□16歳以上30歳未満又は70歳以上 □留学 □障害者 □38万円以上の支払		
円	□16歳以上30歳未満又は70歳以上 □留学 □障害者 □38万円以上の支払		
円	□16歳以上30歳未満又は70歳以上 □留学 □障害者 □38万円以上の支払		

学生の内容（この欄の記載に当たっては、裏面の「2　記載についてのご注意」の(8)をお読みください。）	異動月日及び事由

配偶者とは、所得者（令和6年中の所得の見積額が900万円以下の人に限ります。）と生計を一にする配偶者（青色事業専従者として給与の及び白色事業専従者を除きます。）で、令和6年中の所得の見積額が95万円以下の人をいいます。
者とは、所得者と生計を一にする配偶者（青色事業専従者として給与の支払を受ける人及び白色事業専従者を除きます。）で、令和6年中の48万円以下の人をいいます。

所	控除を受ける他の所得者 氏名	あなたとの続柄	住所又は居所	異動月日及び事由

村長に提出する給与所得者の扶養親族等申告書の記載欄を兼ねています。）

住所又は居所	控除対象外国外扶養親族（該当する場合は○印を付けてください。）	令和6年中の所得の見積額（※）	異動月日及び事由
申告者と同居		0円	
		円	

※「令和6年中の所得の見積額」欄には、退職所得を除いた所得の見積額を記載します。

住所又は居所	非居住者である親族（該当する項目にチェックを付けてください。）	令和6年中の所得の見積額（※）	障害者区分	異動月日及び事由	寡婦又はひとり親
	□配偶者 □30歳未満又は70歳以上 □留学 □障害者 □38万円以上の支払	円	□一般 □特別		□寡婦 □ひとり親

◎この申告書は、あなたの給与について扶養控除、障害者控除などの控除を受けるために提出するものです。
◎この申告書は、源泉控除対象配偶者、障害者に該当する同一生計配偶者及び扶養親族に該当する人がいない人も提出する必要があります。
◎この申告書は、2か所以上から給与の支払を受けている場合には、そのうちの1か所にしか提出することができません。
◎**この申告書の記載に当たっては、裏面の「1 申告についてのご注意」等をお読みください。**

95万円を超えていないか

障害者または勤労学生に該当する場合は、その該当する事実や氏名が記入されているか

給与所得者の保険料控除申告書の記入例

受取人が本人、配偶者、親族のいずれか

生命保険会社などが発行した「生命保険料控除証明書」が添付されているか。証明書通りに記入されているか

令和５年分　給与所得

所轄税務署長			
渋谷 税務署長	給与の支払者の名称（氏名）	スモール株式会社	（フリガ あなたの
	給与の支払者の法人番号	※この申告書の提出を受けた給与の支払者（個人を除きます。）が記載してください。 1 2 3 4 5 6 7 8 9 0 1 2 3	あなたの 又は
	給与の支払者の所在地（住所）	東京都渋谷区代々木○-○○-○	

生命保険料控除

区分	保険会社等の名称	保険等の種類	保険期間又は年金支払期間	保険等の契約者の氏名	保険金等の受取人 氏名	あなたとの続柄	新・旧の区分	あなたが本年中に支払った保険料等の金額（分配を受けた剰余金等の控除後の金額）(a)
一般の生命保険料	北川生命	終身	20	福岡　大輔	福岡　麻衣	妻	新	(a) 31,560 円
								(a)
								(a)
								(a)
介護医療保険料								(a) 円
								(a)
								(a)
個人年金保険料	西野生命	確定年金	20	福岡　大輔	福岡　大輔 支払開始日 H18・1・20	本人	新	(a) 15,000 円
					支払開始日 ・ ・			(a)
					支払開始日 ・ ・			(a)

一般の生命保険料
- (a)のうち新保険料等の金額の合計額　A　31,560円 ／ Aの金額を下の計算式Ⅰ（新保険料等用）に当てはめて計算した金額　①（最高40,000円）25,780円 ／ 計（①＋②）③（最高
- (a)のうち旧保険料等の金額の合計額　B　円 ／ Bの金額を下の計算式Ⅱ（旧保険料等用）に当てはめて計算した金額　②（最高50,000円）円 ／ ②と③のいずれか大きい金額　㋑

介護医療保険料
- (a)の金額の合計額　C　円 ／ Cの金額を下の計算式Ⅰ（新保険料等用）に当てはめて計算した金額　㋺（最高

個人年金保険料
- (a)のうち新保険料等の金額の合計額　D　15,000円 ／ Dの金額を下の計算式Ⅰ（新保険料等用）に当てはめて計算した金額　④（最高40,000円）15,000円 ／ 計（④＋⑤）⑥（最高
- (a)のうち旧保険料等の金額の合計額　E　円 ／ Eの金額を下の計算式Ⅱ（旧保険料等用）に当てはめて計算した金額　⑤（最高50,000円）円 ／ ⑤と⑥のいずれか大きい金額　㋩

計算式Ⅰ（新保険料等用）※		計算式Ⅱ（旧保険料等用）※		生命保険 計(㋑+ (最高12
A、C又はDの金額	控除額の計算式	B又はEの金額	控除額の計算式	
20,000円以下	A、C又はDの全額	25,000円以下	B又はEの全額	
20,001円から40,000円まで	(A、C又はD)×1/2＋10,000円	25,001円から50,000円まで	(B又はE)×1/2＋12,500円	
40,001円から80,000円まで	(A、C又はD)×1/4＋20,000円	50,001円から100,000円まで	(B又はE)×1/4＋25,000円	
80,001円以上	一律に40,000円	100,001円以上	一律に50,000円	

※　控除額の計算において算出した金額に１円未満の端数があるときは、その端数を切り上げます。

［添付書類］

- 生命保険料、地震保険料、小規模企業共済等掛金控除の支払金額を証する書類
- 社会保険料のうち国民年金保険料などについては、その支払金額を証する書類

損害保険会社などが発行した地震保険料控除証明書が添付されているか。証明書通りに記入されているか

者の保険料控除申告書

リガナ)	フクオカ　ダイスケ
たの氏名	福岡　大輔
たの住所 は居所	東京都墨田区東駒形〇-〇〇-〇

記載のしかたはこちら

保

◎この申告書の記載に当たっては、裏面の説明をお読みください。

支払った 分配を受け 後の金額)	給与の支払者の確認
円	
(最高40,000円) 25,780円	
25,780円	
円	
(最高40,000円) 円	
円	
(最高40,000円) 15,000円	
15,000円	
命保険料控除額 -(㋑+㋺+㋩) 最高120,000円) 40,780円	

地震保険料控除

保険会社等の名称	保険等の種類(目的)	保険期間	保険等の契約者の氏名／保険等の対象となった家屋等に居住又は家財を利用している者等の氏名	あなたとの続柄	地震保険料又は旧長期損害保険料区分	あなたが本年中に支払った保険料等のうち、左欄の区分に係る金額(分配を受けた剰余金等の控除後の金額) Ⓐ	給与の支払者の確認
東山火災	火災保険	20	福岡　大輔		旧長期	円 40,000	
			福岡　大輔	本人			
南海損保	地震保険	1	福岡　大輔		地震	2,500	
			福岡　大輔	本人			

Ⓐのうち地震保険料の金額の合計額	Ⓑ 2,500円
Ⓐのうち旧長期損害保険料の金額の合計額	Ⓒ 40,000円
地震保険料控除額	(Ⓑの金額 (最高50,000円) 2,500円) ＋ (Ⓒの金額(Ⓒの金額が10,000円を超える場合は、Ⓒ × 1/2+5,000円)※ (最高15,000円) 15,000円) ＝ (最高50,000円) 17,500円

控除額の合計額が上限の5万円を超えていないか

社会保険料控除

社会保険の種類	保険料支払先の名称	保険料を負担することになっている人 氏名	保険料を負担することになっている人 あなたとの続柄	あなたが本年中に支払った保険料の金額
				円
合計(控除額)				円

国民年金、国民年金基金の場合のみ証明書類の添付が必要

小規模企業共済等掛金控除

種類	あなたが本年中に支払った掛金の金額
独立行政法人中小企業基盤整備機構の共済契約の掛金	円
確定拠出年金法に規定する**企業型**年金加入者掛金	
確定拠出年金法に規定する**個人型**年金加入者掛金	
心身障害者扶養共済制度に関する契約の掛金	
合計(控除額)	円

金額が上限の4万円を超えていないか

独立行政法人中小企業基盤整備機構や国民年金基金連合会、地方公共団体が発行した証明書類が添付されているか。なお、給料からの天引き分が記入されていないか

給与所得者の基礎控除申告書 兼 給与所得者の配偶者控除等申告書 兼 所得金額調整控除申告書の記入例

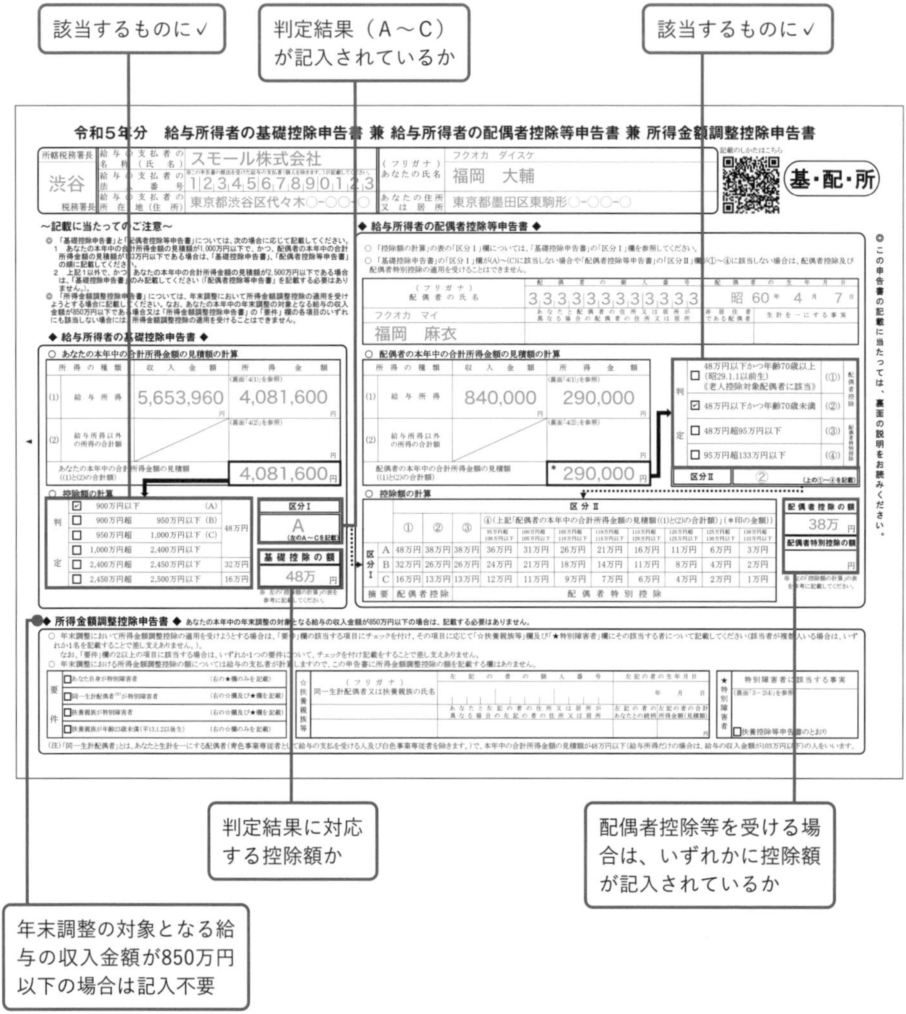

[添付書類]

- 非居住者である配偶者に係る配偶者（特別）控除の適用を受ける場合は、その配偶者に係る親族関係書類および送金関係書類。ただし、「給与所得者の扶養控除等（異動）申告書」を提出する際に、親族関係書類を提出または提示している場合には、親族関係書類の提出または提示は不要

前回確認日　／　／　／

源泉徴収簿とは

NOTE 源泉徴収簿の作成を検討する

年末調整をスムーズにする源泉徴収簿

「**源泉徴収簿**」は、源泉徴収や年末調整の事務を正確に効率良く行うため、従業員の基本情報、控除対象の扶養親族などの状況、月々の給与額、源泉所得税額、控除した社会保険料、扶養控除などを、個人別に毎月記録した帳簿です（➡p.176）。年末調整で発行する源泉徴収票の基礎となるもので、これを基に年末調整の計算を行います。

源泉徴収簿を１年分記帳した後、右側にある年末調整の計算の欄に、給与額、源泉徴収税額の合計を転記し、従業員から提出された「給与所得者の扶養控除等（異動）申告書」「給与所得者の保険料控除申告書」「給与所得者の基礎控除申告書 兼 給与所得者の配偶者控除等申告書 兼 所得金額調整控除申告書」の内容を記入します。これにより、年末調整の対象となる所得税が計算できます。

作成ソフトを使うと便利

源泉徴収簿は、年末調整をスムーズに行うために大変便利です。手書きでも作成できますが、国税庁のホームページで「給与所得・退職所得に対する源泉徴収簿」が提供されており、ダウンロードできます。また、年末調整の計算までできる給与計算ソフトや、年末調整だけできるものもあるので利用を検討しましょう。

なお、源泉徴収簿は税務署に提出する義務はありませんが、年末調整の計算に使用した場合は７年間保存が必要です。

給与所得に対する源泉徴収簿の記入例

□甲欄
□乙欄

令和5年分　給与所得に対する源泉徴収簿

所属	営業部	職名	係長	住所	(郵便番号 130 - 0004) 東京都墨田区東駒形○-○○-○

区分	月区分	支給月	支給日	総支給金額	社会保険料等の控除額	社会保険料等控除後の給与等の金額	扶養親族等の数	算出税額	年末調整による過不足税額
給料・手当等	1	1	25	387,830円	60,055円	327,775円	2人	6,230円	円
	2	2	25	387,830	60,055	327,775	2	6,230	
	3	3	25	387,830	60,055	327,775	2	6,230	
	4	4	25	387,830	60,055	327,775	2	6,230	
	5	5	25	387,830	60,055	327,775	2	6,230	
	6	6	25	387,830	60,055	327,775	2	6,230	
	7	7	25	387,830	60,055	327,775	2	6,230	
	8	8	25	387,830	60,055	327,775	2	6,230	
	9	9	25	387,830	60,055	327,775	2	6,230	
	10	10	25	387,830	60,055	327,775	2	6,230	
	11	11	25	387,830	60,055	327,775	2	6,230	
	12	12	25	387,830	60,055	327,775	2	6,230	
	計			① 4,653,960	② 720,660	3,933,300		③ 74,760	
賞与等	7	7	10	500,000	76,800	423,200	2	(税率 4.084 %) 17,283	
	12	12	10	500,000	76,800	423,200	2	(税率 4.084 %) 17,283	
								(税率 %)	
								(税率 %)	
	計			④ 1,000,000	⑤ 153,600	846,400		⑥ 34,566	

①③④⑥は右の「年末調整」の該当番号欄に転記する。②と⑤は合計額を⑫欄に転記する

「扶養控除等（異動）申告書」（➡p.170）を基に記入する。異動があったら下段に記入する

氏名	(フリガナ) フクオカ　ダイスケ 福岡　大輔 (生年月日　昭 58 年 12 月 8 日)	整理番号	

差引徴収税額	前年の年末調整に基づき繰り越した過不足税額					円
円	同上の税額につき還付又は徴収した月区分	月別	還付又は徴収した税額	差引残高	月別	還付又は徴収した税額	差引残高
		月	円	円	月	円	円

扶養控除等の申告・各種控除額

申告の有無	区分／申告月日	源泉控除対象配偶者	一般の控除対象扶養親族	特定扶養親族	老人扶養親族 同居老親等	老人扶養親族 その他	一般の障害者 □本人□配 □扶(　人)	特別障害者 □本人□配 □扶(　人)	同居特別障害者 □配 □扶(　人)	寡婦又はひとり親	勤労学生	従たる給与から控除する源泉控除対象配偶者と控除対象扶養親族の合計数	配偶者の有無
	当初	有	人	1 人	人	人	人	人	人			当初 人	
	/												
	/												
	控除額 1人当たり(万円)		38	63	58	48	27	40	75	27（寡婦） 35（ひとり親）	27	月　日 人	
	控除額 合計(万円)												

年末調整

区分	金額	税額
給料・手当等	① 4,653,960 円	③ 74,760 円
賞与等	④ 1,000,000	⑥ 34,566
計	⑦ 5,653,960	⑧ 109,326
給与所得控除後の給与等の金額	⑨ 4,081,600	所得金額調整控除の適用
所得金額調整控除額 ((⑦－8,500,000円)×10%、マイナスの場合は0)	⑩ (1円未満切上げ、最高150,000円)	(※　適用有の場合は⑩に記載)
給与所得控除後の給与等の金額（調整控除後）(⑨－⑩)	⑪ 4,081,600	
社会保険料等控除額 給与等からの控除分（②＋⑤）	⑫ 874,260	配偶者の合計所得金額
社会保険料等控除額 申告による社会保険料の控除分	⑬	(　円)
社会保険料等控除額 申告による小規模企業共済等掛金の控除分	⑭	旧長期損害保険料支払額
生命保険料の控除額	⑮ 40,780	(　円)
地震保険料の控除額	⑯ 17,500	⑫のうち小規模企業共済等掛金の金額
配偶者（特別）控除額	⑰ 380,000	(　円)
扶養控除額及び障害者等の控除額の合計額	⑱ 630,000	⑬のうち国民年金保険料等の金額
基礎控除額	⑲ 480,000	
所得控除額の合計額 (⑫＋⑬＋⑭＋⑮＋⑯＋⑰＋⑱＋⑲)	⑳ 2,422,540	(　円)
差引課税給与所得金額(⑪－⑳)及び算出所得税額	㉑ (1,000円未満切捨て) 1,659,000	㉒ 82,950
(特定増改築等) 住宅借入金等特別控除額		㉓
年調所得税額（㉒－㉓、マイナスの場合は0）		㉔
年調年税額（㉔×102.1％）		㉕ (100円未満切捨て) 84,600
差引超過額又は不足額（㉕－⑧）		㉖ 24,726
超過額の精算 本年最後の給与から徴収する税額に充当する金額		㉗
超過額の精算 未払給与に係る未徴収の税額に充当する金額		㉘
超過額の精算 差引還付する金額（㉖－㉗－㉘）		㉙ 24,726
超過額の精算 同上のうち 本年中に還付する金額		㉚
超過額の精算 同上のうち 翌年において還付する金額		㉛
不足額の精算 本年最後の給与から徴収する金額		㉜
不足額の精算 翌年に繰り越して徴収する金額		㉝

「年末調整のための給与所得控除後の給与等の金額の表」（➡p.178）から⑦欄の金額を当てはめ、⑨の金額を求める

⑩⑰⑲は「給与所得者の基礎控除申告書 兼 配偶者控除等申告書 兼 所得金額調整控除申告書」（➡p.174）を基に記入する

⑬～⑯は「給与所得者の保険料控除申告書」（➡p.172）を基に記入する

⑱は「扶養控除額及び障害者等の控除額の合計額の早見表」（➡p.178）を基に計算、記入する

扶養控除額及び障害者等の控除額の合計額の早見表

①控除対象扶養親族の数に応じた控除額			
人数	控除額	人数	控除額
1人	380,000円	5人	1,900,000円
2人	760,000円	6人	2,280,000円
3人	1,140,000円	7人	2,660,000円
4人	1,520,000円	8人	7人を超える1人につき380,000円を2,660,000円に加算
②障害者等がいる場合の控除額の加算額	イ　同居特別障害者にあたる人がいる場合		1人につき750,000円
	ロ　同居特別障害者以外の障害者にあたる（人がいる）場合		1人につき400,000円
	ハ　一般の障害者、寡婦または勤労学生にあたる（人がいる）場合		左の一に該当するとき各270,000円
	ニ　所得者本人がひとり親にあたる場合		350,000円
	ホ　同居老親等にあたる人がいる場合		1人につき200,000円
	ヘ　特定扶養家族にあたる人がいる場合		250,000円
	ト　独居老親等以外の老人扶養親族にあたる人がいる場合		100,000円

年末調整のための算出所得税額の速算表

給与所得金額(A)	税率(B)	控除額(C)	税額＝(A)×(B)－(C)
1,950,000円以下	5%	―	(A)×5%
1,950,000超 3,300,000円以下	10%	97,500円	(A)×10% －97,500円
3,300,000超 6,950,000円以下	20%	427,500円	(A)×20% －427,500円
6,950,000超 9,000,000円以下	23%	636,000円	(A)×23% －636,000円
9,000,000超 18,000,000円以下	33%	1,536,000円	(A)×33% －1,536,000円
18,000,000超 18,050,000円以下	40%	2,796,000円	(A)×40% －2,796,000円

年末調整のための給与所得控除後の給与等の金額の表（抜粋）

（七）

（5, 172, 000円～5, 771, 999円）

給与等の金額		給与所得控除後の給与等の金額	給与等の金額		給与所得控除後の給与等の金額	給与等の金額		給与所得控除後の給与等の金額
以上	未満		以上	未満		以上	未満	
円	円	円	円	円	円	円	円	円
5,172,000	5,176,000	3,697,600	5,372,000	5,376,000	3,857,600	5,572,000	5,576,000	4,017,600
5,176,000	5,180,000	3,700,800	5,376,000	5,380,000	3,860,800	5,576,000	5,580,000	4,020,800
5,252,000	5,256,000	3,761,600	5,452,000	5,456,000	3,921,600	5,652,000	5,656,000	4,081,600
5,256,000	5,260,000	3,764,800	5,456,000	5,460,000	3,924,800	5,656,000	5,660,000	4,084,800
5,260,000	5,264,000	3,768,000	5,460,000	5,464,000	3,928,000	5,660,000	5,664,000	4,088,000
5,264,000	5,268,000	3,771,200	5,464,000	5,468,000	3,931,200	5,664,000	5,668,000	4,091,200
5,268,000	5,272,000	3,774,400	5,468,000	5,472,000	3,934,400	5,668,000	5,672,000	4,094,400

給与等の金額が5,653,960円の場合は、給与所得控除後の給与等の金額は4,081,600円となる

前回確認日　／　／　／

源泉徴収票の作成、所得税の納付

NOTE 源泉徴収票の作成と年末調整後の対応に注意する

源泉徴収票の作成と提出

従業員に１年間に支払った給与額、源泉徴収した税額控除額などを記載した書類が「**給与所得の源泉徴収票**」で、会社が作成します（➡p.180）。

源泉徴収票は４枚つづりで、年末調整の計算後、翌年１月31日までに、１、２枚目は「**給与支払報告書**」として市区町村に、３枚目は源泉徴収票として税務署に、４枚目は同じく従業員に提出します。

従業員の同意があれば、源泉徴収票を電子データで交付することも可能です。

なお、**税務署用、市区町村用にはマイナンバーを記載**する必要がありますが、従業員に交付する源泉徴収票には個人情報の漏出を防ぐため、マイナンバーを記載してはいけません。

所得税額の還付・徴収と納付

年末調整後、過不足分の所得税額を12月分の源泉所得税と合わせて計算し、差額分を還付または徴収し、精算します。

会社は精算後にその内容を「**給与所得・退職所得等の所得税徴収高計算書（納付書）**」に記載し納付しますが、年末調整による過不足分の記載箇所に詳細を記入することを忘れないようにします（➡記入例p.142）。

なお、還付が発生した場合と納付が必要な場合とでは、手続きが異なります。還付が発生した場合は税務署に所得税徴収高計算書を提出し、納付が必要な場合は金融機関に納付と同時に提出します。納付税額０円の場合は、所得税徴収高計算書を税務署に提出します。なお、納付期限は翌年1月10日です（納期特例の場合、翌年1月20日）。

給与所得の源泉徴収票の記入例

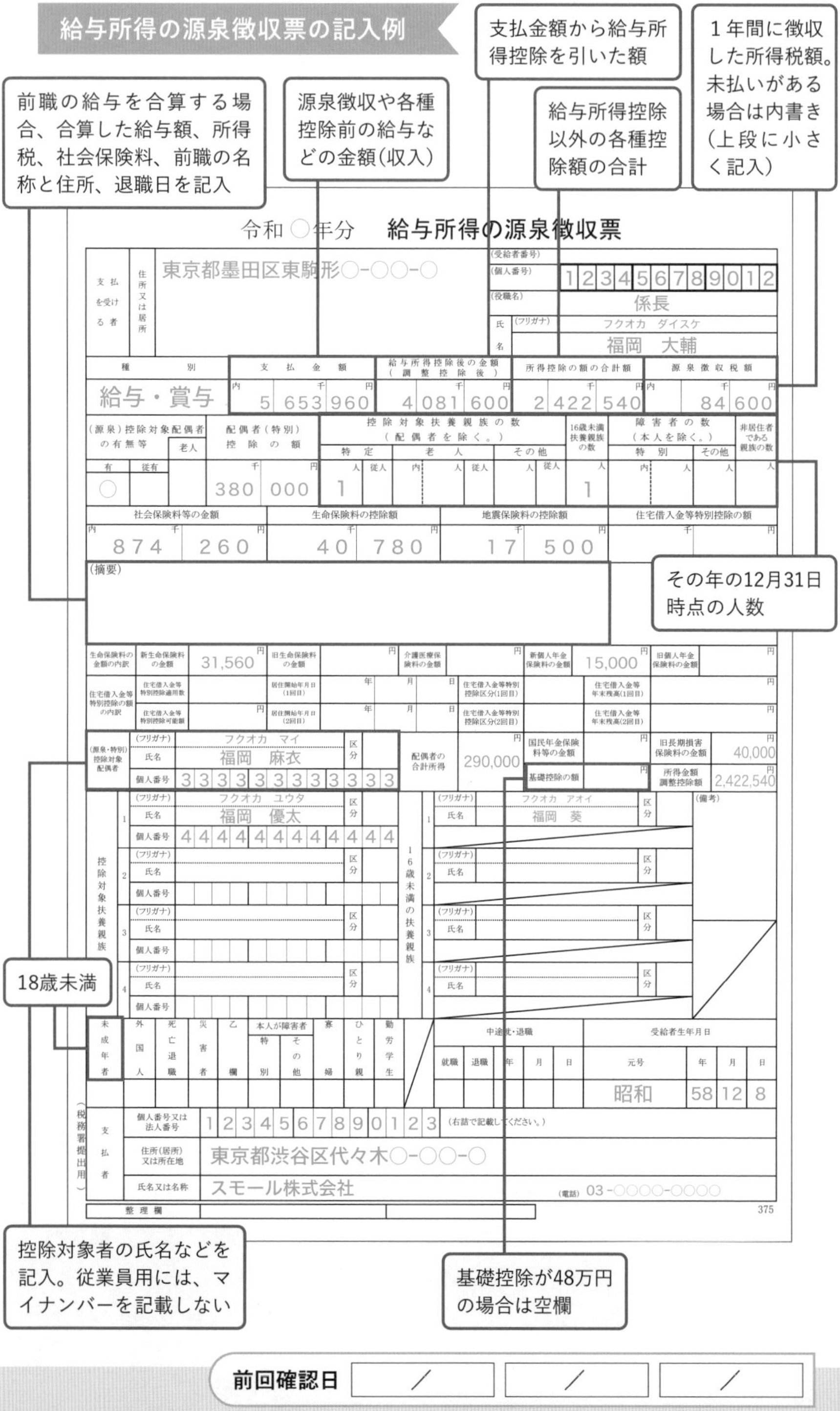

前回確認日　／　／　／

給与支払報告書（総括表）の作成、提出

NOTE　給与支払報告書の提出に注意する

給与支払報告書を作成し、該当する市区町村へ送付する

「**給与支払報告書（総括表）」は、住民税額と国民健康保険料額を決定するための書類**です。前年１年のうちに給与を支払ったすべての従業員、役員だけでなく、中途入社や年の途中で退職した人も提出対象です（給与の支払額が30万円以下の人は免除）。源泉徴収票用紙の４枚（または３枚）つづりのうち１、２枚目が給与支払報告書となっています。

給与支払報告書は「総括表」と「個人別明細書」に分かれ、個人別明細書は「源泉徴収票」と内容は同じです。総括表は、１月１日に住民票がある市区町村ごとに法人番号、受給者の総人数などを記入し作成します（➡p.182）。

市区町村ごとに個人別明細書に総括表を付け、１月31日までに提出します。市区町村は、このデータから住民税額と国民健康保険料額を計算します。

その市区町村に住んでいる従業員が複数名いる場合は、総括表１枚に人数分の個人別明細書を付けて提出します。

［給与支払報告書の手続きはeLTAXが便利］

給与支払報告書は、市区町村から送られてきた用紙に手書きで記入し返送できますが、近年ではインターネットを利用した地方税ポータルシステム（eLTAX：エルタックス）による電子申告ができます。

紙の申請書では地方自治体ごとに手続きを行う必要がありますが、eLTAXは地方公共団体が共同して運営するので、地方税の申告、申請、納税などの手続きを電子的な一つの窓口で行うことができます。

給与支払報告書（総括表）の記入例

令和6年度（令和5年分）給与支払報告書（総括表）

1月31日までに提出してください。
提出は、A5サイズで1枚です。

追加
訂正

令和 6 年 1 月 31 日提出　　長殿

指定番号

給与の支払期間	令和 5 年 1 月分から 12 月分まで		
給与支払者の個人番号又は法人番号	1 2 3 4 5 6 7 8 9 0 1 2 3		
フリガナ	スモール カブシキガイシャ	事業種目	繊維工業
給与支払者の氏名又は名称	スモール株式会社	受給者総人員	10 人
所得税の源泉徴収をしている事務所又は事業の名称		報告人員 特別徴収対象者	10 人
フリガナ	シブヤクヨヨギ	報告人員 普通徴収対象者（退職者）	人
同上の所在地	〒151-0053 渋谷区代々木○-○○-○	報告人員 普通徴収対象者（退職者を除く）	人
		報告人員の合計	10 人
給与支払者が法人である場合の代表者の氏名	代表取締役 秋田 誠	所轄税務署名	渋谷 税務署
連絡者の氏名、所属課、係名及び電話番号	経理 課 係 氏名 山口 純子 電話（03-○○○○-○○○○）	給与の支払方法及びその期日	月給、毎月25日
関与税理士等の氏名及び電話番号	氏名 青森 理恵 電話（03-○○○○-○○○○）	納入書の送付	必要・不要

提出先の市区町村が定める指定番号

提出する前年の1月から12月まで

提出先の市区町村に提出する年の1月1日時点で居住する従業員について、各人数を記入する

提出する年の1月1日時点で給与の支払いを受けている従業員数を記入する

●給与支払報告書の作成から提出までの流れ

11月〜 年末調整をする

↓

12月中 市区町村から給与支払報告書（総括表）が送付される。「個人別明細書」は送付されないので、書面で提出する場合は、役所か税務署でもらうか、市区町村のホームページからダウンロードする

↓

1月 個人別明細書を作成し、従業員が提出する年の1月1日現在（退職者は退職日現在）居住する市区町村ごとに分け、それぞれに総括表を付ける

↓

1月31日まで 総括表と個人別明細書を市区町村別に提出する。提出方法は、書面（郵送または持参）、eLTAX、光ディスクなどの3種類

前回確認日　／　／　／

年末調整⑦

［経理］年1回の仕事

法定調書と法定調書合計表の作成、提出

NOTE 法定調書の提出に注意する

年末調整時に必要な法定調書は6つある

「**法定調書**」とは、給与や報酬、土地の購入など、金銭を支払う側（会社）が、**税務署に提出する義務のある書類の総称**ですが、年末調整時に提出の義務があるのは下記の6種類です。

1.「給与所得の源泉徴収票」　2.「退職所得の源泉徴収票」
3.「報酬、料金、契約金及び賞金の支払調書」
4.「不動産の使用料等の支払調書」　5.「不動産等の譲受けの対価の支払調書」
6.「不動産等の売買又は貸付けのあっせん手数料の支払調書」

会社の決算期とは関係なく、暦年（1月1日から12月31日まで）で作成する必要があります。また、支払金額は「支払いの確定した金額」です。**前払い費用**などを計上した会計データと違いがあるので注意しましょう。

法定調書合計表を添え税務署に提出する

上記の法定調書の種類ごとに給与などの支払い人数や支払金額などの総額を記載し取りまとめる書類を「**給与所得の源泉徴収票等の法定調書合計表**」（「**法定調書合計表**」）といい、1月31日までに給与所得の源泉徴収票に添えて所轄の税務署に提出します。

法定調書と法定調書合計表の提出方法は、書面、光ディスク（CD・DVDなど）、e-Tax、クラウドサービスの4種類です。

クラウドサービスとは、あらかじめ税務署長に届け出て、国税庁長官の認定を受けたクラウドサービスにデータをアップロードし、税務署長にアクセス権を付与することで提出する方法です。

給与所得の源泉徴収票等の法定調書合計表の記入例

「給与所得の源泉徴収票」の提出対象であるか否かに関わらず、すべての従業員分を記入。中途入退者やパートタイム、アルバイトも含まれる

提出媒体コードを入れる。電子は「14」、CDは「17」、DVDは「18」、書面は「30」

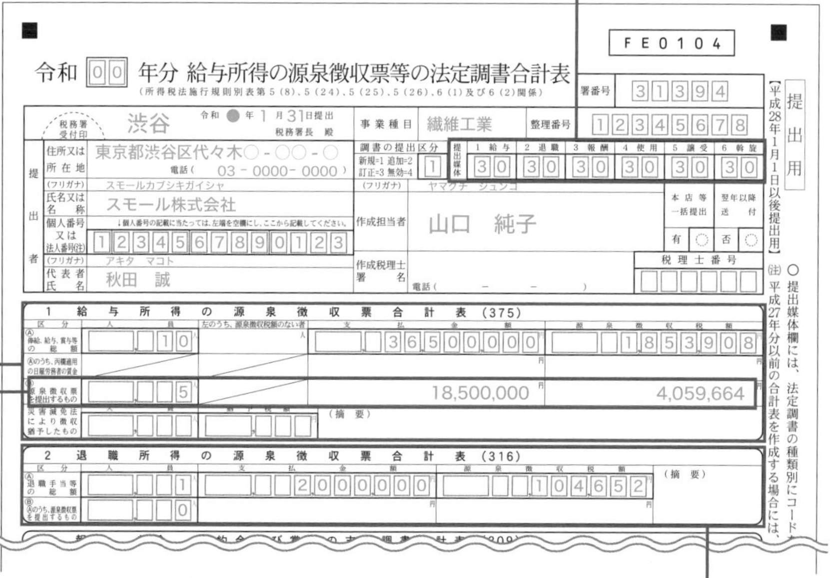

FE0104

令和 00 年分 給与所得の源泉徴収票等の法定調書合計表
（所得税法施行規則別表第5(8)、5(24)、5(25)、5(26)、6(1)及び6(2)関係）

署番号 31394

【平成28年1月1日以後提出用】 提出用

税務署受付印　渋谷　令和 ● 年 1 月 31 日提出　税務署長 殿

事業種目 繊維工業　整理番号 12345678

提出者
- 住所又は所在地：東京都渋谷区代々木○-○○-○　電話（03-0000-0000）
- （フリガナ）スモールカブシキガイシャ
- 氏名又は名称：スモール株式会社
- 個人番号又は法人番号(注)：1234567890123（↓個人番号の記載に当たっては、左端を空欄にし、ここから記載してください。）
- （フリガナ）アキタ マコト
- 代表者氏名：秋田 誠

調書の提出区分（新規=1 追加=2 訂正=3 無効=4）：1

提出媒体：1 給与 30　2 退職 30　3 報酬 30　4 使用 30　5 譲受 30　6 斡旋 30

（フリガナ）ヤマグチ ジュンコ
作成担当者：山口 純子

本店等一括提出：有 ○　翌年以降送付：否 ○

作成税理士署名　電話（ - - ）
税理士番号

(注) 平成27年分以前の合計表を作成する場合には、
○ 提出媒体欄には、法定調書の種類別にコード

1 給与所得の源泉徴収票合計表（375）

区分	人員	左のうち、源泉徴収税額のない者	支払金額	源泉徴収税額
Ⓐ 俸給、給与、賞与等の総額	10人	人	36500000円	1853908円
Ⓐのうち、丙欄適用の日雇労務者の賃金			円	円
Ⓑ 源泉徴収票を提出するもの	5人		18,500,000円	4,059,664円
災害減免法により徴収猶予したもの	人	猶予税額 円	（摘要）	

2 退職所得の源泉徴収票合計表（316）

区分	人員	支払金額	源泉徴収税額	（摘要）
Ⓐ 退職手当等の総額	1人	2000000円	104652円	
Ⓑ Ⓐのうち、源泉徴収票を提出するもの	0人	円	円	

税務署に提出する「給与所得の源泉徴収票」分の人数、支払金額、源泉徴収税額の合計を記入

退職手当金などを支給したすべての人数、支払金額、源泉徴収税額の合計を記入

区分ごとに、対象となるすべての支払いについて記入。「個人」「個人以外」を合算して記入

3 報酬、料金、契約金及び賞金の支払調書合計表（309）

区分		人員 個人	人員 個人以外	支払金額	源泉徴収税額
所得税法第204条に規定する報酬又は料金等	原稿料、講演料等の報酬又は料金（1号該当）	人	人	円	円
	弁護士、税理士等の報酬又は料金（2号該当）	1 人	人	720,000 円	68,070 円
	診療報酬（3号該当）	人	人	円	円
	職業野球選手、騎手、外交員等の報酬又は料金（4号該当）	人	人	円	円
	芸能等に係る出演、演出等の報酬又は料金（5号該当）	人	人	円	円
	ホステス等の報酬又は料金（6号該当）	人	人	円	円
	契約金（7号該当）	人	人	円	円
	賞金（8号該当）	人	人	円	円
	Ⓐ 計	実 1 人	実 人	720000 円	68070 円
Ⓑ Ⓐのうち、支払調書を提出するもの		人	人	720,000 円	68,070 円

区分	件数	支払金額	源泉徴収税額	（摘要）
Ⓐのうち、所得税法第174条第10号に規定する内国法人に対する賞金	件	円	円	
	人員	猶予税額		
災害減免法により徴収猶予したもの	人	円		

4 不動産の使用料等の支払調書合計表（313）

区分	人員	支払金額
Ⓐ 使用料等の総額	1 人	3,600,000 円
Ⓑ Ⓐのうち、支払調書を提出するもの	1 人	3,600,000 円
（摘要）		

6 不動産等の売買又は貸付けのあっせん手数料の支払調書合計表（314）

区分	人員	支払金額
Ⓐ あっせん手数料の総額	1 人	388,000 円
Ⓑ Ⓐのうち、支払調書を提出するもの	1 人	388,000 円
（摘要）		

5 不動産等の譲受けの対価の支払調書合計表（376）

区分	人員	支払金額
Ⓐ 譲受けの対価の総額	1 人	12,000,000 円
Ⓑ Ⓐのうち、支払調書を提出するもの	1 人	12,000,000 円
（摘要）		

税務署整理欄	通信日付印	確認	提出年月日	身元確認
			年 月 日	
			区分 A B C D E F G H	

…ドを記載してください。（電子＝14 FD＝15 MO＝16 CD＝17 DVD＝18 書面＝30 その他＝99）
…は、「個人番号又は法人番号」欄に何も記載しないでください。

（不動産の）「使用料等の支払調書合計表」は事務所などの家賃など。「譲受けの対価の支払調書合計表」は不動産を購入した支払額。「売買又は貸付けのあっせん手数料の支払調書合計表」は不動産業者などに支払った手数料など。対象となるすべての支払いについて記入

支払いがない場合は、各項目の「摘要」欄に「該当なし」と記入

経理

決算のスケジュール

決算とは、決まった期間（通常は１年間）の会社の業績をまとめ、決算日時点での資産・負債・純資産の状況を確定する手続きをいいます。株主総会において株主にそれを開示して承認を求め、その内容を基に、法人税などの申告、納付を行います。

会社の経営状況を可視化する、最も重要な仕事といえます。

決算日の翌日から２カ月以内に、納税までの作業を間違いなく終えなければならないため、事前にスケジュールをしっかり組むことが大切です。

＊スケジュールは参考です

決算の準備

- 税理士と打ち合わせ
- 決算スケジュールを立てる
- 従業員に「請求書」や必要経費精算などの提出を確認する
- 仮払金、仮受け金などの精算をする

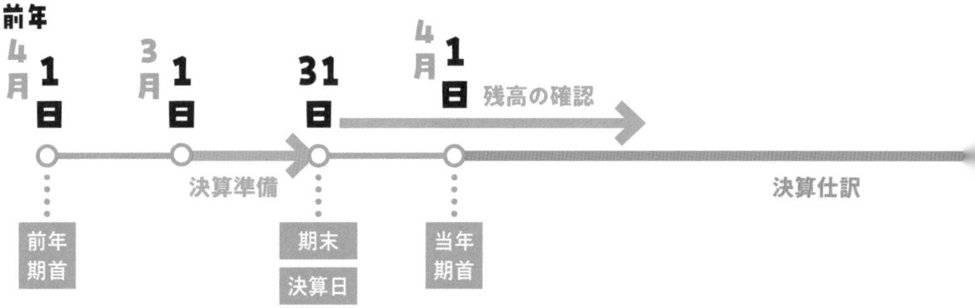

残高の確認（➡ p.190-195）

（期末）

❶「金種表」・「棚卸し表」を作成する

❷現預貯金の残高確認

（4月1日～）

❸在庫残高確認

帳簿上の在庫と実際の在庫残高の確認

❹勘定科目残高確認

「貸借対照表」の各科目ごとに現物を確認

❺棚卸し資産の計算

すべての株式会社は、会社法によって決算関係書類を公開する決算公告が義務付けられています。違反した場合は罰則が科せられるため、注意しなければなりません。

会社のウェブサイトで公告すれば、費用も掛らなくてお手軽ですね。

決算仕訳（➡ p.193-201）

⑥売上原価・製造原価の計算

⑦減価償却費の計上と繰り延べ資産の償却

「資産台帳」から償却費を計算

⑧売り上げの計上確認

計上漏れや請求（提出・送付）漏れなどを確認

⑨費用の計上確認

計上漏れや請求書（受け取り）漏れなどを確認

決算公告

株式会社は定時株主総会終結後、速やかに貸借対照表を公告する義務がある

決算書の作成など（➡ p.204-214）

⑩「決算書」の作成

「貸借対照表」、「損益計算書」などを作成

⑪税務申告書の作成

法人税・地方税・消費税などの「税務申告書」を作成

⑫監査・取締役会の承認

設置していない場合は直接株主総会を開催

⑬定時株主総会の開催（➡ p.230）

株主による決算の承認

⑭税務申告書の提出・納税

（➡ p.24-29, p.210-214）

税務申告書を提出し、税額を納付する

＊決算日翌日から２カ月以内

決算の目的と流れ

NOTE 決算の流れを確認する

決算の目的は３つある

決算の目的は、大きくまとめると以下の３つです。

1. 事業年度ごとに財務状況を把握し、経営判断に役立てる。
2. 業績を株主などの社外の関係者に開示し、報告する。
3. 業績に応じて正しく税金を申告し、納付する。

具体的には、①決められた期間（事業年度）における会社の業績をまとめた書類を作成し、②株主総会を開きその内容について株主の承認を受け、③**税務署に法人税などの申告・納付を行う**までの一連の作業をいいます。

「**決算書**」は、いわば会社の通知表のようなもので、金融機関では会社の経営状況の判断に使用されます。なお、事業年度（会計期間）は１年を超えない期間で自由に決めることができ、例えば、４月１日（期首）からとする場合、翌年３月31日（期末）までが１事業年度で、３月が決算月、３月31日が決算日となります。

税金の納付は、決算期末日の翌日から２カ月以内に行わなければならないので、決算の一連の作業は、的確なスケジュールを設定し、遅滞なく進めなければなりません。

決算書類の作成の流れを知る

決算に必要な書類の作成は、残高確認（現金・預金など各勘定科目）➡決算整理仕訳（売上原価の算定・減価償却費の計上など）➡決算書作成➡事業報告➡「法人税申告書」提出の流れ――で進みます。

例えば、３月が決算月の場合、４月に入ると、決算書（「貸借対照表」「損益計算書」「**株主資本等変動計算書**」「**個別注記表**」）の作成を開始します。

決算書作成までの流れ

残高確認

各勘定科目について、帳簿上の残高と実際の残高が一致しているかを確認する

↓

決算整理仕訳

各勘定の残高を決算時点の状況に合わせて修正し、残高を確定させる。
減価償却費や棚卸し資産の計上、経過勘定の処理などを行う

↓

決算書作成

決算整理仕訳で確定した残高を転記して、決算書を作成する

決算書の種類

書　類	内　容
貸借対照表	会社の財政状態を示すもの。決算日現在での会社の資金の運用状況（左側）と、どこから資金を調達したか（右側）を一覧にしている。左右の金額がバランスを保つことから「バランスシート」と呼ばれる
損益計算書	当該事業年度にどのくらい利益を出したかを示す。１年間の会社の売り上げ（収益）、売り上げを上げるためにかかった費用、収益から費用を差し引いた利益の３つを一覧にしたもの
株主資本等変動計算書	株式の増資や配当など、資本の変動を一覧にしたもので、貸借対照表の純資産の部の変動を示すもの
個別注記表	会社個別の各決算書の計算方法や注記事項をまとめたもの

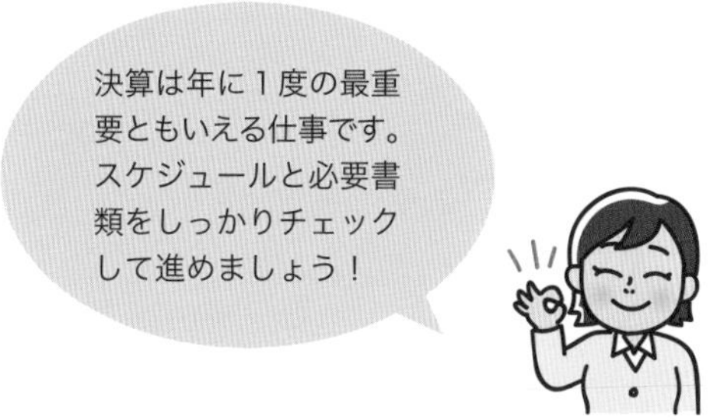

残高の確認

NOTE 決算のための残高確認に注意する

決算は期末日時点の残高確認から

「決算書」の作成の準備作業として、**「総勘定元帳」の集計**を行い、決算期末時点でのすべての勘定科目の会計上の残高と、実際の残高とに相違がないか照合することから始めます。

期末時点に行う残高確認は現金と棚卸し資産です。仮払いや立て替え払いなど、従業員の実費精算ももれなく精算します。

棚卸し資産の中には、**切手や収入印紙など貯蔵品も含まれます**ので、実地棚卸しのとき「棚卸し管理表」などに漏れのないように記録します。

残高証明書と残高確認書の依頼

預貯金、借入金の残高は、期日が過ぎた時点で金融機関に「**残高証明書**」（➡p.191）の発行を依頼します。会社の決算は期日が決まっているので、金融機関に自動発行を依頼しておくのが便利です。

売掛金、買掛金、受取手形、支払手形、貸付金、借入金、棚卸し資産（外部で保管の場合）などは、残高を確認するために、取引先と書面や電子メールで「**残高確認書**」を送って、必要事項の確認と返送を依頼します（➡p.192）。

主な勘定科目の残高確認

勘定科目	残高確認の仕方
現　金	手元にあるすべての現金を数えて「金種表」を作成し、「現金出納帳」の残高と照合
預　金	金融機関から取り寄せた残高証明書で確認
受取手形・支払手形	「受取手形記入帳」・「支払手形記入帳」の残高と総勘定元帳の残高を照合
売掛金・買掛金	取引先と残高確認書で確認を行い、「売掛金管理表」・「買掛金管理表」の残高と照合
貸 付 金	「金銭消費貸借契約書」の確認、貸付先へ残高確認書の送付
棚卸し資産	商品・製品・原材料・貯蔵品の実地棚卸しを行う
貯 蔵 品	切手、収入印紙などの期末未使用分を確認
固定資産	総勘定元帳の固定資産の金額と「固定資産台帳」の金額を照合
借 入 金	金融機関から取り寄せた残高証明書で確認

金融機関の残高証明書（例）

20●●年4月15日

残高証明書

〒151-0053
東京都渋谷区代々木○-○○-○
スモール株式会社
代表取締役社長　秋田 誠　様

○○銀行○○支店
発行店　本店営業部

20●●年3月31日現在　（1／1）

取引種類	口座番号	金　額	摘　要
当座預金	1111111	¥3,500,000	
普通預金	2222222	¥4,123,456	
定期預金	3333333	¥12,000,000	
証書貸付	········	¥6,000,000	
		以下余白	

同じ金融機関であれば、預貯金と借入金をまとめて1通の残高証明書にしてくれます

残高が一致しない場合は実際の残高に合わせる

もし、それぞれの科目で金額が一致しない場合は、帳簿残高を実際の残高に合わせるのが基本です。このとき、記帳ミス、計算ミスなど、なぜ残高が異なっていたかを究明することが必要です。

例えば、現金残高が一致しない場合、金庫やレジなどで数えていない現金がないか、固定資産残高が一致しない場合、廃棄や売却したものがないかを確認します。また、帳簿に記載されていない簿外資産や簿外負債があった場合は計上し直します。

残高確認書の記入例

令和　年　月　日

御中

住所

会社名

代表者名　印

決算に伴う残高確認のお願い

時下ますますご清栄のこととお慶び申し上げます。
さて、令和　年　月　日現在、貴社に対する弊社の残高は下記の通りとなっております。つきましては、貴社残高とご照合いただき、下記にご記入ご押印のうえ、同封の返信用封筒にて　年　月　日までにご返送くださいますようお願い申し上げます。
なお、弊社の残高と相違がある場合は、摘要欄に相違理由をご記入ください。

記

令和　年　月　日

残高確認書

行

令和　年　月　日現在の残高は下記の通りです。

弊社残高		貴社残高	
勘定科目	金額	勘定科目	金額
売掛金	1,000,000		

摘要欄（相違理由など）

住所

会社名

代表者名　印

送付する場合
先方に確認したい勘定科目と残高を記入

送付された場合
勘定科目（この場合なら買掛金）と残高を記入

送付された場合
相違があれば、分かる範囲で理由を記入。
考えられる理由としては、主に以下がある
- 計上ミス、漏れ
- 消費税の端数処理法が異なる

期末棚卸し資産の評価と計算

NOTE 棚卸し資産に注意する

棚卸し資産を計上する

棚卸し資産とは、会社が販売目的で仕入れた商品や、製造目的で仕入れた原材料などが社内にとどまっている状態のことをいい、一般的に在庫と呼ばれます。これらの、収益が実現できない棚卸し資産は、販売されるまで仕入れを減算して、資産として計上します。

決算では、正確な在庫数を確認（棚卸し）して、正しく期末棚卸し資産の評価額を確定させることで、売上原価・製造原価の計算ができます。

棚卸しは、在庫数に変更があった時点で帳簿に記録する**帳簿棚卸し**と、実際に在庫数を数える**実地棚卸し**の２つの方法がありますが、両方とも行うことが大切です。帳簿上の在庫数と実際の在庫数に差異が生じることは珍しくはないため、決算時には必ず実地棚卸しを行う必要があります。

差異が出た場合は、その原因を調べ、帳簿上の在庫数を実際の在庫数に合わせ、差異分は該当する科目で仕訳をします。棚卸し残高の間違いは、会社の損益の間違い、それによる納付税額の間違いにつながります。

●棚卸し資産となるもの

商品または製品	販売目的で仕入れた商品や製造した製品
半製品	一定の加工が完了して、そのままでも販売できる製品
仕掛品	製造途中で、まだ完成していない製品
原材料	製品の製造に必要な原材料
貯蔵中の消耗品	未使用の消耗品や切手、印紙など

実地棚卸しの流れ

1. 商品名（製品名）や数量を記入する棚卸し表を作成する
2. 棚卸し終了後、分担した作業者の棚卸し表を集計する
3. 集計した在庫数と帳簿上の在庫数を付き合わせ、帳簿の在庫数を修正する

棚卸し資産の評価方法

期末棚卸し資産がいくらになるのかを棚卸し資産の評価といいます。**評価方法には、原価法と低価法**があります。原価法は、棚卸し資産の取得額をベースとする方法で、取得価額の求め方は6つあります。低価法は、棚卸し資産を期末の時価と帳簿価額とで比較して、低い方を評価額とする方法です。

評価方法は、法人設立時（事業開始時）に「棚卸し資産の評価方法の届出書」で評価方法を選択し、所管の税務署に提出しなければなりません。届け出をしない場合は最終仕入れ原価法となります。自社の評価方法を確認します。

棚卸し資産の評価方法

棚卸し資産の評価方法

種類		内容
原価法	最終仕入れ原価法	期末に最も近い時期に仕入れたときの取得単価を、期末の棚卸し資産の単価として評価する方法。届け出をしていない場合は、この方法で評価する
	個別法	個々の取得単価で評価する方法
	先入れ先出し法	先に仕入れた商品から順次売れたと仮定して、期末の棚卸し資産を評価する方法
	総平均法	期首の棚卸し資産と期中に得た商品や製品の取得価額を、総数量で割って単価を計算する方法
	移動平均法	商品や原材料を仕入れるごとに、その時までの取得価額の総額と新たに仕入れた取得価額との合計を、在庫の総数量で割って単価を計算する方法
	売価還元法	期末の棚卸し資産の通常販売予定価格の総額に、原価率を掛けて在庫を計算する方法
低価法		棚卸し資産の期末の時価と帳簿価額を比較して、低い方を評価額とする方法

棚卸し資産を計算する

棚卸し資産の額は、実地棚卸しで確認した数量に、選択した評価方法によって算出した評価額（仕入れ単価）を掛けて求めます。

期末棚卸し資産の計算

期末棚卸し資産は、品目ごとに在庫数に仕入れ単価を掛けて求められます。

期末棚卸し資産＝実地棚卸し（在庫）の数量×仕入れ単価

売上原価・製造原価の計算

NOTE 売上と製造で異なる原価計算対象に注意する

売上原価の計算法とは

期末棚卸し資産が確定できたら、当期の商品やサービスの原価を算出します。

売上原価は、商品やサービスの仕入れや製造にかかった費用のうち、期中に売れたものの費用をいい、主に小売業で使われます。前期からの繰り越しの在庫を期首商品棚卸し高、当期での仕入れ額を当期商品仕入れ高、当期末に残った在庫を期末商品棚卸し高といいます。期中に売れ残った商品やサービスの原価は資産として計上し、売上原価に含めないので、実地棚卸しで決算時に売れ残っている商品の数を確定しなければなりません。

売上原価を売上高から引いたものが売上総利益（粗《あら》利《り》）です。たとえ売上高が大きくても売上原価がかさんでいては、収益性は低くなります。費用の内訳から、経営課題を見つけることもできます。一定以上の粗利は経営を安定させ、事業活動の展開に欠かせません。

製造原価の計算法とは

一方の**製造原価**は、商品やサービスを生み出すためにかかった費用の総額で、売り上げに寄与しているかは関係なく計上します。製造原価は費用の発生形態により、材料費、労務費、経費の３つに分けて算出します。また、製品との関連による製造直接費と製造間接費に分けることもできます。

これらを合算して**当期総製造費用**を算出しますが、前期末時点で製品の仕掛品（製造中のもの）がある場合は合算し、当期末に仕掛品がある場合は合算しません。

製品を製造せず販売のみを行う小売業であれば、製品の仕入れにかかった費用はすべて売上原価になり、受注生産だけをする製造業ではすべて製造原価となります。

当期の粗利の計算

売上総利益（粗利） ＝ 当期の売上高 － 売上原価

売上原価の計算

売上原価 ＝ 期首商品棚卸し高 ＋ 当期商品仕入れ高 － 期末商品棚卸し高

製造原価の計算

当期製品製造原価 ＝ 期首仕掛品*棚卸し高 ＋ 当期総製造費用 － 期末仕掛品棚卸し高

当期総製造費用：
- 材料費
＋
- 労務費
＋
- 経　費

＊仕掛品：製造途中の未完成の製品

●製造原価の分類

	製造直接費		製造間接費	
材料費	直接材料費	製品のために使った費用（原材料、部品など）	間接材料費	製品にどれだけ使用したか不明確なもの（工具、塗料などの消耗品）
労務費	直接労務費	製造に関わった人の労務費（現場作業者の給与・賞与など）	間接労務費	直接製造に関わらない人の労務費（管理・監督者の給与・賞与など）
経費	直接経費	製造にかけた材料費、労務費以外の費用（製造に関わる設備の減価償却費、外注加工費など）	間接経費	間接材料費、間接労務費以外の費用（製造に直接関わらない設備の減価償却費、水道光熱費、修繕費など）

前回確認日　／　　／　　／

減価償却費の計上と繰り延べ資産の償却

NOTE 減価償却資産に注意する

減価償却資産を決算整理仕訳する

減価償却資産を購入したときは、耐用年数や償却方法を調べて、「**固定資産台帳**」に入力します（➡p.112－116）。決算を迎えたら、固定資産台帳に入力した情報を基に**減価償却費**を計算し、算出した減価償却費の決算整理仕訳を入力します。

繰り延べ資産とは

すでに支払いを終えていたり、支払い義務が確定し、サービスや品物の提供を受けていたりする費用のうち、その支出効果が将来にわたって長期的に期待されるものを**繰り延べ資産**といいます。資産といっても換金性がなく売却や処分もできない計算上の資産ですが、「貸借対照表」の資産の部に計上し、数年にわたって償却できます。

繰り延べ資産は、会計上と法人税法上の繰り延べ資産に分けられます。

会計上の繰り延べ資産は、創立費、開業費、開発費、株式交付費、社債発行費の5つがあり、均等償却（繰り延べ資産の金額を税法で決められた期間で均等に償却）か任意償却（償却期間内であればいつでも、繰り延べ資産の額の範囲内で自由に償却可能）かを選んで行います。

法人税法上の繰り延べ資産は、上記5つの会計上の繰り延べ資産に加え、法人税法固有で認められている繰り延べ資産を含みます。

法人税法固有の繰り延べ資産は、会計上の繰り延べ資産として認められないため長期前払い費用（投資その他の資産）として計上し、税法で決められた期間で均等償却を行います。

ただし、中小企業者の特例として、10万円以上30万円未満の減価償却資産は、購入年度に全額損益として償却できます。（➡p.114）

会計上の繰り延べ資産

種　類	内　容	償却期間
創立費	定款作成や登記など、会社設立のためにかかった費用（登録免許税、定款作成費など）	5年
開業費	会社設立から事業開始までにかかった費用（土地や建物の賃借料、広告費など）	5年
開発費	新技術の開発や新市場の開拓などにかかった費用	5年
株式交付費	会社設立後、新株を発行するためにかかった費用（金融機関の取扱手数料など）	3年
社債発行費	社債を発行するためにかかった費用（金融機関の取扱手数料など）	社債の償還期限内

法人税法固有の繰り延べ資産の一例

種　類	内　容	例
公共的施設の負担金	自社が直接的・間接的に便宜を受ける公共・共同的施設の設置や改良のための費用	商店街アーケード、街灯　など
資産を賃借するための権利金	建物などを賃借するための権利金 敷金や保証金は含まれない	賃貸借契約時の礼金　など
役務の提供の権利金	企業経営のための情報やノウハウなど、役務（サービス）の提供を受けるための費用	フランチャイズ加盟金、ノウハウ提供料　など
広告宣伝用資産	広告宣伝のために資産を贈与したことによる費用	看板、ネオンサイン　など
その他	自社が便宜を受けるための費用	出版権設定の対価、同業者団体などの加入金　など

少額減価償却資産の仕訳例（直接法）

［15万円のパソコンを現金で購入した場合］

購入したとき：

借　方		貸　方	
備品	150,000	現金	150,000

決算整理仕訳：

借　方		貸　方	
減価償却費	150,000	備品	150,000

前回確認日　／　／　／

経過勘定の処理

NOTE 経過勘定科目に注意する

経過勘定科目で会計期間のズレを修正する

経過勘定科目とは、サービスを継続して提供したり受けたりするときに、計上すべき費用や収益が会計期間をまたぐ場合の勘定科目です。期をまたぐ場合、当期分を明確にする必要があるため、経過勘定項目を計上し、当期分の費用、収益を修正し、正しい決算書を作成します。

経過勘定科目には未払い費用、前払い費用、未収収益、前受け収益の４種類があります。費用と収益に分けて考えましょう。

費用	
未払い費用	サービスの提供を受けているが、代金をまだ支払っていないもの。当期の費用となる。費用の見越しという（家賃、保険料、給与、水道光熱費の未払い分など ）
前払い費用	すでに支払っているが、まだサービスの提供を受けていないもの。次期の費用となる（費用の繰り延べという。家賃、保険料など ）

収益	
未収収益	サービスの提供はしたが、まだ代金の支払いを受けていないもの。当期の収益となる。収益の見越しという（家賃、貸金業における利息収入など）
前受け収益	提供前のサービスについて支払いを受けたもの。次期の収益となる。収益の繰り延べという（家賃、銀行の貸付利息など ）

なお、前期の決算で経過勘定項目として計上された分は、当期の収益や費用として振り替え、改めて当期分を計上します。

経過勘定科目と似ている勘定科目に、未払い金、未収金、前受け金、前払い金があります。これらは、未決済項目と呼ばれ、経過勘定科目との相違点は、継続性がなく、サービス提供がなくても発生する点です。

経過勘定の決算整理仕訳例（決算日は３月31日）

未払い費用　11月１日に保険契約を結んだ。保険料は翌年10月末に年額12万円を後払いする

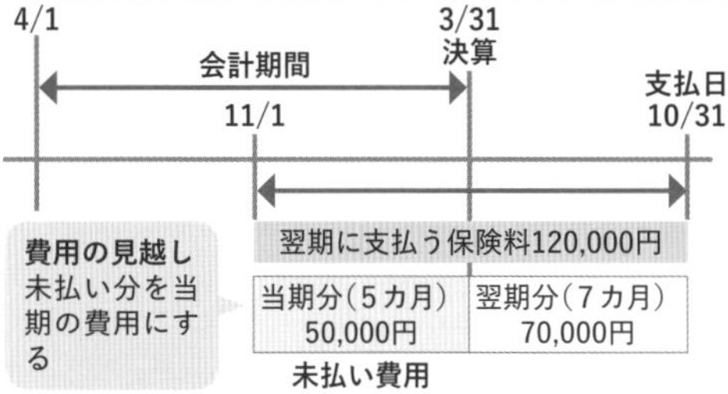

サービスを受けた11/1～3/31の費用は、当期に計上しなければならない
しかし、まだ代金を支払っていないので、未払い費用5万円として負債の部に計上する

借方		貸方	
保険料	50,000	未払い費用	50,000

前払い費用　11月１日に保険契約を結び、年額12万円を現金で支払った

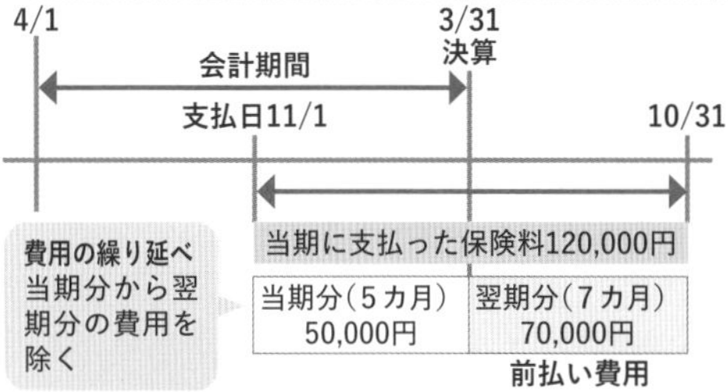

サービスを受けていない4/1～10/31の費用は、当期に計上してはならない
しかし、すでに代金を支払っているので、前払い費用７万円として資産の部に計上する

借方		貸方	
前払い費用	70,000	保険料	70,000

未収収益　３月分の月極駐車場代２万円が４月30日に普通預金に振り込まれる

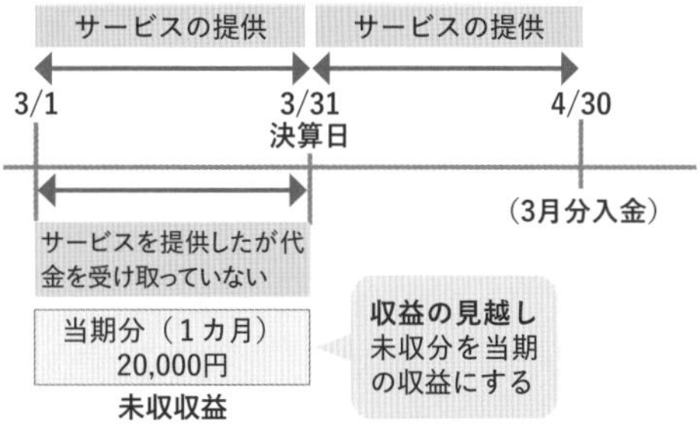

サービスを提供した3/1～3/31の収益は、当期に計上しなければならない
しかし、まだ代金を受け取っていないので、未収収益２万円として資産の部に計上する

借方		貸方	
未収収益	20,000	賃料収入	20,000

前受け収益　４月分の月極駐車場代２万円が３月31日に普通預金に振り込まれる

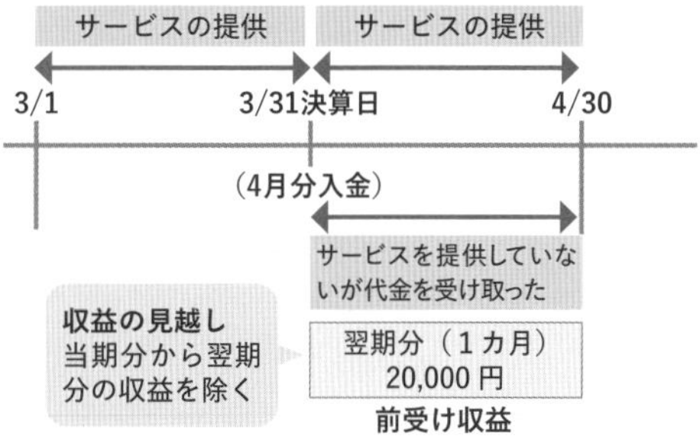

サービスを提供していない4/1～4/30の収益は、当期に計上してはならない
しかし、代金を受け取ったので、前受け収益２万円として負債の部に計上する

借方		貸方	
賃料収入	20,000	前受け収益	20,000

外貨建て資産・負債の期末換算の方法

NOTE 外貨建て資産・負債の扱いに注意する

外貨建て資産・負債とは

海外との取引では、商品を外貨で仕入れたり、代金を外貨で受け取ったりすることがあります。売買価額などが外国通貨で表示されている取引のことを外貨建て取引といい、それによって生じる資産・負債を**外貨建て資産・外貨建て負債**といいます。

外貨建て取引を記帳するには、原則として取引が発生した日の為替レートで日本円に換算しなければなりません。

●外貨建て取引の仕訳例

為替レート（TTM：電信売買相場の仲値）が1ドル150円の日に5,000USドルの商品を購入した場合、円換算では750,000円の取引となります。

借方		貸方	
商品	750,000	買掛金	750,000

＊150円×5,000USドル＝750,000円

外貨建て資産・負債の期末換算

期末に外貨建て資産・負債がある場合は、決算時に再計算（期末換算）が必要になることがあります。決算時の円換算の方法には、次の2種類があります。

①発生時換算法…取引が発生した日の為替レートで換算する方法

②期末時換算法…決算時での為替レートで換算する方法

どちらの方法で再計算するかは、外国通貨などのように期末時換算法で再計算することが定められているものを除いて、外貨建て資産・負債の種類を選択することができます。換算方法の選定には、取得した事業年度の確定申告期限までに税務署に「外貨建資産等の期末換算方法等の届出書」を提出する必要があります。選択しなかった場合は、法律で定められた方法により換算します。

外貨建て資産・負債の種類

区　分	内　容
外貨建て債務	外国通貨で支払いを行う金銭債務（買掛金、借入金など）
外貨建て債権	外国通貨で支払いを受け取る金銭債権（売掛金、貸付金など）
外貨建て有価証券	外国通貨で取引価額が表示され、外国通貨で支払いが行われる有価証券（外国の株式、国債、社債）
外貨預金	日本円を外国通貨に交換して預ける預金
外国通貨	外国の紙幣や硬貨

外貨建て資産・負債の決算時の換算法

区　分		選択可能な換算方法（届け出必要）	法定換算方法
外貨建て債務・債権	支払期限が1年以内のもの	発生時または期末時	期末時
	上記以外	発生時または期末時	発生時
外貨建て有価証券	売買目的有価証券（時価の変動により利益を得ることを目的として保有している有価証券）	期末時	期末時
	償還期限・償還金額の定めのあるもの（債券など）	発生時または期末時	発生時
	上記以外	発生時	発生時
外貨預金	満期日が1年以内のもの	発生時または期末時	期末時
	上記以外	発生時または期末時	発生時
外国通貨		期末時	期末時

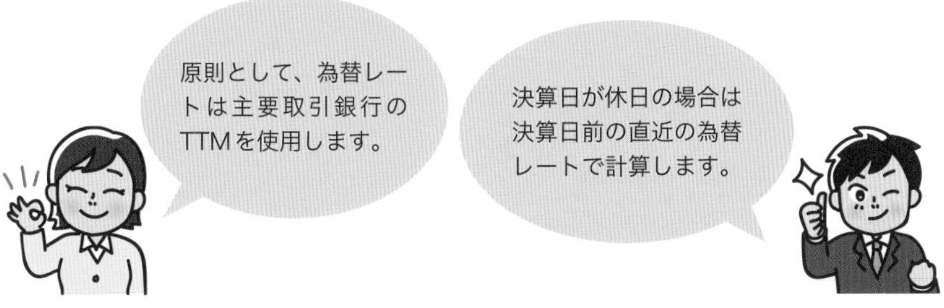

前回確認日　／　／　／

決算書の作成

NOTE 決算書の作成に注意する

決算書には4つの書類の作成が必要

「決算書」は、1会計年度における会社の財政状況や経営成績などを報告するための書類で、「計算書類」、「財務諸表」などと呼ばれます。会社法では**「貸借対照表」「損益計算書」「株主資本等変動計算書」「個別注記表」の4つの計算書類を作成する**必要があるとされています。

▶貸借対照表

会社の決算日現在の財政状況を表す計算書類で、**資産、負債、純資産の部**があります。会社の資産と負債から純資産を算出します。純資産＝資産－負債となり、左右の金額は同じになるので「**バランスシート(B/S)**」とも呼ばれます。

▶損益計算書

損益計算書は、会社の収益力を把握するための書類で、売上高などの収益から費用を差し引き、損益を表す書類です。利益（Profit）や損失（Loss）を表すことからP/Lと呼ばれます。

損益計算書では、事業の業績を、**売上総利益（粗利）**、**営業利益**、**経常利益**、**税引前当期純利益**、**当期純利益**の5つで表します。損益計算書の当期純利益を基に、法人税などを計算します（➡p.206）。

▶株主資本等変動計算書

貸借対照表の純資産の部の各項目の変動の内容を報告するもので、貸借対照表では読み取れない株主資本の増加や減少など、変動の原因が把握できる書類です（➡p.207）。株主資本は、株主が出資した資本金の他、**資本剰余金**、**利益剰余金**などで構成されます。

▶個別注記表

決算書に関連する補足事項、注記事項をまとめた書類です（➡p.207）。会社法により、計算書類として設定されています。

貸借対照表の例とポイント

資産：会社が資金をどのように活用しているかを示す

負債：会社が資金をどのように調達したかを示す。他人資本ともいう

貸借対照表
20○○年3月31日現在

（単位：円）

資産の部	負債の部
【流動資産】	【流動負債】
現金・預金	支払手形
売掛金	買掛金
有価証券	短期借入金
商品	未払金
前払い費用	未払法人税等
貸倒引当金	前受金
【固定資産】	賞与引当金
（有形固定資産）	【固定負債】
建物	社債
工具器具備品	長期借入金
リース資産	その他
（無形固定資産）	固定負債合計
（投資その他の資産）	負債合計
投資有価証券	**純資産の部**
長期貸付金	【株主資本】
その他	資本金
固定資産合計	資本剰余金
【繰り延べ資産】	利益剰余金
開発費	純資産合計
資産合計	負債・純資産合計

商品：棚卸し資産

固定資産：1年を超えて保有する資産

流動負債：1年以内に支払わなければならない負債

固定負債：支払期限が1年を超える負債

流動資産：1年以内に現金化できる資産

金額は必ず一致する

繰り延べ資産：支払い済み費用のうち長期間収益を生む資産（➡p.198）

無形固定資産：借地権、特許権、ソフトウエアなど

純資産：返済の必要がない資金。「自己資本」ともいう

- 流動資産÷流動負債×100（流動比率）…100％以上であれば当面の資金繰りに問題はない
- 総資産と純資産の割合（自己資本比率）…業種により異なるが、純資産（自己資本）の割合が総資産（資産の合計）の30％以上であれば、返済が必要な負債が少ないので、経営は安定しているといえる。50％以上（純資産≧負債）ならなお良い

損益計算書（見本）とポイント

損益計算書

自　20●●年４月１日
至　20●●年３月31日

（単位：円）

売上高
売上原価
売上総利益
販売費及び一般管理費
営業利益
営業外収益
受取利息金
受取配当
その他
営業外費用
支払利息
その他
経常利益
特別利益
固定資産売却益
投資有価証券売却益
特別損失
固定資産売却損
税引前当期純利益
法人税、住民税及び事業税
当期純利益

売上総利益
売上高－売上原価
会社の収益の源泉。粗利ともいう

営業利益
売上総利益－販売費及び一般管理費
本業でのもうけ

経常利益
営業利益＋営業外収益－営業外費用
会社が通常行っているすべての業務で得た利益

税引前当期純利益
経常利益＋特別利益－特別損失
会社の収益から税金以外のすべての費用を除いた利益

当期純利益
税引前当期純利益－法人税、住民税及び事業税
会社の収益からすべての費用や税金を除いた利益

POINT

- 営業利益がプラスなら、本業でもうかっている
- 営業利益も経常利益もプラスなら、本業でも投資などの財務活動でももうかっているので、経営状態が良いといえる
- 前年度と比較すると、どの部分が増減しているかがはっきりするので、経営状態をより分析できる

株主資本等変動計算書（見本）とポイント

当期首残高：前期の期末残高を転記

株主資本等変動計算書
自　平成○○年○月○日
至　平成○○年○月○日

（単位：円）

	株主資本										評価・換算差額等		新株予約権	総資産合計
	資本金	資本剰余金			利益剰余金				自己株式	株主資本合計	その他有価証券評価差額金	評価・換算差額等合計		
		資本準備金	その他資本剰余金	資本剰余金合計	利益準備金	その他利益剰余金		利益剰余金合計						
						××積立金	繰越利益剰余金							
当期首残高	○○	○○○	○○○	○○○	○○○	○○○	○○○	○○○	△○○	○○○	○○○	○○○	○○○	○○○
当期変動額														
新株の発行														
剰余金の配当														
剰余金の配当に伴う利益準備金の積立て														
当期純利益														
自己株式の処分														
×××××														
株主資本以外の項目の当期変動額（純額）														
当期変動額合計														
当期末残高														

当期末残高：貸借対照表の純資産の各項目と一致

当期変動額：新株の発行や剰余金の配当、積立金、当期純利益、自己株式の処分、株主資本以外の項目の当期変動額などの項目が該当

当期純利益：損益計算書の当期純利益と一致

●個別注記表

個別注記表には、さまざまな注記項目がありますが、すべての会社が記載する必要がある項目は以下の通りです。

- 重要な会社方針に関する事項
- 会計方針の変更に関する注記
- 表示方法の変更に関する注記
- 誤《ご》謬《びゅう》の訂正に関する注記
- 株主資本等変動計算書に関する注記
- その他の注記

勘定科目内訳明細書の作成

NOTE 勘定科目内訳明細書の作成に注意する

法人税申告に必要な勘定科目内訳明細書とは

会社は**決算日から２カ月以内に法人税の確定申告**を「法人税申告書」によってしなければなりません（➡p.210）。その際、「貸借対照表」「損益計算書」の勘定科目の内訳を示した「勘定科目内訳明細書」を添付書類として税務署に提出する必要があります。

勘定科目とは、複式簿記で記録する際に会計上で使われる項目です。勘定科目内訳明細書は全部で16種類の項目に分類されていますが、すべてを作成する必要はなく、該当する勘定科目の内訳明細書のみ作成します。内訳明細書は、帳簿にある各勘定科目の期末残高を転記して作成します。

勘定科目内訳明細書の作成には、時間と労力を要するので、決算処理と並行して作成するとスムーズです。

近年では、勘定科目内訳明細書の簡素化が進められ、国税庁のテンプレートを用い、Excelで直接入力して電子申告することができるようになり、会計ソフトが使えなくても作成できるようになりました。

また、売掛金の内訳書など記載量が多い勘定科目については、上位100件までの記載に簡素化され、支店、事業所ごとの合計額の記載もできるようになりました。

勘定科目内訳明細書の種類

内訳明細書	内　容
預貯金等	取引先金融機関別かつ預貯金の種類別に記入
受取手形	取引先ごとに、100万円以上のものは個別、それ以外は一括して記入
売掛金（未収入金）	売掛金、未収入金がある場合、相手ごとに、50万円以上のものは個別に、それ以外は一括して記入
仮払金（前渡し金）・貸付金及び受取利息	相手ごとに、50万円以上のものは個別に、それ以外は一括して記入。ただし、相手先が役員、株主または関係会社の場合は50万円未満でも個別に記入が必要
棚卸し資産（商品または製品、半製品、仕掛品、原材料、貯蔵品）	棚卸し資産がある場合に記入。種類が多い場合は、期末残高の多額なものから100口についてのみの記入でも可
有価証券	期末で保有している有価証券について、区分・種類・銘柄ごとに記入
固定資産（土地、土地の上に存する権利及び建物に限る）	土地・建物を保有している場合や期中に売却、購入、評価替えをした場合に記入
支払手形	支払期日の来ていないものがある場合に、取引先ごとに、100万円以上のものは個別、それ以外は一括して記入
買掛金（未払い金・未払い費用）	買掛金、未払い金、未払い費用がある場合、相手ごとに50万円以上のものは個別に、それ以外は一括して記入
仮受け金（前受け金・預り金）、源泉所得税預り金	相手ごとに、50万円以上のものは個別に、それ以外は一括して記入。ただし、相手先が役員、株主または関係会社の場合は50万円未満でも個別に記入が必要
借入金及び支払利息	借入先ごとに、50万円以上のものは個別に、それ以外は一括して記入。ただし、相手先が役員、株主または関係会社の場合は50万円未満でも個別に記入が必要
土地の売上高等	棚卸し資産として保有している土地を期中に売却、仲介した場合に記入
売上高等の事業所別	複数の事業所を持つ場合に記入
役員報酬等	すべての役員について、役職、氏名、住所、役員報酬などを記入
地代家賃等、工業所有権等の使用料	地代・家賃などの内訳書には、期中に支払った地代や家賃を物件ごとに記入。工業所有権等の使用料の内訳書は、期中に特許権、実用新案権、意匠権および商標権などの支払いがあった場合に記入
雑益、雑損失等	科目別かつ相手先別の金額が10万円以上のものについて記入

前回確認日　／　　／　　／

税務申告書の作成❶ 法人税申告書

NOTE 法人税申告書の作成、法人税の算出に注意する

決算確定後、法人税申告書を作成する

会社が事業活動をして得た所得には法人税がかかります。会社の所得は、会計の収益から費用や損失を差し引いて最終損益を算出し、株主総会で決算書が承認されると確定決算となります。

法人税は、課税所得を算出した上で会社が計算して申告しなければいけません。そこで、法人税を算出して「**法人税申告書**」を作成します。

作成した法人税申告書は、決算日の翌日から2カ月以内に「決算報告書」「勘定科目内訳明細書」「法人税事業概況説明書」と共に税務署に提出します（確定申告）。法人税事業概況説明書とは、税務署が法人の事業内容や状況を把握するための、会社名や事業内容、納税地などを記載した書類です。

また、租税特別措置を適用する場合は「摘要額明細書」も添付します。租税特別措置とは、特定の政策を実現するために、例外的に税負担の優遇などが行われるものです。

会社は、法人税の他、地方法人税、法人事業税、法人住民税などを納税する必要がありますが、これらの基礎となるのが法人税申告書です。

課税所得から法人税を算出する

法人税は、算出した課税所得に対し課税されます。

法人税額＝課税所得×税率－税額控除額

課税所得は、決算書上の収益（収益－費用）ではなく、益金（税法上の収益）－損金（税法上の費用）で算出されます。

ただし、企業会計上は収益とならないが税務上は益金とするもの（益

金算入）、企業会計上は収益となるが税務上は益金としないもの（益金不算入）などがあり、企業会計上の収益や費用とは必ずしも一致しません。

例えば、受取配当金や資産の評価益、還付法人税などは益金に入れません。入れるものと入れないものを分類（益金算入・不算入、損金算入・不算入）して計算します。これらを調整した上で課税所得を算出し、法人税申告書を作成します。

法人税の税率は、普通法人（公共法人や公益法人、協同組合などの法人以外の法人）は23.2％です。しかし、資本金１億円以下の普通法人の所得の金額のうち、年800万円以下の金額については税率が15％に軽減されます（資本金５億円以上の法人などの100％子会社は除きます）。法人税の申告は複雑なため、会計事務所や税理士に依頼するとよいでしょう。

法人税申告書の記入と提出

法人税申告書は別表１～19まであります。別表１は「確定申告書」と呼ばれており、別表２～19までは別表１を説明する「明細書」です。すべてを作成するのではなく、自社の申告内容によって必要な別表は異なります。

［法人税申告書の添付書類］

- 決算報告書（「貸借対照表」「損益計算書」「株主資本等変動計算書」、「販売及び一般管理費の明細」「個別注記表」）
- 勘定科目内訳明細書
- 「法人税事業概況説明書」
- 「適用額明細書」（租税特別措置を適用する場合）

法人税申告書の見方

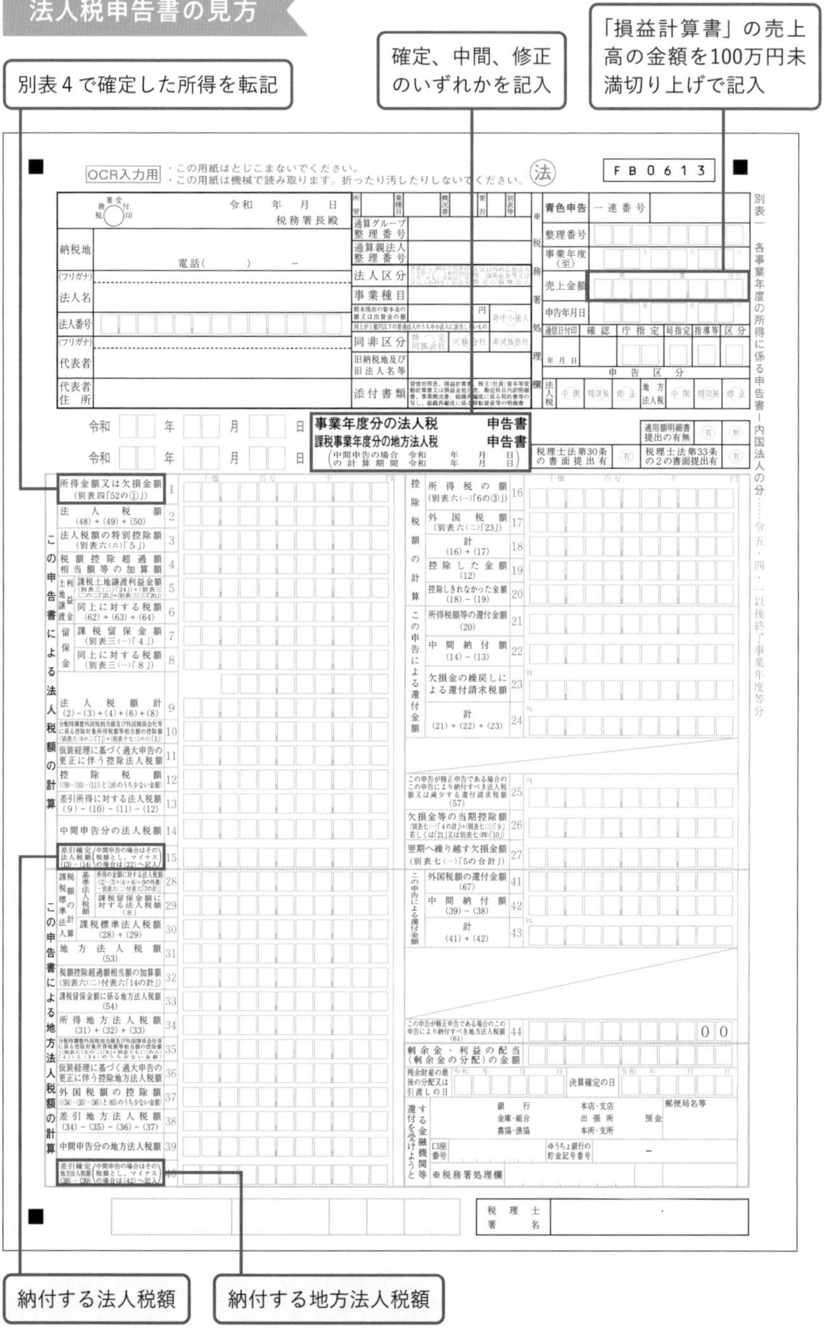
別表４で確定した所得を転記
確定、中間、修正のいずれかを記入
「損益計算書」の売上高の金額を100万円未満切り上げで記入
納付する法人税額
納付する地方法人税額
OCR入力用
・この用紙はとじこまないでください。
・この用紙は機械で読み取ります。折ったり汚したりしないでください。
法
FB0613
令和　年　月　日
税務署長殿
納税地
電話（　　）　－
（フリガナ）
法人名
法人番号
（フリガナ）
代表者
代表者住所
通算グループ整理番号
通算親法人整理番号
法人区分
事業種目
同非区分
旧納税地及び旧法人名等
添付書類
青色申告
一連番号
整理番号
事業年度（至）
売上金額
申告年月日
申告区分
別表一　各事業年度の所得に係る申告書－内国法人の分
事業年度分の法人税　申告書
課税事業年度分の地方法人税　申告書
適用額明細書提出の有無
税理士法第30条の書面提出有
税理士法第33条の2の書面提出有
この申告書による法人税額の計算
所得金額又は欠損金額（別表四「52の①」）　1
法人税額（48）+（49）+（50）　2
法人税額の特別控除額（別表六（六）「5」）　3
税額控除超過額相当額等の加算額　4
課税土地譲渡利益金額　5
同上に対する税額（62）+（63）+（64）　6
課税留保金額（別表三（一）「4」）　7
同上に対する税額（別表三（一）「8」）　8
法人税額計　9
仮装経理に基づく過大申告の更正に伴う控除法人税額　11
控除税額　12
差引所得に対する法人税額（9）－（10）－（11）－（12）　13
中間申告分の法人税額　14
差引確定法人税額（13）－（14）　15
控除税額の計算
所得税の額（別表六（一）「6の③」）　16
外国税額（別表六（二）「23」）　17
計（16）+（17）　18
控除した金額（12）　19
控除しきれなかった金額（18）－（19）　20
この申告による還付金額
所得税額等の還付金額（20）　21
中間納付額（14）－（13）　22
欠損金の繰戻しによる還付請求税額　23
計（21）+（22）+（23）　24
この申告が修正申告である場合のこの申告により納付すべき法人税額又は減少する還付請求税額（57）　25
欠損金等の当期控除額　26
翌期へ繰り越す欠損金額（別表七（一）「5の合計」）　27
この申告書による地方法人税額の計算
課税標準法人税額（28）+（29）　30
地方法人税額（53）　31
税額控除超過額相当額の加算額　32
課税留保金額に係る地方法人税額（54）　33
所得地方法人税額（31）+（32）+（33）　34
仮装経理に基づく過大申告の更正に伴う控除地方法人税額　36
外国税額の控除額　37
差引地方法人税額（34）－（35）－（36）－（37）　38
中間申告分の地方法人税額　39
差引確定地方法人税額（38）－（39）　40
外国税額の還付金額（67）　41
中間納付額（39）－（38）　42
計（41）+（42）　43
この申告が修正申告である場合のこの申告により納付すべき地方法人税額（61）　44
剰余金・利益の配当（剰余金の分配）の金額
残余財産の最後の分配又は引渡しの日
決算確定の日
還付を受けようとする金融機関等
銀行　金庫・組合　農協・漁協
本店・支店　出張所　本所・支所
預金
郵便局名等
口座番号
ゆうちょ銀行の貯金記号番号
※税務署処理欄
税理士署名

税務申告書の作成❷ 消費税申告書

NOTE 消費税の申告に注意する

消費税の申告書作成

消費税は消費一般に対して課される税金で、消費者が物品購入時に負担し事業者が預かります。事業者は預かった消費税から、支払った消費税を差し引き、年に一度税務署に申告・納税しますが、所得税の確定申告と同時に行われることがほとんどです。

申告期間は、法人税と同じく事業年度終了の日（決算期末）の翌日から２カ月以内で、基準期間の課税売上高が1,000万円を超える事業者が対象です。

消費税とインボイス制度

基準期間（前々事業年度）の課税売上高が1,000万円以下の事業者は消費税の納税義務が免除されます※1。ただ、消費税の申告や納付を免除されている免税事業者は「**適格請求書**」（インボイス）の交付ができないため、**仕入れ税額控除を受けられない**ので注意しましょう。

※１基準期間のない法人のうち、資本金または出資金が1,000万円以上の法人、課税売上高５億円超の事業者などにより設立された法人は免除されない

［簡易課税制度］

基準期間の課税売上高が5,000万円以下の事業者※2は、「消費税簡易課税制度選択届出書」を提出し、簡易課税での申告ができます。売り上げに係る消費税額にみなし仕入れ率を乗じた金額が仕入れに係る消費税額になります。

みなし仕入れ率とは、事業区分ごとに「この程度の費用が必要」だと考えられた控除割合のことです。「事業区分の表」は、国税庁のホームページに掲載されています。

※２基準期間の課税売上高が1,000万円未満でもインボイスに登録していると課税対象者となる

●消費税の中間申告、納付について

直前の課税期間の消費税額が48万円を超える事業者は、中間申告と納付を行います。

直前の課税期間の消費税額	中間申告・納付回数
48万円超400万円以下	年１回（直前の課税期間の消費税額の２分の１）
400万円超4,800万円以下	年３回（直前の課税期間の消費税額の４分の１ずつ）
4,800万円超	年11回（直前の課税期間の消費税額の12分の１ずつ）

消費税申告書の記入例

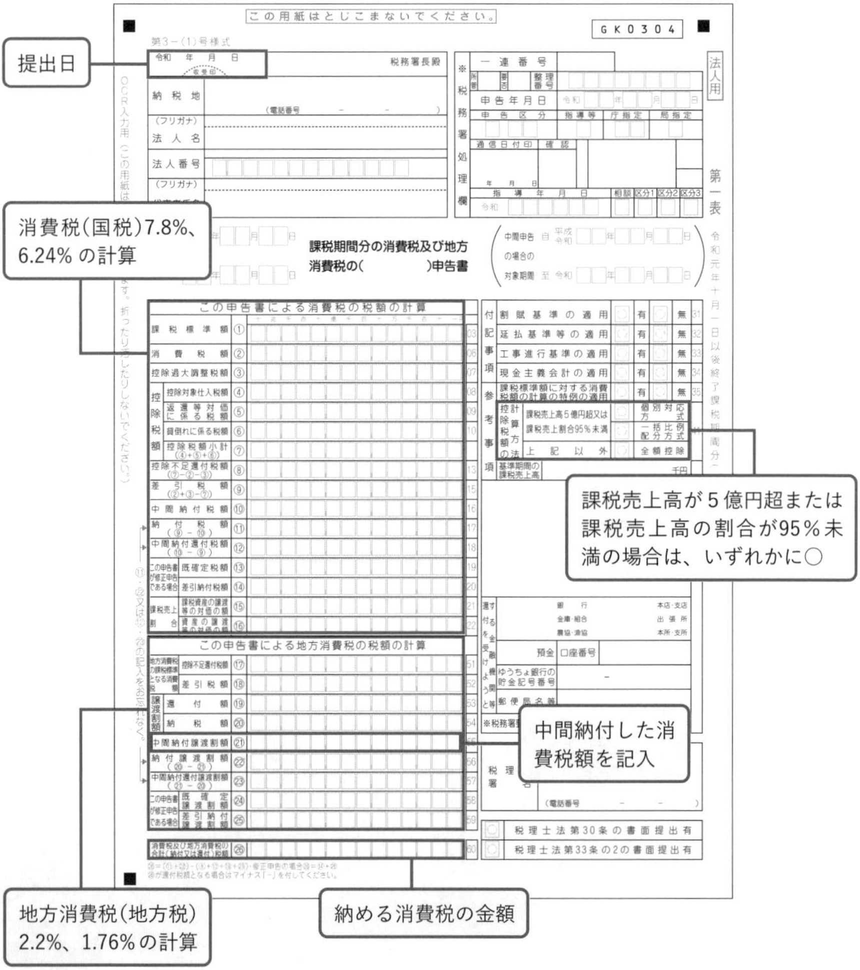

前回確認日 ／ ／ ／

社会保険❶

［労務］年１回の仕事

社会保険の定時決定

NOTE 社会保険の定時決定に注意する

定時決定で標準報酬月額を見直す

社会保険料（健康保険、厚生年金保険、介護保険）は、従業員の給与などから毎月算出するのではなく、「保険料額表」（➡p.133）の**標準報酬月額**（４～６月に支払った給与などの平均額を基に算出）の等級に当てはめて決定します。従業員（被保険者）の給与は、昇給や手当の増減などで変動するので、標準報酬月額と実際の報酬との差が大きくならないよう、毎年１回見直しをします。これを**定時決定**といいます。

管轄の**年金事務所**から、６月中旬以降に「**健康保険・厚生年金保険被保険者報酬月額算定基礎届**」（以下、p.219まで「**算定基礎届**」）が届くので、**７月10日までに、事務センターまたは年金事務所に提出**します。この算定基礎届を基に、新しい標準報酬月額が決定され、大幅な給与の改定などがない限り９月から翌年８月まで適用されます。

７月中旬以降、年金事務所から「標準報酬月額決定通知書」が会社宛てに郵送されるので、届いたら個別に本人に通知します。

標準報酬の対象となる報酬

標準報酬月額の対象となる報酬には、基本給の他、各種手当や現物による報酬（食事や社宅など）なども含まれます。通勤定期券など現物で支給している場合は、「全国現物給与価額一覧表」（日本年金機構）で時価に換算し、月割り金額で計算します。

memo

毎年３月に、健康保険と介護保険の保険料率が変わるので「保険料額表」で確認します。なお、厚生年金保険の料率は18.30％で固定されています（労使で9.15％ずつ負担）。健康保険料の保険料率は、各都道府県により異なります。

算定基礎届の記入と提出方法

年金事務所から届く「算定基礎届」の用紙には、5月19日時点の被保険者の生年月日、氏名、それまでの標準報酬月額などが、あらかじめ印字されています。ただし、5月20日以降に入社や社会保険に加入した被保険者は記載されていないため、会社が空欄に追加記入します。提出先は日本年金機構の事務センターあるいは管轄の年金事務所で、電子申請、電子媒体（CD、DVDなど）、郵送、持参により提出します。

算定基礎届の記入例

被保険者番号、氏名、生年月日、従前の標準報酬月額など（5月19日時点のものがあらかじめ印字されている）

生年月日の元号は、昭和「5」、平成「7」、令和「9」で表される。例：昭和35年10月15日→5-351015

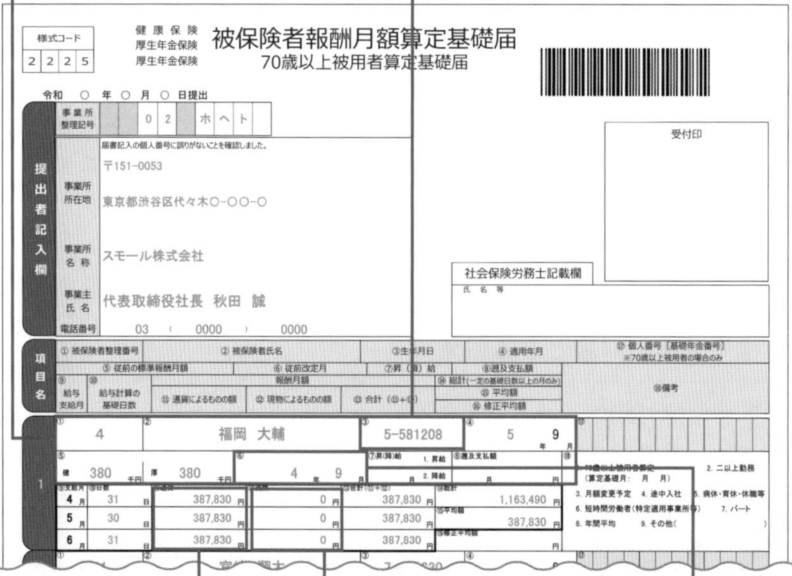
様式コード 2225
健康保険
厚生年金保険
厚生年金保険
被保険者報酬月額算定基礎届
70歳以上被用者算定基礎届
令和　年　月　日提出
提出者記入欄
事業所整理記号　02　ホヘト
届書記入の個人番号に誤りがないことを確認しました。
事業所所在地　〒151-0053　東京都渋谷区代々木○-○○-○
事業所名称　スモール株式会社
事業主氏名　代表取締役社長　秋田　誠
電話番号　03（0000）0000
受付印
社会保険労務士記載欄
氏名等

①被保険者整理番号	②被保険者氏名	③生年月日	④適用年月	⑰個人番号［基礎年金番号］※70歳以上被用者の場合のみ
4	福岡　大輔	5-581208	5年9月	

⑤従前の標準報酬月額	⑥従前改定月	⑦昇（降）給	⑧遡及支払額
健 380千円　厚 380千円	4年9月	1. 昇給　2. 降給　月	月　円

⑨給与支給月	⑩給与計算の基礎日数	⑪通貨によるものの額	⑫現物によるものの額	⑬合計（⑪+⑫）	⑭総計（一定の基礎日数以上の月のみ）／⑮平均額／⑯修正平均額
4月	31日	387,830円	0円	387,830円	⑭ 1,163,490円
5月	30日	387,830円	0円	387,830円	⑮ 387,830円
6月	31日	387,830円	0円	387,830円	⑯ 円

⑱備考　1. 70歳以上被用者算定（算定基礎月：　月　月）　2. 二以上勤務　3. 月額変更予定　4. 途中入社　5. 病休・育休・休職等　6. 短時間労働者（特定適用事業所等）　7. パート　8. 年間平均　9. その他（　）

通貨による報酬：賞金や賞与（年3回以内）以外の給与（各種手当を含む）

現物による報酬：通勤定期券（現物）や食事、食事券、住宅（社宅）など。月数で割った1カ月分の金額

従前改定月は、通常前年9月。随時改定を行ったときはその年と月が記載されている

場合別：算定基礎届の記入例❶

月給制の場合は暦日数を記入する（休日も含まれる）。支払い基礎日数は17日以上が算定の対象。17日未満の月がある場合は、その月を除いて算定する

通貨による報酬（⑪）と現物による報酬（⑫）の合計金額を記入

4～6月の支払い基礎日数が17日以上の月の合計総額（⑭）

正社員（月給者）の場合

1　① 4　② 福岡　大輔　③ 5-581208　④ 5年 9月

⑤ 健 380千円　厚 380千円　⑥ 4年 9月　⑦昇(降)給 1. 昇給 2. 降給 月　⑧遡及支払額 月 円

⑨支給月	⑩日数	⑪通貨	⑫現物	⑬合計(⑪+⑫)
4月	31日	387,830円	0円	387,830円
5月	30日	387,830円	0円	387,830円
6月	31日	387,830円	0円	387,830円

⑭総計 1,163,490円　⑮平均額 387,830円　⑯修正平均額

⑱ 1. 70歳以上被用者算定（算定基礎月： 月 月）　2. 二以上勤務　3. 月額変更予定　4. 途中入社　5. 病休・育休・休職等　6. 短時間労働者（特定適用事業所等）　7. パート　8. 年間平均　9. その他（　　）

該当する3カ月の平均額。これが標準報酬月額となる

新入・途中入社正社員（月給者）の場合

2　① 21　② 宮崎　翔太　③ 7-020630　④ 5年 9月

⑤ 健 千円　厚 千円　⑥ 年 月　⑦昇(降)給 1. 昇給 2. 降給 月　⑧遡及支払額 月 円

⑨支給月	⑩日数	⑪通貨	⑫現物	⑬合計(⑪+⑫)
4月	日	円	円	円
5月	15日	164,640円	0円	164,640円
6月	31日	319,640円	0円	319,640円

⑭総計 319,640円　⑮平均額 319,640円　⑯修正平均額 円

⑱ 1. 70歳以上被用者算定（算定基礎月： 月 月）　2. 二以上勤務　3. 月額変更予定　④途中入社　5. 病休・育休・休職等　6. 短時間労働者（特定適用事業所等）　7. パート　8. 年間平均　⑨その他（令和5年4月25日）

給与が、10日締め当月25日払いで、入社が4月26日だった場合、4月支払いの給与（3月分）はなく、5月支払い分は1カ月分の給与に満たないので算定対象外となる

17日以上の月のみが算定対象になる

「4. 途中入社」を○で囲み、「9. その他」に被保険者取得月日を記入する

パートタイム（時間給・日給者）で、17日以上の月がある場合

3　① 11　② 山形　幸子　③ 5-381027　④ 5年 9月

⑤ 健 千円　厚 千円　⑥ 年 月　⑦昇(降)給 1. 昇給 2. 降給 月　⑧遡及支払額 月 円

⑨支給月	⑩日数	⑪通貨	⑫現物	⑬合計(⑪+⑫)
4月	17日	108,000円	0円	108,000円
5月	19日	112,200円	0円	112,200円
6月	15日	95,000円	0円	95,000円

⑭総計 220,200円　⑮平均額 110,100円　⑯修正平均額 円

⑱ 1. 70歳以上被用者算定（算定基礎月： 月 月）　2. 二以上勤務　3. 月額変更予定　4. 途中入社　5. 病休・育休・休職等　6. 短時間労働者（特定適用事業所等）　⑦パート　8. 年間平均　9. その他（　　）

勤務日数を記入する

17日以上の月のみが算定対象になる

パートタイム（時間給・日給者）で、すべて17日未満だが、15日未満の月がある場合

4　① 21　② 大阪　絵里　③ 7-090929　④ 5年 9月

⑤ 健 千円　厚 千円　⑥ 年 月　⑦昇(降)給 1. 昇給 2. 降給 月　⑧遡及支払額 月 円

⑨支給月	⑩日数	⑪通貨	⑫現物	⑬合計(⑪+⑫)
4月	15日	136,500円	0円	136,500円
5月	16日	145,600円	0円	145,600円
6月	12日	109,200円	0円	109,200円

⑭総計 282,100円　⑮平均額 141,050円　⑯修正平均額 円

⑱ 1. 70歳以上被用者算定（算定基礎月： 月 月）　2. 二以上勤務　3. 月額変更予定　4. 途中入社　5. 病休・育休・休職等　6. 短時間労働者（特定適用事業所等）　⑦パート　8. 年間平均　9. その他（　　）

15日以上の月のみが算定対象になる。なお、3カ月とも15日未満のみの場合は従前の標準報酬月額とする

休職期間がある場合も算定基礎届は必要

7月1日現在で社会保険の被保険者となっているすべての従業員が「算定基礎届」の対象者です。長期欠勤や休職、産前産後休業、介護休業の従業員についても提出が必要です。

従業員が70歳になったときの手続き

6月中旬以降に届く算定基礎届は、「**厚生年金保険70歳以上被用者算定基礎届**」が一つの様式になっています。

厚生年金保険の資格喪失月日は70歳の誕生日の前日であり、在職中に70歳になって引き続き同一の会社で働く場合は、会社は「厚生年金保険被保険者資格喪失届 厚生年金保険70歳以上被用者該当届」（70歳到達届）を管轄の事務センターか年金事務所に提出します。提出が必要なのは、70歳以降も同一事務所に勤務し、なおかつ、給与が従前と変わるときです。給与が変わらない場合は、提出する必要はありません。70歳以上被用者とは、厚生年金保険の加入基準を満たした70歳以上の従業員のことで、厚生年金保険料を支払う義務はなくなります（健康保険は引き続き加入）。

しかし、給与や賞与の額に応じて年金額が調整される在職老齢年金制度が適用されるので、賞与（年3回以下の支給）が支払われたとき、会社は支給日から5日以内に「70歳以上被用者賞与支払届」を提出します。この手続きで標準賞与額が決まり、被用者の賞与の社会保険料額が決まります。

［**定時決定の対象とならない従業員**］

- 6月1日以降に社会保険の資格を取得した人
- 6月30日以前に退職した人
- 7月改定の月額変更届を提出する人
- 8月または9月に随時改定が予定されている旨の申し出を行った人

場合別：算定基礎届の記入例❷（長期休業・70歳以上被用者）

長期休業のため、17日以上の月がない

従前の標準報酬月額を記入する

「5.病休・育休・休職等」を○で囲み、「9.その他」に「●月●日から休職」と記入する

長期休業の場合

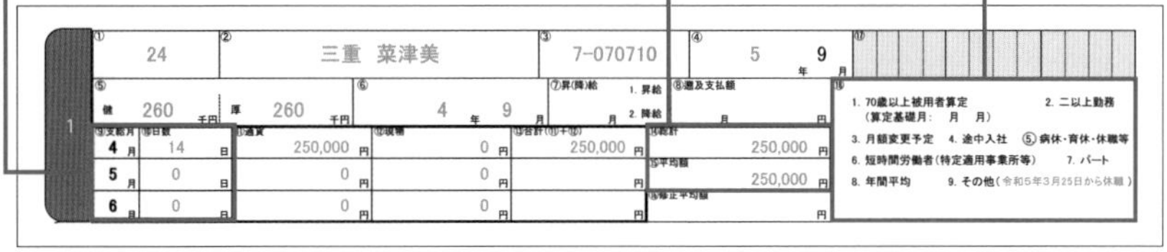
1
① 24　② 三重　菜津美　③ 7-070710　④ 5年 9月　⑰
⑤ 健 260千円　厚 260千円　⑥ 4年 9月　⑦昇(降)給 1. 昇給 2. 降給 月　⑧遡及支払額 月 円
⑨支給月 ⑩日数 ⑪通貨 ⑫現物 ⑬合計(⑪+⑫)
4月 14日 250,000円 0円 250,000円
5月 0日 0円 0円 円
6月 0日 0円 0円 円
⑭総計 250,000円　⑮平均額 250,000円　⑯修正平均額 円
⑱ 1. 70歳以上被用者算定（算定基礎月： 月 月） 2. 二以上勤務 3. 月額変更予定 4. 途中入社 ⑤病休・育休・休職等 6. 短時間労働者（特定適用事業所等） 7. パート 8. 年間平均 9. その他（令和5年3月25日から休職）

70歳以上の場合

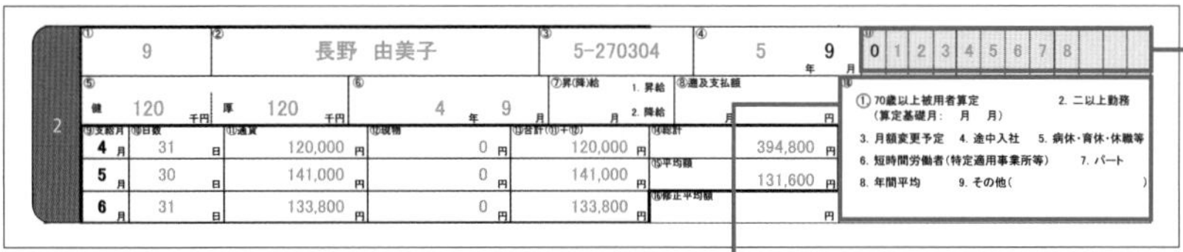
2
① 9　② 長野　由美子　③ 5-270304　④ 5年 9月　⑰ 0 1 2 3 4 5 6 7 8
⑤ 健 120千円　厚 120千円　⑥ 4年 9月　⑦昇(降)給 1. 昇給 2. 降給 月　⑧遡及支払額 月 円
⑨支給月 ⑩日数 ⑪通貨 ⑫現物 ⑬合計(⑪+⑫)
4月 31日 120,000円 0円 120,000円
5月 30日 141,000円 0円 141,000円
6月 31日 133,800円 0円 133,800円
⑭総計 394,800円　⑮平均額 131,600円　⑯修正平均額 円
⑱ ①70歳以上被用者算定（算定基礎月： 月 月） 2. 二以上勤務 3. 月額変更予定 4. 途中入社 5. 病休・育休・休職等 6. 短時間労働者（特定適用事業所等） 7. パート 8. 年間平均 9. その他（ ）

「1. 70歳以上被用者算定」を○で囲む

個人番号（マイナンバー）または基礎年金番号を記入する

社会保険の手続きが必要なとき

その都度発生	
従業員の入社時	「健康保険・厚生年金保険被保険者資格取得届」提出（5日以内）
従業員の退職時	「健康保険・厚生年金保険被保険者資格喪失届」提出（5日以内）
被扶養者の追加・削除、氏名変更など	「健康保険被扶養者（異動）届」
賞与支給時	「賞与支払届」（5日以内）
給与改定時	「月額変更届」提出

生年月日に応じて発生	
70歳到達時	「厚生年金保険被保険者資格喪失届 厚生年金保険70歳以上被用者該当届」の提出※
75歳到達時	「健康保険被保険者資格喪失届」提出

※標準報酬月額相当額に変更があった場合のみ。

前回確認日　／　／　／

社会保険の随時改定

NOTE 社会保険の随時改定に注意する

固定的賃金が変わったら、標準報酬月額を改定する

社会保険料は、基本的には定時決定（➡p.215）により決まった額を９月から翌年８月まで納付します。しかし、その途中で以下の条件に当てはまる固定的な賃金の大幅な変更があったときには、翌年の定時決定を待たずに**標準報酬月額**を改定し、社会保険料額の見直し手続きを行います。これを**随時改定**といいます。

●**随時改定を行う条件（すべてに該当）**

1 昇給、降給により固定的賃金に変動があった
2 変動月から３カ月間に支給された報酬（非固定的賃金を含む）の平均月額に該当する標準報酬月額とこれまでの標準報酬月額に、２等級※以上の差が生じた
3 ３カ月とも支払い基礎日数が17日以上ある

※標準報酬月額の等級は「健康保険・厚生年金保険の保険料額表」で確認

給与の変動月から３カ月後、随時改定に該当する被保険者の報酬月額などを「**健康保険・厚生年金保険 被保険者報酬月額変更届／厚生年金保険70歳以上被用者月額変更届**」に記入し、速やかに管轄の**年金事務所に提出**します。

新しい社会保険料率の適用は4カ月目から

月額変更届を提出後、新しい保険料率が適用されるのは、変動した給与の支払月から数えて４カ月目からで、５カ月目の給与から改定後の保険料を徴収します（社会保険料納付を当月としている会社は４カ月目から）。随時改定によって６月までに決定された標準報酬月額はその年の８月まで、７月以降に改定された場合は翌年８月まで適用されます。

健康保険・厚生年金保険 被保険者報酬月額変更届の記入例

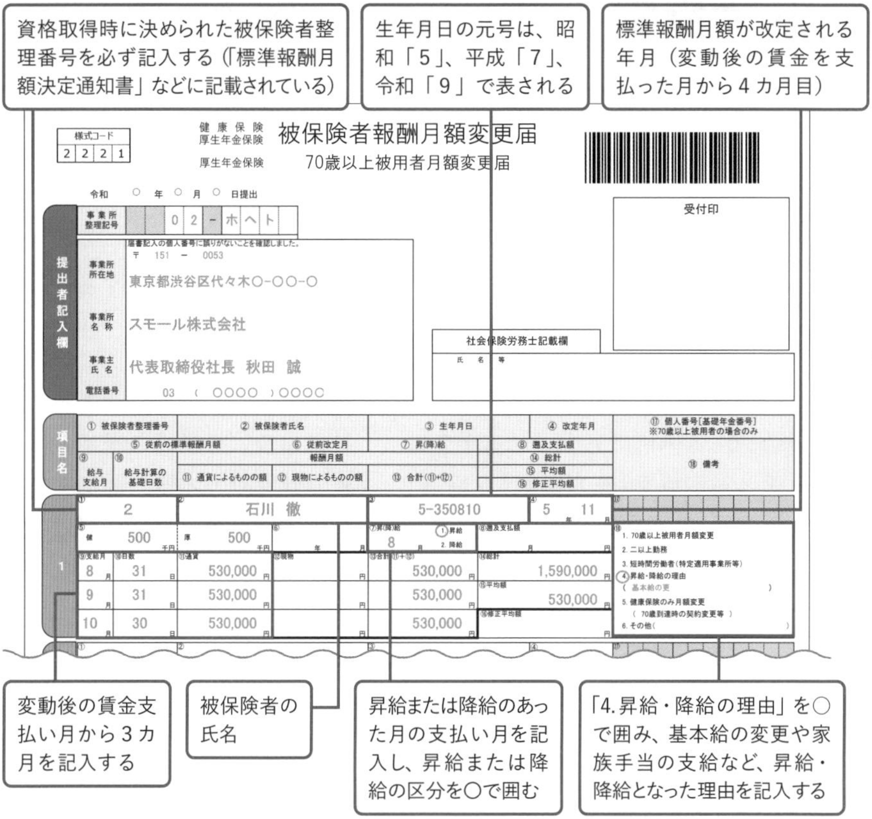

新しい社会保険料の適用例

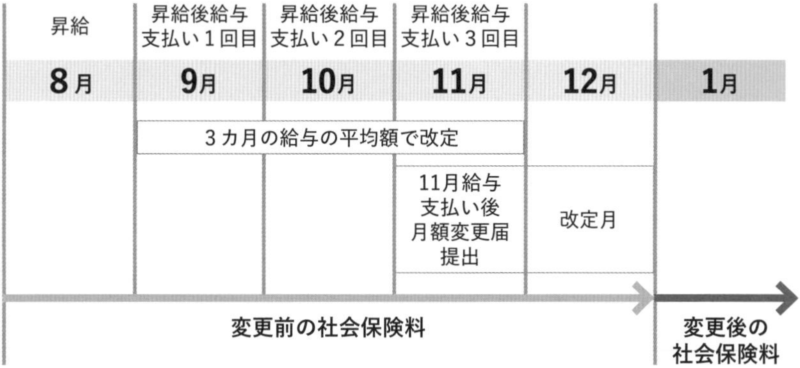

勤怠管理❶　[労務]年1回の仕事

時間外労働・休日労働と三六協定

NOTE　時間外労働・休日労働を管理する

時間外労働・休日労働には三《さぶ》六《ろく》協定届の提出が必要

1日8時間、1週40時間の**法定労働時間**（労働基準法）（➡p.36）を超えた労働を**時間外労働**（残業）といいますが、あくまで臨時的で、必要最小限にとどめるべきとされています。

従業員が1人でもおり、法定労働時間を超えて時間外労働をさせる場合や法定休日に労働させる場合は、会社は事前に従業員の過半数の代表と労使協定（**三六協定**）を締結し、「**時間外労働・休日労働に関する協定届**」（「**三六協定届**」）を作成して所轄の**労働基準監督署へ届け**、従業員の見やすい場所に掲示するか書面で交付し、従業員に周知させなければなりません。

協定は、時間外労働・休日労働を行う事由、業務の種類、人数などを決めます。協定の期間は1年とするのが望ましく、前回の有効期間の開始日前に新しい届け出をします。協定は受理されて初めて効力が生じ、届け出から遡って有効にすることはできません。そのため、起算日よりも後に届け出た場合、届け出日より前に行われた時間外労働・休日労働はすべて労働基準法違反です。

三六協定と呼ばれるのは労働基準法第36条で時間外労働・休日労働について定められていることによります。

就業規則（➡p.34）は10名未満の会社では労働基準監督署への届け出義務はありませんが、三六協定は1人でも従業員を雇用し時間外労働・休日労働をさせる場合は必ず提出しなければなりません。時間外労働・休日労働をさせる場合は割増賃金も必要です（➡p.128）が、割増賃金を支払っても協定が結ばれていなければ違反です。

特別条項による時間外労働・休日労働の限度時間

三六協定の時間外労働の上限は、原則として月45時間、年360時間までですが、臨時的な特別な事情があり、労使で合意するとき（**特別条項**）は、この限りではありません。ただし、年720時間以内、月100時間未満、複数月の平均がすべて１カ月当たり80時間以内という上限があります。加えて時間外労働が月45時間を超えることができるのは年６回（６カ月）が限度であることが条件です。

これらの期間での上限について算定するために、起算日（協定が効力を生じる日）を設定する必要があります。起算日は、賃金計算期間の初日と合わせ、それぞれの労働時間のずれが生じないようにするのが一般的です。

●特別条項の条件

月45時間を超える時間外労働が認められる回数	年６回（６カ月）以内
１年の時間外労働時間	年720時間以内
１カ月の時間外労働と休日労働の合計時間	月100時間未満
複数月の時間外労働時間と休日労働時間の合計の平均	２カ月から６カ月の期間ですべての平均月時間（時間外労働時間＋休日労働時間）が80時間以内

●複数月の平均80時間とは

（時間）

	6月	7月	8月	9月	10月	11月
時間外労働	85	60	65	35	35	80
休日労働	0	20	20	15	0	15
合　計	85	80	85	50	35	95

２カ月平均（６～７月）82.5時間なので違法

３カ月平均（６～８月）83.3時間なので違法

２カ月平均（10～11月）＝65.0時間

３カ月平均（９～11月）＝60.0時間

４カ月平均（８～11月）＝66.3時間

５カ月平均（７～11月）＝69.0時間

６カ月平均（６～11月）＝71.7時間

時間外労働・休日労働に関する協定届（三六協定）[一般条項]の見方

事業所（工場、支店、営業所など）ごとに協定を結ぶ

この協定が有効となる期間。１年間とすることが望ましい

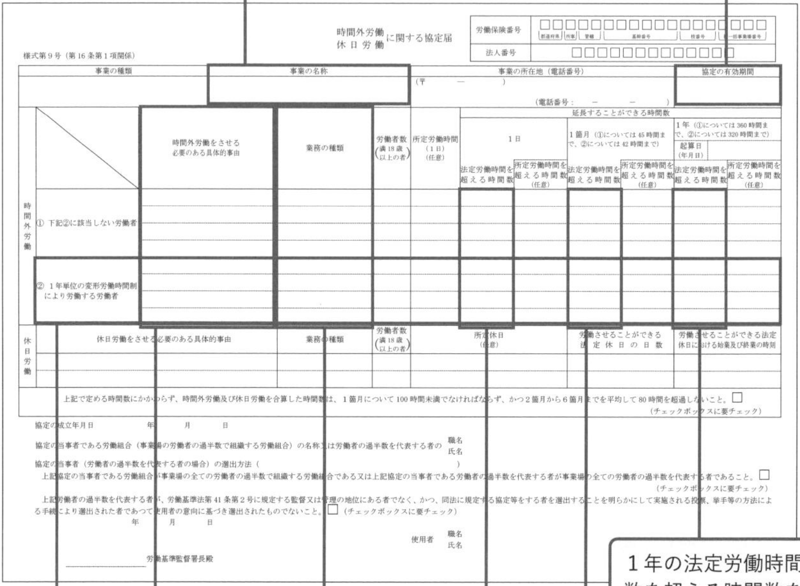
時間外労働
休日労働
に関する協定届

労働保険番号	□□□□□□□□□□□□□□□□□ 都道府県 所掌 管轄 基幹番号 枝番号 被一括事業場番号
法人番号	□□□□□□□□□□□□□

様式第９号（第16条第１項関係）

事業の種類	事業の名称	事業の所在地（電話番号）	協定の有効期間
		（〒　　—　　） （電話番号：　－　－　）	

		時間外労働をさせる必要のある具体的事由	業務の種類	労働者数（満18歳以上の者）	所定労働時間（１日）（任意）	延長することができる時間数 １日 法定労働時間を超える時間数	所定労働時間を超える時間数（任意）	１箇月（①については45時間まで、②については42時間まで） 法定労働時間を超える時間数	所定労働時間を超える時間数（任意）	１年（①については360時間まで、②については320時間まで） 起算日（年月日） 法定労働時間を超える時間数	所定労働時間を超える時間数（任意）
時間外労働	① 下記②に該当しない労働者										
	② １年単位の変形労働時間制により労働する労働者										

	休日労働をさせる必要のある具体的事由	業務の種類	労働者数（満18歳以上の者）	所定休日（任意）	労働させることができる法定休日の日数	労働させることができる法定休日における始業及び終業の時刻
休日労働						

上記で定める時間数にかかわらず、時間外労働及び休日労働を合算した時間数は、１箇月について100時間未満でなければならず、かつ２箇月から６箇月までを平均して80時間を超過しないこと。□
（チェックボックスに要チェック）

協定の成立年月日　　年　　月　　日

協定の当事者である労働組合（事業場の労働者の過半数で組織する労働組合）の名称又は労働者の過半数を代表する者の　職名
氏名

協定の当事者（労働者の過半数を代表する者の場合）の選出方法（　　）

上記協定の当事者である労働組合が事業場の全ての労働者の過半数で組織する労働組合である又は上記協定の当事者である労働者の過半数を代表する者が事業場の全ての労働者の過半数を代表する者であること。□
（チェックボックスに要チェック）

上記労働者の過半数を代表する者が、労働基準法第41条第２号に規定する監督又は管理の地位にある者でなく、かつ、同法に規定する協定等をする者を選出することを明らかにして実施される投票、挙手等の方法による手続により選出された者であつて使用者の意向に基づき選出されたものでないこと。□（チェックボックスに要チェック）

年　　月　　日

使用者　職名
氏名

＿＿＿＿＿＿労働基準監督署長殿

１年の法定労働時間数を超える時間数を定める。限度時間は、①は360時間、②は320時間

事由は具体的に記入する

部署名ではなく業務の範囲を細分化して明確に記入する

１カ月の法定労働時間数を超える時間数を定める。限度時間は、①は45時間、②は42時間

対象期間が３カ月を超える１年単位の変形労働時間制が適用されている従業員については②の欄に記載する

１日の法定労働時間数を超える時間数を定める

時間外労働・休日労働に関する協定届（三六協定）［特別条項］の見方

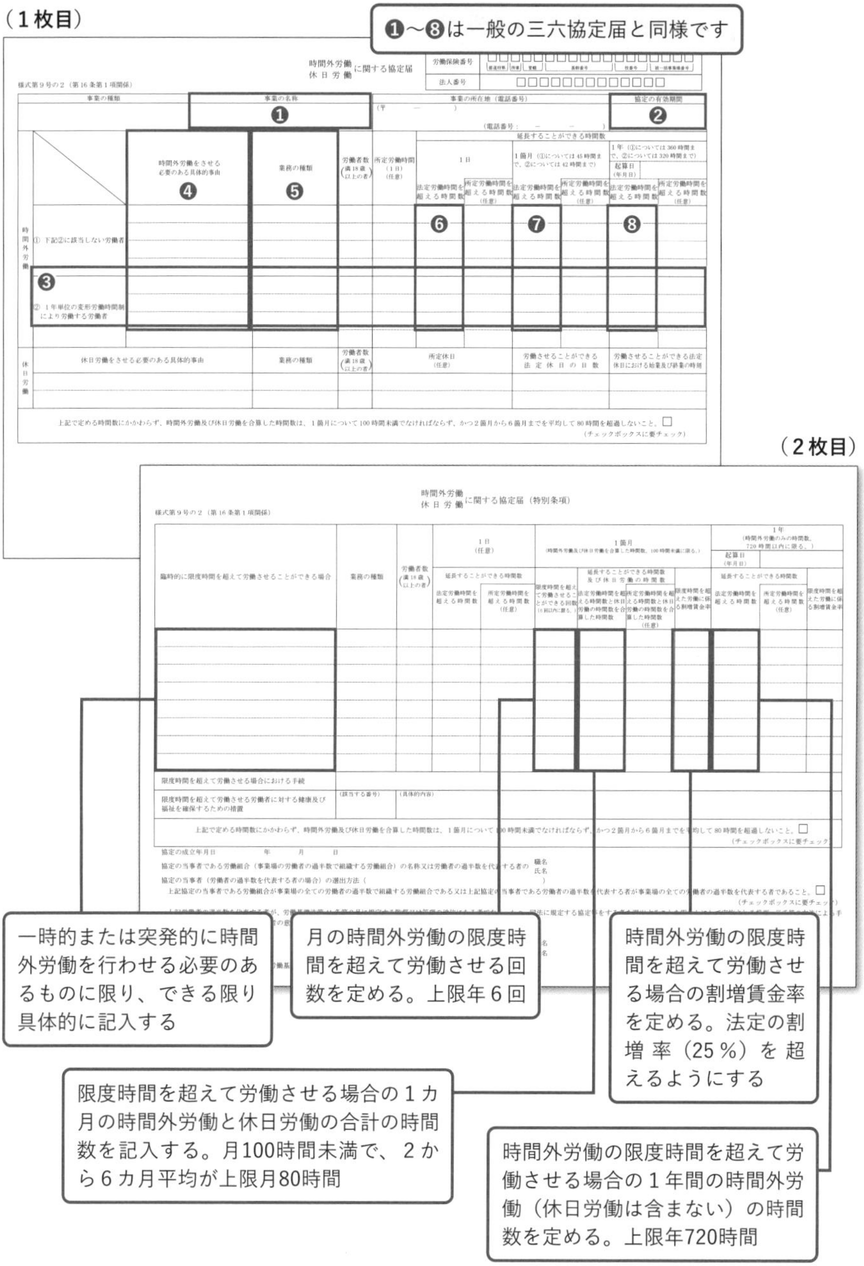

前回確認日 ／ ／ ／

[労務]一※

長時間労働者への医師による面接指導制度

NOTE 長時間労働の抑制と面接指導の実施に注意する

長時間労働の従業員への通知が必要

長時間労働による従業員の心身の健康リスクを避けるため、会社は従業員の健康状況を把握し、**医師による面接指導**や措置を行う必要があります。時間外労働・休日労働が1カ月当たり80時間を超えた従業員には、会社は速やかに書面・電子メール・給与明細書への記載などで通知しなければなりません。その際、面接指導の申し出を促す意味で、実施日時や場所を案内することが求められています。

医師による面接指導の対象者

健康障害（メンタルヘルスの不調、脳血管疾患、虚血性心疾患など）の発症と長時間労働の関連性が強いとする医学的知見を踏まえ、発症を予防するため医師による面接指導が必要です。毎月1回以上、一定の期日（給料計算期間で区切ると勤怠と連動させやすくなる）を定めて時間外・休日労働時間を算定し、**月80時間を超えた場合、当該従業員に通知**し、**医師にはその情報の提供**をしなくてはなりません。

長時間労働の原因とその防止策

長時間労働の原因には、管理職の意識・マネジメント能力の不足、人手不足による業務の過多、業務の無駄の多さ、残業を善とする社内風土などがあります。長時間労働を防ぐためには、三六協定（➡p.222）の上限を超えないよう、仕事量やその内容、勤務体制を整えることが重要です。例えば、勤務時間終了後のメール使用を抑制するなど、強制的に仕事を終える仕組みを作ることも検討する必要があります。

※時間外・休日労時間のチェックは毎月行い、医師による面談は、原則として月1回です。

各労働時間制度における医師の面接指導の要件

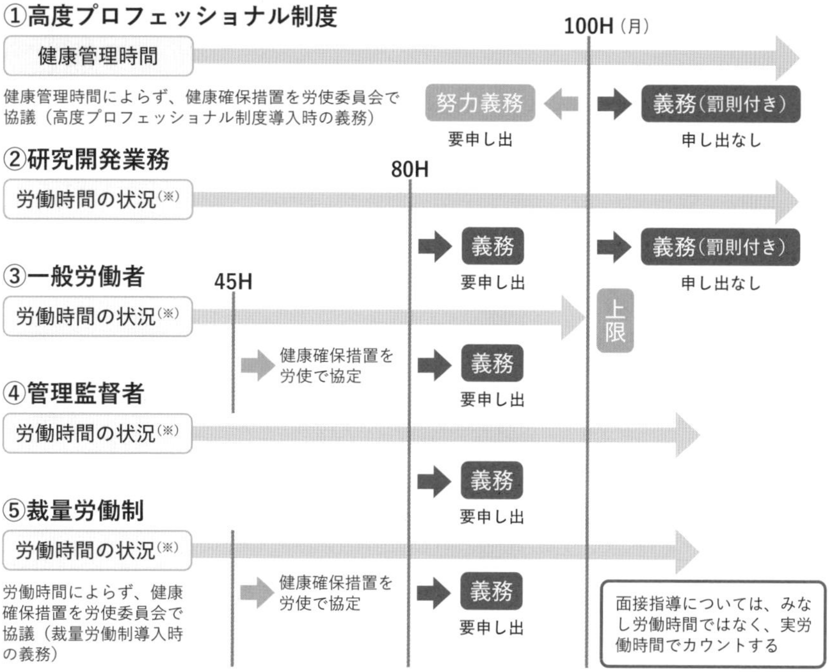

（※）従業員の健康管理に着目した労働時間の状況

（厚生労働省資料）

●面接指導の申し出期間と実施期間

例）給与の締め日が５月10日期日の場合

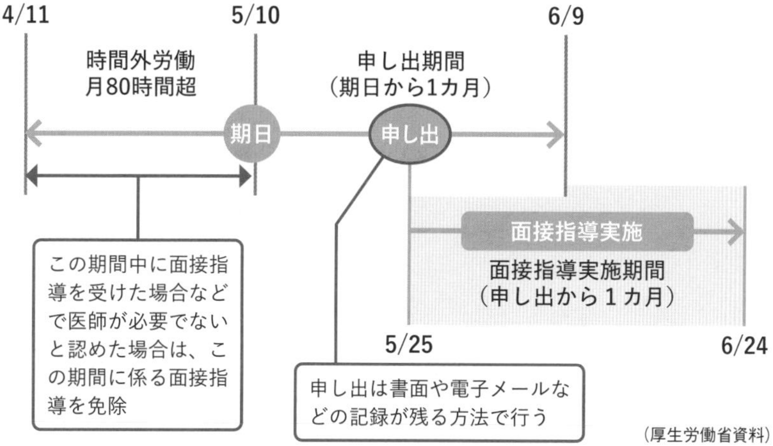

（厚生労働省資料）

健康診断とメンタルヘルスケア

NOTE 健康診断の実施に注意する

健康診断実施の義務・対象者・種類

健康診断は、従業員の健康を確保する上でなくてはならないものです。会社は企業規模に関わらず従業員に対して安全配慮義務を負っており、雇い入れ時の健康診断と、定期健康診断などの一般健康診断を受診させる義務があります。雇い入れ時には、入社後１カ月以内の受診が必要です。ただし、入社前３カ月以内に診断項目を受診し、その結果を会社に提出できる場合は省略することができます。

●一般健康診断の概要

対象者	正社員。１年以上の雇用継続が見込まれ、週の所定労働時間が正社員の４分の３以上であるパートタイム
種　類	雇い入れ時の健康診断、定期健康診断、特定業務従事者の健康診断、海外派遣労働者の健康診断、給食従事者の検便など
費用負担	義務付けられた健康診断の費用は会社が負担（一部は健康保険組合から補助が出る） 一般健康診断の受診に要した時間の賃金は労使の話し合いで決める
実施後の会社の取り組み	会社は、健康診断の結果を医師に見せて意見を聴取し、従業員の健康を損ねないような働き方の配慮を行うことが義務付けられている

心の健康保持にメンタルヘルスケアを

メンタルヘルスとは、心の健康状態のことをいいます。職場環境を改善し、面接指導やストレスチェック（「厚生労働省版ストレスチェック実施プログラム」など）を実施し、心の病気への対策をする必要があります（従業員数が常時50人未満の場合は任意）。早退、遅刻、欠勤や、残業や休日出勤の増加、表情や会話の変化、ミスや事故など、従業員の様子をよく観察しましょう。

なお、**メンタルヘルスの不調を理由とした解雇は不当解雇になる可能性**があります。就業規則に休職制度について定め、周知しましょう。

健康診断後の会社の取り組みの流れ

STEP 1 健康診断の結果を記録する（5年間保存）

↓

STEP 2 健康診断の結果について、医師などから意見（就業制限、要休業などの措置）を聴取する

↓

STEP 3 健康診断の結果を従業員に通知する

→

STEP 4 要精密検査者に再診を促すなど、健康診断の結果に基づき保健指導をする

↑

STEP 5 「定期健康診断結果報告書」を所轄の労働基準監督署に提出する（常時50人以上使用している事業場）

職場でのメンタルヘルス不調時の心身のサイン

- 怒りっぽくなる
- 涙もろくなる
- 笑顔がなくなる
- 身だしなみに気を使わなくなる
- 表情に活気がなく、動作に元気がない
- 集団の中で一人だけ違う行動をしている
- 腹痛やおう吐などを繰り返している
- 遅刻・早退・欠勤が増える
- 報告や相談、会話が少なくなる
- 仕事の効率が極端に落ちる
- ミスや事故が目立つ

従業員のメンタルヘルス不調の発見には、普段と違う様子に気付くことが大切。こうしたサインを周囲がキャッチできれば、早期に対策に乗り出すことができる。

memo

［休職規定］

　メンタルヘルスの不調を理由とした退職勧奨や解雇は不当解雇になる可能性が高く、トラブルになります。就業規則で休職制度について定め、周知しましょう。休職中に給与、賞与を支払う義務はありませんが、社会保険料は休職中でも免除されないため、休職前に従業員本人と話し合い、保険料の徴収方法を決めます。また、健康保険から傷病手当金（➡p.280）が出る場合があるため、手続きなどを確認しましょう。

　厚生労働省の「心の健康問題により休業した労働者の職場復帰支援の手引き」を参考に、職場復帰支援を進めましょう。

前回確認日　／　　／　　／

株主総会の開催

NOTE　株主総会の開催に注意する

株式会社の機関

株式会社の機関（会社の意思決定、行為を行う人や会議体）には、**株主総会**、**取締役**、**代表取締役**、**取締役会**、監査役、会計参与などがありますが、これらすべてを設置する必要はありません。会社法では、株式会社には**株主総会**と**取締役**のみ設置が義務付けられています。

株主総会の開催とスケジュール

株主総会は、株主で構成される株式会社の**最高意思決定機関**です。株式会社は株式を発行して資金調達をし、会社に出資して株式を保有している人を**株主**といいます。株主は、株の保有割合に基づいて株主権があり、経営方針など重要事項の決定に関わる議決権などを持ちます。株主総会では１株１票の議決権があり、株を多く保有する株主ほど影響力が大きくなります。

株主総会には、**定時株主総会**と**臨時株主総会**の２種類があります。通常、年に１度、決算（➡p.186）の翌日から３カ月以内に定時株主総会が開催されることが多く、事業報告、決算書類の承認、剰余金の配当、役員の改選、役員報酬の決定などが行われます。ここでの承認を経て決算が確定します。臨時株主総会は、役員の辞任や増資などが必要な場合に、不定期に開きます。

株主総会の決議方法は、議案内容によって、普通決議、特別決議、特殊決議の３種類に分かれています。なお、**「株主総会議事録」は開催後10年間保管**する必要があります。

株主総会のスケジュールは、取締役会を設置しているかどうかなど、会社によって異なります。p.231の定時株主総会のスケジュール例は、非公開会社で取締役会設置会社の例です。

●株主総会の決議方法

決議方法	決議議案	要　件
普通決議	役員の選任・解任、役員報酬の決定、剰余金の配当、資本金の増加など	議決権を行使できる株主の議決権の過半数を有する株主が出席し、その出席株主の議決権の過半数の賛成で決定される
特別決議	定款変更、事業譲渡、資本金の減少、解散など	議決権を行使できる株主の議決権の過半数を有する株主が出席し、その出席株主の議決権の3分の2以上の賛成で決定される
特殊決議	株式譲渡制限を設けるような定款変更など、特別決議よりも厳格な要件がある決議	議決権を行使できる株主の過半数が出席（頭数要件）し、その出席株主の議決権の3分の2以上の賛成で決定される。総株主の半数以上と、総株主の議決権の4分の3以上の賛成で決定される特別特殊決議もある

定時株主総会の開催スケジュール例

（3月決算の非公開会社で取締役会設置会社）

3月31日	決算日	
4月15日	決算作業を完了し、「計算書類」などを監査役へ提出	
22日	監査役：「監査報告」を作成、特定監査役に通知	
5月1日	取締役会で計算書類などを承認、定時株主総会の招集決定	日時・場所・議案などを決める
18日	定時株主総会の「招集通知」の発送、計算書類などの提供	1週間前までに発送（公開会社は2週間前まで）
25日	定時株主総会開催、「株主総会議事録」の作成	議事録は2週間以内に作成（登記手続きに必要）、原本を10年間保存
26日	計算書類の公告	官報、日刊新聞紙、電子公告のいずれかで、可能な限り早く行う
31日	法人税・消費税などの申告・納付期限	事業年度終了日の翌日から2カ月以内
6月8日	登記事項の登記期限	定時株主総会終了後2週間以内に、総会の決議事項で登記が必要な事項を登記

※法人税、消費税などは、決算日の翌日から原則として2カ月以内に申告・納付することとなっており、決算を確定させて納税するためには、2カ月以内に定時株主総会を開催することが必要となる。ただし、「申告期限の延長の特例の申請」により、申告期限を1カ月延長することができる。

株主総会に必要な資料

書類名	内　容
「事業報告書」	会社の主要な事業内容、当期の事業の経過、結果や見通しなどをまとめる
事業報告書の「附属明細書」	報告の義務はなく、会社に保存する
計算書類	決算書類 株主総会の決議事項
「貸借対照表」	
「損益計算書」	
「株主資本等変動計算書」	
「個別注記表」	
計算書類の「附属明細書」	報告の義務はなく、会社に保存する
「監査報告書」	監査役が監査結果をまとめたもの 監査役を設置しない場合は不要
「取締役会議事録」	株主総会前に開催される取締役会で計算書類などについて承認したもの 取締役会を設置しない場合は不要

株主総会議事録と株主総会で使用した資料は、事業年度ごとにファイルにとじて保管しましょう。

株主総会議事録と決算書は、10年間の保存が必要です。その他は書類のページ（➡p.54）で確認しましょう。

memo

［バーチャル株主総会］

オンライン形式の株主総会を**バーチャル株主総会**といいます。実際の会場での参加とオンラインでの参加を認める方法を**ハイブリッド型**と、オンラインのみで開催される**バーチャルオンリー型**があります。

ハイブリッド型には、オンライン参加の株主に議決権などを認める**出席型**と、議決権などを認めない**参加型**の2種類があります。

利便性からバーチャル株主総会を開催する会社は増えていますが、サイバー攻撃や通信障害の発生などのリスクに対する対策が必要不可欠です。

株主総会議事録の作成例

日時、場所は必ず記載する。オンラインで出席して会場にはいなかった株主については、その方法も記入する

株主や株式の状況を株主名簿で確認して記入する

出席した取締役、監査役などを明確に記入する

第○回定時株主総会議事録

令和○年○月○日午前○時○分から，当会社の本店において定時株主総会を開催した。

株主の総数	○○名
発行済株式の総数	○○○○株
（自己株式の数　○○○○株）	
議決権を行使することができる株主の数	○○名
議決権を行使することができる株主の議決権の数	○○○○個
出席株主数（委任状による者を含む）	○○名
出席株主の議決権の数	○○○○個

出席取締役　○○○○（議長兼議事録作成者）
　　　　　　○○○○
　　　　　　○○○○
出席監査役　○○○○

以上のとおり株主の出席があったので，定款の定めにより代表取締役社長○○○○は議長席につき，本定時総会は適法に成立したので，開会する旨を宣し，直ちに議事に入った。

第1号議案　第○期決算報告書の承認に関する件

議長は，当期（自令和○年○月○日至同○年○月○日）における事業状況を事業報告により詳細に説明報告し，下記の書類を提出して，その承認を求めたところ，満場異議なくこれを承認可決した。

1　貸借対照表
2　損益計算書
3　株主資本等変動計算書
4　個別注記表

第2号議案　取締役及び監査役の任期満了に伴う改選に関する件

議長は，取締役及び監査役の全員が本定時総会の終結と同時に任期満了し退任することになるので，その改選の必要がある旨を述べ，その選任方法を諮ったところ，出席株主中から議長の指名に一任したいとの発言があり，一同これを承認したので，議長は下記の者をぞれぞれ指名し，これらの者につきその可否を諮ったところ，満場異議なくこれに賛成したので，下記のとおり再選重任することに可決確定した。

取締役　○○○○
同　　　○○○○
同　　　○○○○
監査役　○○○○

なお，被選任者は，いずれも席上その就任を承諾した。

議長は以上をもって本日の議事を終了した旨を述べ，午前○時○分閉会した。

上記の決議を明確にするため，この議事録を作り，議長，出席取締役及び出席監査役がこれに記名する。

令和○年○月○日

○○商事株式会社第○回定時株主総会
代表取締役　○○○○
取締役　○○○○
取締役　○○○○
出席監査役　○○○○

報告事案、質疑応答、議案・審議の内容、決議事項など、要点をまとめて記録する

会社法の規定に基づき述べられた意見や発言内容と、その発言者名を記録する

会社の仕組み❷

[総務] —※

取締役の設置

NOTE 取締役について確認する

取締役とは

取締役とは、会社法で定められた役員のことです。主に、会社の業務執行と意思決定を行います。

すべての株式会社は、１人以上の取締役を置かなければなりません。また、取締役のうち、会社を代表する取締役を「**代表取締役**」といいます。取締役が１人ならば、その人が代表取締役です。代表取締役の人数に決まりはないので、２人以上置くこともできます。代表取締役は社長と混同しやすいのですが、代表取締役は会社法で定められた役職であるのに対し、社長は社内で決められた最高責任者を表す役職であるという違いがあります。一般的には、会社の代表である代表取締役が社長を兼ねている場合が多くなっています。

なお、株式会社以外の会社には取締役という役職はありません。

取締役会を設置する場合

株式会社の意思決定機関である**取締役会**を設置する場合は、３人以上の取締役と監査役を置く必要があります。監査役は取締役が適切に業務を執行しているかを監査する機関で、取締役や従業員以外から選ばなければなりません。

取締役会の設置は、非公開会社（株式の譲渡を制限している会社）であれば任意です。**迅速な意思決定が可能になる、対外的な信用度が高まるというメリット**もあれば、**役員報酬が必要になるなどのデメリット**もあります。こうしたメリット、デメリットを考慮して設置するかどうかを検討しましょう。

※取締役の任期は２年（非公開会社の場合は10年まで伸長可能）です。年間の回数は関係ありません。

取締役の概要

設置義務	株式会社は必ず置かなければならない。取締役会を設置する場合は、代表取締役の選定も義務付けられている。株式会社以外は不要
人　数	１人以上。取締役会を設置する場合は３人以上。上限なし
任　期	２年。非公開会社は10年まで延長可。１人会社は10年にすることが多い。再任可、ただし決議と登記が必要
解　任	株主総会の決議によって可能
年　齢	制限なし。未成年も可
定　年	なし
社会保険	原則対象。ただし、報酬がない場合は対象外
労働保険	原則対象外。ただし、労働者的性格が強い場合は対象になることがある
欠格事由（取締役になれない人）	法人、会社法などの会社関連の法律違反をして刑に処され執行が終わってから２年以内の人、それ以外の法律違反により禁固以上の刑に処され執行中の人（執行猶予を除く）

取締役の主な業務内容

取締役会への参加	取締役会を設置している場合は、年に４回以上開催するよう規定されており、取締役は取締役会への参加が義務付けられている
株主総会での対応	会社の業績の報告、次年度の経営方針の説明、株主からの質問への回答を行う
会社経営の改善	代表取締役でない取締役は、代表取締役によるワンマン経営にならないよう適切な助言をすることで、経営の健全化や改善を推進できる
顧客との関係性の構築	重要な案件のときなどは、取締役が直接顧客と交渉などを行うことで、話がスムーズに進む場合がある

前回確認日　／　　／　　／

［総務］ー※

取締役会の開催

NOTE 取締役会の開催に注意する

取締役会とは

取締役会は、株式会社の意思決定機関であり、３名以上の全取締役で構成されます。

取締役会の設置義務は、会社の規模や形態で変わり、非公開会社であれば設置する義務はありません。

取締役会での決議は、取締役の過半数が出席し、その過半数の賛成で成立します。取締役会が開催された場合は、「**取締役会議事録**」を作成する必要があります。通常は議長が作成し、取締役と監査役の署名や記名押印が必要です。議事録は10年間保存する義務があります。取締役会を設置していない場合、取締役の過半数で議事を決定し、「取締役決定書」として議事録を作成します。

［みなし取締役会］

実際には取締役会を開催せず、取締役会の決議があったものと見なす「みなし取締役会」の制度があります。要件は、以下の３点です。

①取締役全員の書面または電磁的記録による同意がある
②定款に定めがある
③監査役が異議を述べていない

書面または電磁的記録を集めることで合意と見なすものです。そのため、議事録には以下の内容を記載する必要があります。

●みなし取締役会の議事録に記載が必要なもの

- 議案の提案をした取締役の氏名
- 取締役会の決議があったと見なされた事項の内容
- 取締役会の決議があったと見なされた日
- 議事録の作成を行った取締役の氏名

※取締役会は、３カ月に１回以上開催します。

経理
労務
総務

取締役会を開催する場合の手続きの流れ

⑴ 各取締役・監査役への招集通知

① 誰が招集するか

各取締役に招集権限があるが、招集する取締役を定款または取締役会で定めた場合は、その取締役が招集する（代表取締役が招集することが多い）。それ以外の取締役も、取締役会の目的を示して招集を請求できる。監査役も、必要があると認める場合は取締役会の招集を請求できる。

② 招集の手続き

会社法で３カ月に１回以上の開催が定められている。招集通知は取締役会の１週間前までに行う。通知に必要な期間は定款で短縮可能。招集通知には開催日時と場所を記載する。目的は特に記載する必要がない。通知の方法は口頭や電話、電子メールなどでも構わない。

③ 招集通知の省略

出席者が同意する場合は招集手続きを省略できる。また、毎月定例で行うなどの場合は、日時と場所が決まっていれば通知の必要はない。

↓

⑵ 取締役会の開催

過半数の出席が必要（代理人は不可）。決議は１人１票で過半数の賛成が必要。

↓

⑶ 取締役会議事録の作成

出席した取締役と監査役が署名または記名押印し、10年間保存する必要がある。電子署名を付与することで議事録を電子化することが可能。

前回確認日 ／ ／ ／

 （会社の仕組み❺はp.305）

［総務］―※

監査役の設置

NOTE 監査役について確認する

監査役とは

監査役とは、取締役と会計参与が適切に業務を遂行しているか監査する機関です。具体的には、**取締役の活動や財務書類を公正かつ適法に審査し、不正行為や法令違反がないか確認**する役割を持ちます。監査役の設置は任意で、非公開会社では義務はありません。取締役会が存在する会社は監査役も設置する必要があります。

監査役の監査には業務監査と会計監査があります。業務監査では、取締役の職務執行が法令や定款を順守しているかを監査します。会計監査は、計算書類（➡p.232）が株主総会に提出される前に行います。監査の結果は「**監査報告書**」にまとめられ、計算書類に付されます。その計算書類をもって、取締役会、株主総会で承認を得ます。監査報告書では、監査対象が妥当であるかどうかの意見が監査役によって述べられます。

監査役の報酬は株主総会の普通決議で決定します。任期は原則４年ですが、非公開会社の場合は、定款に定めることで最長10年まで延長することができます。

監査報告書の提出期限

監査役は、監査報告の内容を取締役に通知しなければなりません。期限は以下のいずれか遅い日です。

⑴ 計算書類などを受領した日から４週間を経過した日
⑵ 計算書類などの「附属明細書」を受領した日から１週間を経過した日
⑶ 特定取締役および特定監査役の間で合意した日

※監査役は、取締役会の設置により必要となります。年間の回数は関係ありません。

前回確認日 ／ ／ ／

第5章

不定期の仕事

Subject

従業員の採用／従業員の退職／社会保険／
労働保険／労災保険／労務トラブルの防止／
会社の仕組み

労務 従業員の採用のスケジュール

従業員を採用したときは、会社との雇用関係に関する手続き、税金などの手続き、社会保険の加入、雇用保険の加入と、さまざまな手続きが必要です。また、手続きに必要な書類には、本人に用意してもらうもの、年金事務所やハローワークなどに提出するものなど数多くあり、提出期限が決まっています。できるだけ速やかに進めるため、必要書類と手続きの手順を整理し、計画的に進めましょう。

採用決定時

❶採用通知書・雇用契約書の発送

入社日

❷労働条件通知書の交付
❸各種書類の受領

❶ 採用通知書・雇用契約書の発送

「採用通知書」で採用の意向を求職者に伝え、「入社承諾書」を受け取る。その後、「雇用契約書」を発送する（➡p.242）

❷ 労働条件通知書

内定期間がある場合は「内定通知書」と共に明示する（➡p.242）

❸ 各種書類の受領

「雇用保険被保険者証」、基礎年金番号、「源泉徴収票」など各種書類を提出してもらう（➡p.245）

期限が決められた、やらなくてはいけない手続きばかりですが、会社の状況や環境に慣れていない新入従業員への配慮も重要です。

用意してもらうものに漏れがあっては手間取ってしまいますね。しっかりリストを作っておきます！

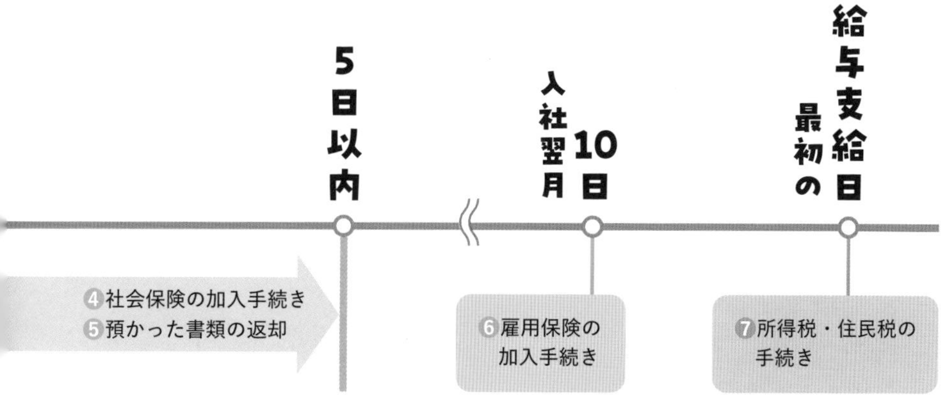

4 社会保険の加入手続き

入社後5日以内に「健康保険・厚生年金保険被保険者資格取得届」を年金事務所に提出する（➡p.247）

6 雇用保険の加入手続き

入社翌月10日までに「雇用保険被保険者資格取得届」をハローワークに提出する（➡p.250）

5 預かった書類の返却

社会保険の加入手続きが終了したら、健康保険被扶養者(異動)届などの書類を速やかに新入従業員に返却する

7 所得税・住民税の手続き

会社が源泉徴収して納付するため「給与所得の扶養控除等（異動）申告書」を作成する（➡p.252）

入社までの手続きの手順

NOTE 入社までに必要な手続きに注意する

採用通知書と入社承諾書の送付

従業員の採用を決定したときは、「採用通知書」（内定の場合は「内定通知書」）を発送します。採用通知書は採用する旨を求職者に伝える書類です。この時点では、入社は確定していないため「入社承諾書」を同封し、その提出により入社意思を確認します。必須ではありませんが、トラブル防止のため、書面で取り交わすと安心です。

雇用契約書と労働条件通知書の違い

労働契約は口頭でも成立します。通知採用から入社承諾書を取り交わしたことで契約が成立したとみなされます。

「**労働条件通知書**」は、契約期間や勤務時間、給与などの労働条件を明示したもので、法律で発行が義務付けられています。従業員に入社時に渡すか、内定期間がある場合は内定通知書と共に明示します。これまでは書面での発行が原則でしたが、電子メールやFAXでの通知もできるようになりました。

「労働条件通知書」は、従業員との合意を示すものではないため、労働条件について双方の合意を示す書類である「**雇用契約書**」を労働条件通知書とまとめた「労働条件通知書 兼 雇用契約書」にして雇用契約を結ぶ会社もあります。雇用契約書の発行は義務ではありませんが、労使間のトラブルを回避することができます。2部発行して署名押印してもらい、会社と従業員とで1部ずつ持ちます。

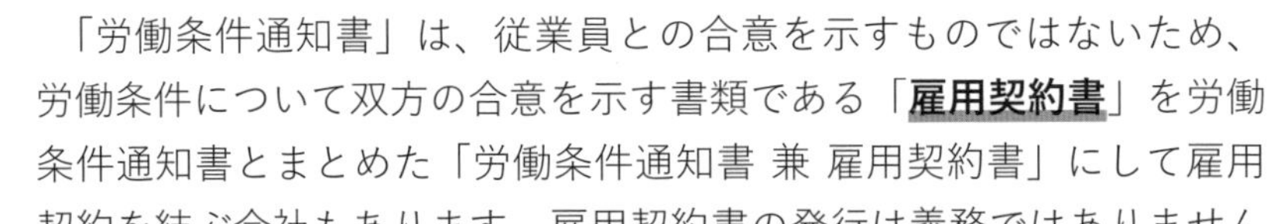

労働条件通知書の記入例

（表面）

（一般労働者用；常用、有期雇用型）

労働条件通知書

○年　4月　1日

千葉　綾　　殿　　　事業場名称・所在地　スモール株式会社　東京都渋谷区代々木○-○○-○
使用者職氏名　代表取締役　秋田　誠

❶ 契約期間	期間の定めなし、期間の定めあり（　年　月　日～　年　月　日） ※以下は、「契約期間」について「期間の定めあり」とした場合に記入 1　契約の更新の有無 ［自動的に更新する・更新する場合があり得る・契約の更新はしない・その他（　　）］ 2　契約の更新は次により判断する。 （・契約期間満了時の業務量　・勤務成績、態度　・能力 ・会社の経営状況　・従事している業務の進捗状況 ・その他（　　）） 【労働契約法に定める同一の企業との間での通算契約期間が５年を超える有期労働契約の締結の場合】 本契約期間中に会社に対して期間の定めのない労働契約（無期労働契約）の締結の申込みをすることにより本契約期間の末日の翌日（○年４月２日）から、無期労働契約での雇用に転換することができる。この場合の本契約からの労働条件の変更の有無（無・有（別紙のとおり）） 【有期雇用特別措置法による特例の対象者の場合】 無期転換申込権が発生しない期間：Ⅰ（高度専門）・Ⅱ（定年後の高齢者） Ⅰ　特定有期業務の開始から完了までの期間（　年　か月（上限10年）） Ⅱ　定年後引き続いて雇用されている期間
❷ 就業の場所	本社　（変更の範囲）本社、全ての支店及び労働者の自宅での勤務
❸ 従事すべき業務の内容	営業およびこれに付随する業務　（変更の範囲）全ての業務への配置転換あり 【有期雇用特別措置法による特例の対象者（高度専門）の場合】 ・特定有期業務（　開始日：　完了日：　）
❹ 始業、終業の時刻、休憩時間、就業時転換（(1)～(5)のうち該当するもの一つに○を付けること。）、所定時間外労働の有無に関する事項	1　始業・終業の時刻等 (1) 始業（　9時　00分）　終業（　18時　0分） 【以下のような制度が労働者に適用される場合】 (2) 変形労働時間制等；（　）単位の変形労働時間制・交替制として、次の勤務時間の組み合わせによる。 ┌ 始業（　時　分）　終業（　時　分）　（適用日　　） ├ 始業（　時　分）　終業（　時　分）　（適用日　　） └ 始業（　時　分）　終業（　時　分）　（適用日　　） (3) フレックスタイム制；始業及び終業の時刻は労働者の決定に委ねる。 （ただし、フレキシブルタイム（始業）　時　分から　時　分、 （終業）　時　分から　時　分、 コアタイム　時　分から　時　分） (4) 事業場外みなし労働時間制；始業（　時　分）終業（　時　分） (5) 裁量労働制；始業（　時　分）　終業（　時　分）を基本とし、労働者の決定に委ねる。 ○詳細は、就業規則第　条～第　条、第　条～第　条、第　条～第　条 2　休憩時間（60）分 3　所定時間外労働の有無（有，　無）
休　日	・定例日；毎週土・日曜日、国民の祝日、その他（　　） ・非定例日；週・月当たり　日、その他（　　） ・１年単位の変形労働時間制の場合－年間　日 ○詳細は、就業規則第　条～第　条、第　条～第　条
休　暇	1　年次有給休暇　6か月継続勤務した場合→　10日 継続勤務6か月以内の年次有給休暇　（有・無） →　か月経過で　日 時間単位年休（有・無） 2　代替休暇（有・無）

契約期間
「期間の定めあり」とした場合、契約の更新の有無と、更新する場合またはしない場合の判断の基準（複数可）を明示する。また、無期転換機会と無期転換後の労働条件を明示する

変更の範囲
就業場所、業務の変更の範囲を明示する

始業、終業の時刻
変形労働時間制、フレックスタイム制、裁量労働制などの適用がある場合はそれぞれに合わせた労働時間を具体的に記載する

労働条件記載項目（絶対的明示事項）

絶対に明示しなければならない事項

❶契約期間
❷就業の場所
❸業務内容、業務の変更の範囲
❹労働時間、休日、休暇など（所定労働時間を超える労働の有無、休憩時間）
❺賃金、支払い方法など
❻退職に関する事項

相対的明示事項

絶対的明示事項以外に、会社が制度として定める相対的明示事項に該当する項目がある場合、口頭で明示するだけでよく、労働条件通知書に明記する義務はない。ただし、労使トラブルを防止する観点からも、書面で交付する方が望ましい

（裏面）

5 賃金
1 基本賃金 ㋑ 月給（ 217,000 円）、ロ 日給（ 円）
ハ 時間給（ 円）、
ニ 出来高給（基本単価 円、保障給 円）
ホ その他（ 円）
ヘ 就業規則に規定されている賃金等級等

2 諸手当の額又は計算方法
イ（通勤手当13,850円 ／計算方法： ）
ロ（ 手当 円 ／計算方法： ）
ハ（ 手当 円 ／計算方法： ）
ニ（ 手当 円 ／計算方法： ）
3 所定時間外、休日又は深夜労働に対して支払われる割増賃金率
イ 所定時間外、法定超 月６０時間以内（ 25 ）％
月６０時間超 （ 50 ）％
所定超 （ 25 ）％
ロ 休日 法定休日（ 35 ）％、法定外休日（ 25 ）％
ハ 深夜（ 25 ）％
4 賃金締切日（ ）－毎月15日、（ ）－毎月 日
5 賃金支払日（ ）－毎月25日、（ ）－毎月 日
6 賃金の支払方法（ 指定口座への振り込み ）
7 労使協定に基づく賃金支払時の控除（㊀無 ，有（ ））
8 昇給（ ㊒有（時期、金額等 4月 業績評価による） ， 無 ）
9 賞与（ 有（時期、金額等 ） ， ㊀無 ）
10 退職金（ 有（時期、金額等 ） ， ㊀無 ）

賃金、支払い方法など
諸手当の額または計算方法、そして所定時間外・休日・深夜労働に対して支払われる割増料金の計算方法は分かりやすく明示する

6 退職に関する事項
1 定年制 （ ㊒有 （65歳） ， 無 ）
2 継続雇用制度（ ㊒有（75歳まで） ， 無 ）
3 創業支援等措置（ 有（ 歳まで業務委託・社会貢献事業） ， 無 ）
4 自己都合退職の手続（退職する 14 日以上前に届け出ること）
5 解雇の事由及び手続
〔 〕
○詳細は、就業規則第○条～第○条、第○条～第○条

その他
・社会保険の加入状況（ 厚生年金 健康保険 厚生年金基金 その他（ ））
○雇用保険の適用（ 有 ， 無 ）

退職に関する事項
定年制を設ける場合は60歳を下回ってはいけません

無期転換の権利

●契約期間が１年の場合

５回目の更新後の１年間に無期転換の申込権が発生する

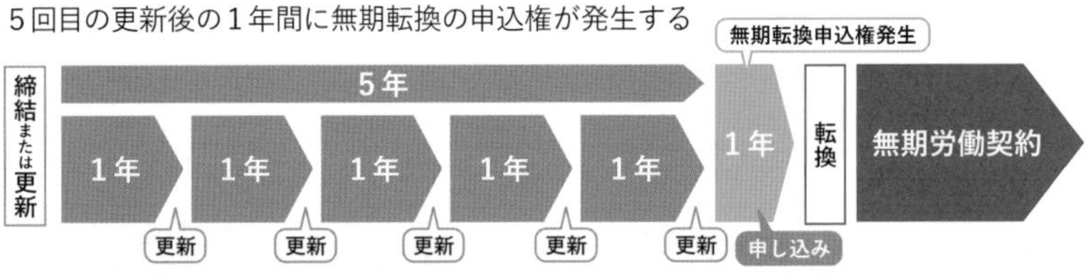

●契約期間が３年の場合

１回目の更新後の３年間に無期転換の申込権が発生する

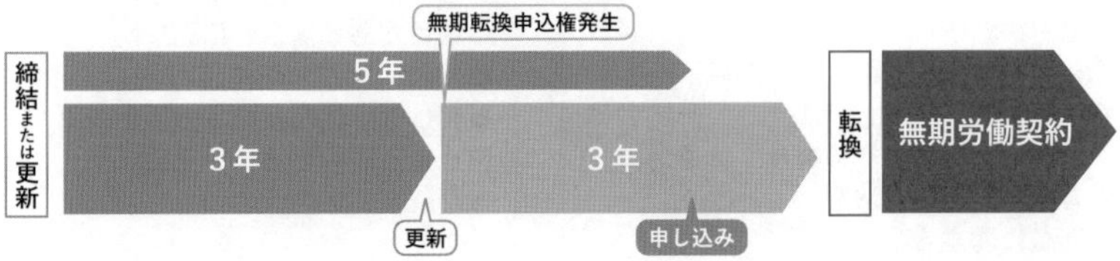

前回確認日 ／ ／ ／

入社時に求める書類

NOTE 入社時に受け取る書類に注意する

新しく採用した従業員の入社時には、各種の書類を提出してもらいます。前の職場から受け取る必要のあるものや、役所の窓口に行く必要があるものなどもあるため、必要な書類を把握し、当人に早めに連絡しましょう。

下記以外にも、必要により、身元保証書、入社誓約書、住民票記載事項証明書、通勤経路届、運転免許証、資格証明書、学業成績証明書、卒業証明書の写しなどの提出を求めます。

●入社時に必要な書類一覧

提出を求める書類	内　容
雇用保険被保険者証	雇用保険に加入するために必要な書類です。ない場合は履歴書で代用。前職がある場合で被保険者証がない場合はハローワークで再発行します
年金手帳／基礎年金番号	年金加入手続きに必要です。年金手帳は確認後返還します。なお、令和４（2022）年４月以降被保険者資格を取得した人には年金手帳は交付されていません
源泉徴収票（前職場でのもの）（年内に給与収入がある場合）	年末調整を行うためには１年間の給与総額が必要です。年度途中での転職の場合、新しく採用した会社が合算して行います
健康保険被扶養者（異動）届	社会保険の手続きを行うためのもので、必要事項を記入して提出してもらいますが、扶養家族がいない場合は提出の必要はありません
給与所得者の扶養控除等（異動）申告書	扶養家族がいるかどうか把握するための書類です。扶養家族がいなくても提出してもらう必要があります
給与振り込み口座届出書	会社が給与を振り込む際の金融機関の口座の届け出です
個人番号（マイナンバー）	雇用保険、社会保険、年末調整の手続きに必要になります。身元確認資料として、写真付き身分証明書または健康保険証や住民票の写しなど、写真のない身分証明書２つ以上の提出が必要
健康診断書	提出日前３カ月以内に受診したもの。ない場合は入社後１カ月以内に受診します

マイナンバーが必要な手続き（例）

分　類	内　容		提出先
社会保障関係	健康保険 厚生年金保険	被保険者資格取得届・喪失届	年金事務所
		被扶養者（異動）届	
	雇用保険	被保険者資格取得届・喪失届	ハローワーク
		介護休業給付金支給申請書、育児休業給付申請書	
納税関係	扶養控除等（異動）申告書（従業員本人、配偶者、扶養親族の番号）		税務署
	給与支払報告書、特別徴収異動届		市町村
法定調書	源泉徴収票		税務署
	支払調書		

身元保証書の書面例

会社によって任意の書類ですが、労働契約違反や会社に対する損害等に備え、採用者の親族などの身元保証人を立ててもらうための書類です。人物の保証、損害賠償を本人以外にも請求できるようにしておきましょう。

賠償金額
上限額が記載されていない場合、身元保証書そのものが無効になる

身元保証期間
とくに記載がない場合は3年間、最長は5年間。自動更新は無効なので、期限が来たら改めて提出してもらう

身元保証人
親、配偶者、成人している親族など。2名が一般的。印鑑証明書を求めることができる

身元保証書

株式会社　○○
代表取締役　○○　○○ 様

（本人）
住所　○○
氏名　○○　○○　印
生年月日　○年○月　○日

このたび上記の者が貴社に入社するにあたり、次の通り身元保証を致します。

1. 本人が就業規則及び諸規則を遵守し、誠実に勤務することを保証致します。
2. 万一、本人が故意または過失により貴社に重大な損害を与えた場合には、本人と連帯して上限○○万円まで損害を賠償致します。
3. 身元保証期間は、本日より５年間と致します。

○年○月○日

（身元保証人１）
住所　○○
氏名　○○　○○　印
本人との続柄　○○
電話番号　○○

（身元保証人２）
住所　○○
氏名　○○　○○　印
本人との続柄　○○
電話番号　○○

経理
労務
総務

社会保険の加入手続き

NOTE 社会保険の加入手続きに注意する

健康保険・厚生年金保険被保険者資格取得届の提出

正社員、常用的なパートタイム、アルバイトの採用時には、社会保険（健康保険、厚生年金保険、介護保険〔40歳以上〕）の加入手続きが必要になるため、「**健康保険・厚生年金保険被保険者資格取得届**」に記入し、雇用開始日から５日以内に**年金事務所に提出**します。この書類で、健康保険、厚生年金保険、介護保険（40歳以上）すべての手続きができます。

被扶養者の届けも提出する

社会保険の加入手続きの際、**被扶養者となる20歳以上60歳未満の配偶者がいる場合は「国民年金第３号被保険者関係届」**、子どもなどそれ以外の**被扶養家族がいる場合は「健康保険被扶養者（異動）届」を同時に提出**します（一体型様式もあり）。

［**必要な添付書類**］
従業員の家族構成が分かるもの（世帯全員・続柄記載の住民票の写しなど）、マイナンバーカードの写し（従業員、扶養家族）、扶養家族がいる場合は年金手帳（基礎年金番号通知書／配偶者のみ）、家族のマイナンバーカードの写し　※健保組合によっては非課税証明書

年金事務所へ提出後、手続きが完了すると**健康保険被保険者証**が会社に交付されるので本人に渡します。

社会保険料は、被扶養者が何人いても金額は変わりません。

健康保険・厚生年金保険 被保険者資格取得届の記入例

事業所の情報を記入する

事業所整理記号、事業所番号を忘れずに記入する

健康保険の被扶養者がいる場合は「1.有」を、いない場合は「0.無」を○で囲む。「1.有」の場合は「健康保険被扶養者（異動）届」を添付する

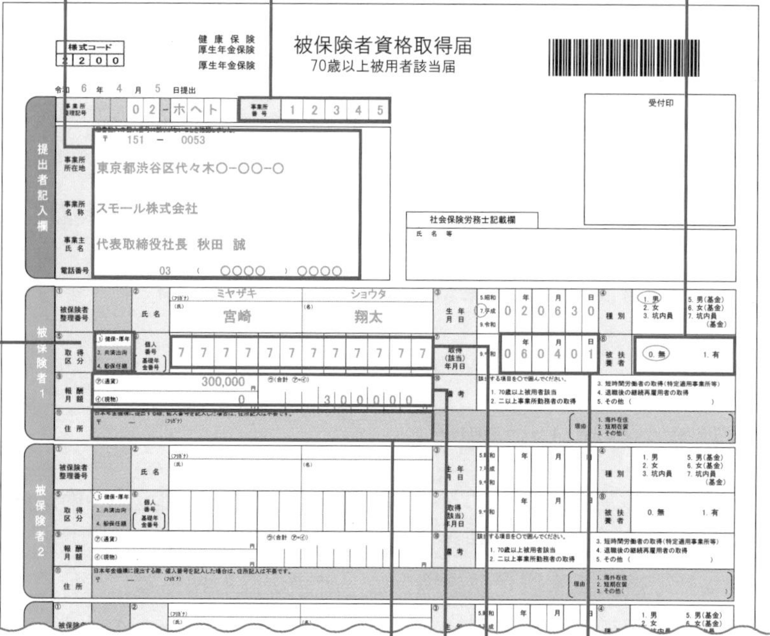
様式コード 2200
健康保険 厚生年金保険 厚生年金保険
被保険者資格取得届
70歳以上被用者該当届
令和 6 年 4 月 5 日提出
事業所整理記号 02-ホヘト　事業所番号 12345
受付印
提出者記入欄
事業所所在地 〒151－0053 東京都渋谷区代々木○－○○－○
事業所名称 スモール株式会社
事業主氏名 代表取締役社長 秋田 誠
電話番号 03（○○○○）○○○○
社会保険労務士記載欄 氏名等
被保険者1
氏名 宮崎《ミヤザキ》 翔太《ショウタ》
生年月日 7.平成 020630
種別 1.男 2.女 3.坑内員 5.男(基金) 6.女(基金) 7.坑内員(基金)
取得区分 1.健保・厚年 3.共済出向 4.船保任継
個人番号［基礎年金番号］ 777777777777
取得（該当）年月日 9.令和 060401
被扶養者 0.無 1.有
報酬月額 ㋐(通貨) 300,000円 ㋑(現物) 0円 ㋒(合計 ㋐+㋑) 300000円
備考 該当する項目を○で囲んでください。 1. 70歳以上被用者該当 2. 二以上事業所勤務者の取得 3. 短時間労働者の取得(特定適用事業所等) 4. 退職後の継続再雇用者の取得 5. その他（ ）
住所 日本年金機構に提出する際、個人番号を記入した場合は、住所記入は不要です。 〒 （フリガナ） 理由 1.海外在住 2.短期在留 3.その他（ ）
被保険者2

以下、該当する番号を○で囲む

1. 健保・厚年	健康保険・厚生年金保険の被保険者となったとき（船員保険適用者を除く）
3. 共済出向	共済組合から公庫などへ出向した職員であるとき
4. 船保任継	船員任意継続被保険者であるとき

適用事業所に使用されるに至った日（事実上の使用関係が発生した日）を記入する

本人確認を行った上で、マイナンバーを記入する「基礎年金番号通知書」などに記載されている10桁の番号を左詰めで記入する

個人番号を記入した場合は、住所記入は不要。記入する場合は、住民票の住所を記入する

「㋐（通貨）」は給料・手当など、金銭（通貨）で支払われるすべての合計金額を記入する。「㋑（現物）」は、報酬のうち食事・住宅・被服・定期券など、金銭（通貨）以外で支払われるものを金銭に換算して記入する

健康保険 被扶養者（異動）届・国民年金 第３号被保険者関係届（一体型様式）の記入例

別居の場合は、被扶養者の年収が130万円未満かつ被保険者からの仕送り（援助）額より少ないことを確認する

事実婚（内縁関係）の場合、被保険者と扶養認定を受ける両人の戸籍謄（抄）本を添付する

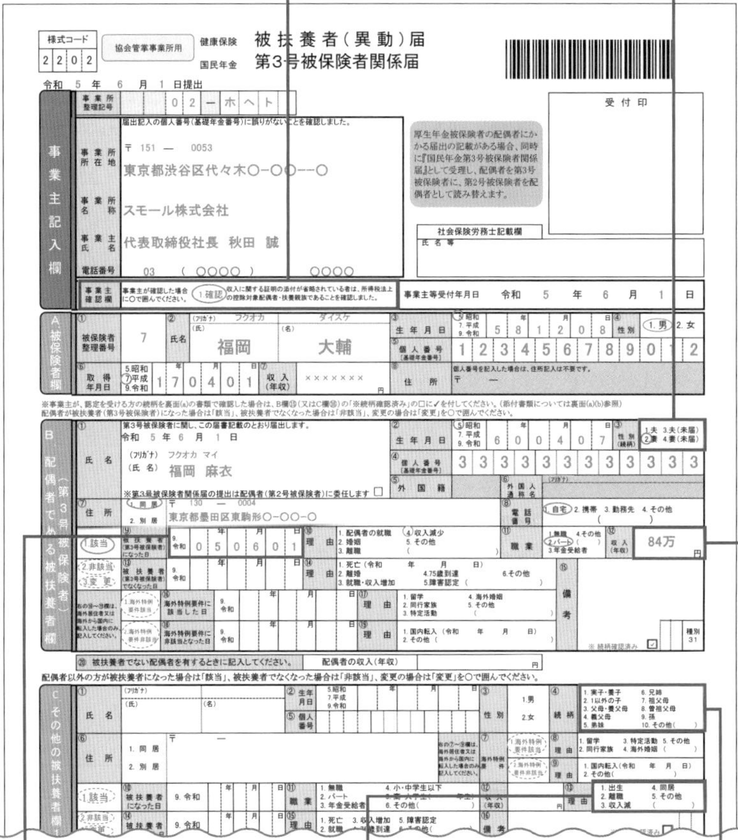

様式コード 2202

協会管掌事業所用

健康保険 被扶養者（異動）届

国民年金 第3号被保険者関係届

令和 5 年 6 月 1 日提出

事業所整理記号 02－ホヘト

届出記入の個人番号（基礎年金番号）に誤りがないことを確認しました。

事業所所在地 〒151－0053 東京都渋谷区代々木○－○○－○

事業所名称 スモール株式会社

事業主氏名 代表取締役社長 秋田 誠

電話番号 03（○○○○）○○○○

受付印

厚生年金被保険者の配偶者にかかる届出の記載がある場合、同時に『国民年金第3号被保険者関係届』として受理し、配偶者を第3号被保険者に、第2号被保険者を配偶者として読み替えます。

社会保険労務士記載欄 氏名等

事業主確認欄 事業主が確認した場合に○で囲んでください。 1.確認 収入に関する証明の添付が省略されている者は、所得税法上の控除対象配偶者・扶養親族であることを確認しました。

事業主等受付年月日 令和 5 年 6 月 1 日

A 被保険者欄

①被保険者整理番号 7 ②氏名（フリガナ）フクオカ ダイスケ 福岡 大輔 ③生年月日 5.昭和 58年12月08日 ④性別 1.男 ⑤個人番号 123456789012

⑥取得年月日 7.平成 17年04月01日 ⑦収入（年収） ××××××× 円 ⑧住所 個人番号を記入した場合は、住所記入は不要です。

※事業主が、認定を受ける方の続柄を裏面(a)の書類で確認した場合は、B欄⑬(又はC欄⑬)の「※続柄確認済み」の□に✓を付してください。（添付書類については裏面(a)(b)参照）

配偶者が被扶養者（第3号被保険者）になった場合は「該当」、被扶養者でなくなった場合は「非該当」、変更の場合は「変更」を○で囲んでください。

B 配偶者である被扶養者（第3号被保険者）欄

第3号被保険者に関し、この届書記載のとおり届出します。令和 5 年 6 月 1 日

①氏名（フリガナ）フクオカ マイ（氏名）福岡 麻衣 ②生年月日 5.昭和 60年04月07日 ③性別（続柄） 2.妻 ④個人番号 333333333333

※第3号被保険者関係届の提出は配偶者（第2号被保険者）に委任します □

⑤外国籍 ⑥外国人通称名

⑦住所 1.同居 〒130－0004 東京都墨田区東駒形○－○○－○ ⑧電話番号 1.自宅 2.携帯 3.勤務先 4.その他

1.該当 ⑨被扶養者（第3号被保険者）になった日 令和 05年06月01日 ⑩理由 1.配偶者の就職 2.婚姻 3.離職 4.収入減少 5.その他 ⑪職業 1.無職 2.パート 3.年金受給者 4.その他 ⑫収入（年収） 84万円

2.非該当 3.変更 ⑬被扶養者（第3号被保険者）でなくなった日 ⑭理由 1.死亡 2.離婚 3.就職・収入増加 4.75歳到達 5.障害認定 6.その他

⑮海外特例要件に該当した日 ⑰理由 1.留学 2.同行家族 3.特定活動 4.海外婚姻 5.その他

⑯海外特例要件に非該当となった日 ⑲理由 1.国内転入 2.その他

⑮備考 ※続柄確認済み 種別 31

⑳被扶養者でない配偶者を有するときに記入してください。 配偶者の収入（年収） 円

配偶者以外の方が被扶養者になった場合は「該当」、被扶養者でなくなった場合は「非該当」、変更の場合は「変更」を○で囲んでください。

C その他の被扶養者欄

①氏名 ②生年月日 ③性別 1.男 2.女 ④続柄 1.実子・養子 2.1以外の子 3.父母・養父母 4.義父母 5.弟妹 6.兄姉 7.祖父母 8.曽祖父母 9.孫 10.その他

⑤個人番号 ⑥住所 1.同居 2.別居

1.該当 ⑩被扶養者になった日 令和 ⑪職業 1.無職 2.パート 3.年金受給者 4.小・中学生以下 6.その他 ⑬理由 1.出生 2.離職 3.収入減 4.同居 5.その他

2.非該当 ⑭被扶養者でなくなった日 ⑮理由 1.死亡 2.就職 3.収入増加 5.障害認定

被保険者の健康保険加入と同時に提出する場合は、資格取得日となる

被扶養者となった理由を○で囲む。「被保険者資格取得届」と同時に提出する場合は記入不要

被扶養者に該当する条件
⑴配偶者
　子・孫および兄弟姉妹
　父母・祖父母
⑵同居している３親等内の親族
　同居している内縁関係の配偶者の父母および子

配偶者の今後１年間の年間収入見込額を記入する。収入には非課税対象のもの（障害・遺族年金、失業給付など）も含む

前回確認日 ／ ／ ／

雇用保険の加入手続き

NOTE 雇用保険の加入手続きに注意する

雇用保険の加入条件と手続きの流れ

雇用保険の加入条件は、31日以上雇用される見込みがあることと、所定労働時間が週20時間以上であることです。これに該当する従業員は、全員加入させなければなりません。ただし、学生は原則として対象となりません。入社月の翌月10日までに、**従業員ごとに「雇用保険被保険者資格取得届」をハローワークに提出**して、加入手続きを進めます。ハローワークのサイトの入力画面を利用すると、帳票が自動作成されるので便利です。

雇用保険被保険者番号を知るには

従業員に前職がある場合、手続きに雇用保険被保険者番号が必要なので、退職時に受け取った「雇用保険被保険者証」か「離職票」を提出してもらいます（紛失してしまった場合は、ハローワークで再発行できます）。雇用保険被保険者番号は転職しても変わりませんが、前職退職後７年以上ブランクがあれば新規で番号が発行されます。

また、雇用保険被保険者資格取得届を提出することで、雇用保険被保険者証が交付されます。

この資格取得届が受理されると、「雇用保険被保険者資格取得等確認通知書」と雇用保険被保険者証が交付され、会社に届きます。この通知書は２枚あり、「被保険者通知用」を「雇用保険被保険者証」と共に従業員に必ず渡し、「事業主通知用」は会社で保管します。

また、従業員が退職するときや、氏名変更をするときに使う「雇用保険被保険者資格喪失届・氏名変更届」も同時に届くので保管します。

なお、労災保険は会社単位で加入しているため、従業員ごとの手続きは必要ありません。

雇用保険被保険者資格取得届の見方

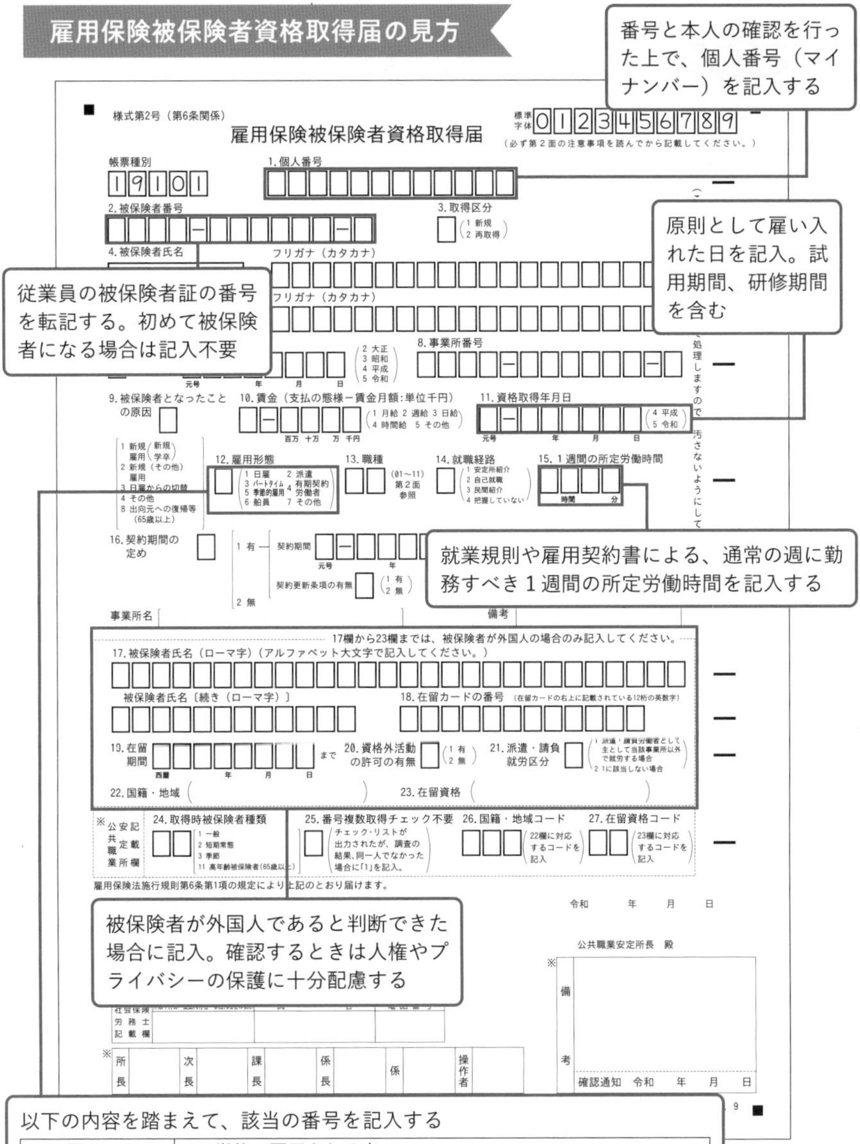

以下の内容を踏まえて、該当の番号を記入する

1 日雇	１日単位で雇用される者
2 派遣	登録型派遣労働者
3 パートタイム	短時間労働者（週の所定労働時間が30時間未満の者）（２を除く）
4 有期契約労働者	フルタイムの契約期間に定めのある労働者（２および３を除く） ・トライアル雇用
5 季節的雇用	特定の季節や気象条件に限り雇用される短期労働者
6 船員	
7 その他	フルタイムの常用労働者

前回確認日　／　／　／

所得税・住民税の手続き

NOTE 所得税・住民税の手続きに注意する

所得税の手続き

会社は、従業員の所得税や住民税を給与から源泉徴収し、代わりに国に納付します。そのため、入社時に「**給与所得者の扶養控除等(異動)申告書**」(「**扶養控除等申告書**」)を記載してもらいます。この手続きは、年末調整で扶養控除などの控除を受けるのに必要で、次年度の所得税、住民税にも影響します。最初の給与計算までに作成し、扶養控除等申告書の内容を源泉徴収簿に記すとよいでしょう。

なお、転職者は、年末調整時に前職での給与を合算する必要があるため、前職の会社から交付された「源泉徴収票」を提出してもらいます。

住民税の手続き

住民税は前年の所得に対してかかるため、新卒で入社した社員など過去に所得が発生していない従業員の手続きは不要です。２年目以降６月支給の給料から**特別徴収**が行われます。

新しく入社した従業員が住民税を自ら納付(**普通徴収**)している場合は、「特別徴収切替届出(依頼)書」を市区町村へ提出し、特別徴収に切り替えます。

なお、転職者の場合の住民税手続きについては、以下の３つのケースがあるので、本人に確認しましょう。

- **新しい勤務先で引き続き特別徴収する場合**
- **未徴収税額を一括徴収して納入する場合**
- **未徴収税額を普通徴収に切り換える場合**

これらの場合、「**給与支払報告・特別徴収に係る給与所得者異動届出書**」に必要事項を記載し、従業員の住所のある市区町村に提出します。

特別徴収切替届出（依頼）書の記入例

従業員本人が普通徴収で何期分まで納付済みか確認しておく。「普通徴収納税通知書」で確認できる

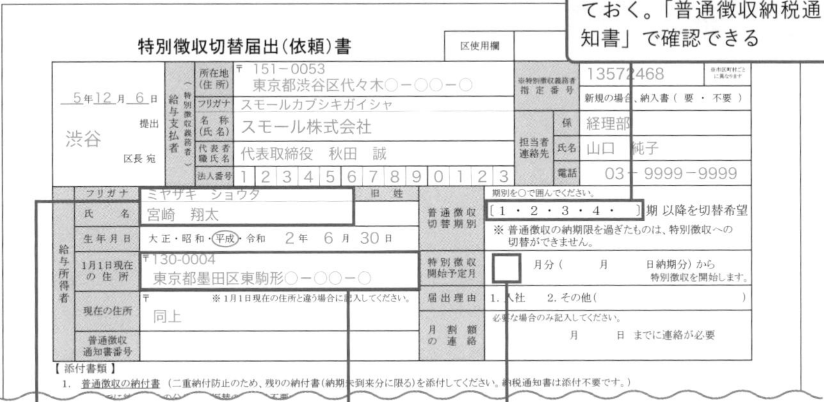

特別徴収切替届出（依頼）書

区使用欄

5年12月6日
渋谷 区長 宛 提出

給与支払者（特別徴収義務者）
所在地（住所） 〒151－0053 東京都渋谷区代々木○－○○－○
フリガナ スモールカブシキガイシャ
名称（氏名） スモール株式会社
代表者職氏名 代表取締役 秋田 誠
法人番号 1 2 3 4 5 6 7 8 9 0 1 2 3

※特別徴収義務者指定番号 13572468 ※市区町村ごとに異なります
新規の場合、納入書（要・不要）
担当者連絡先 係 経理部 氏名 山口 純子 電話 03－9999－9999

給与所得者
フリガナ ミヤザキ ショウタ 旧姓
氏名 宮崎 翔太
生年月日 大正・昭和・平成・令和 2年 6月 30日
1月1日現在の住所 〒130-0004 東京都墨田区東駒形○－○○－○
現在の住所 〒 ※1月1日現在の住所と違う場合に記入してください。 同上
普通徴収通知書番号

普通徴収切替期別 期別を○で囲んでください。〔1・2・3・4・ 〕期 以降を切替希望
※普通徴収の納期限を過ぎたものは、特別徴収への切替ができません。
特別徴収開始予定月 □ 月分（ 月 日納期分）から特別徴収を開始します。
届出理由 1. 入社 2. その他（ ）
月割額の連絡 必要な場合のみ記入してください。 月 日までに連絡が必要

【添付書類】
1. 普通徴収の納付書（二重納付防止のため、残りの納付書（納期未到来分に限る）を添付してください。納税通知書は添付不要です。）

特別徴収に切り替える従業員の氏名を記入

課税年度の1月1日に従業員が住んでいる住所を記入する

特別徴収の開始月（＝給与明細から天引きする月）を記入する。事前に切替依頼書の提出期限を市区町村の役所に確認しておく

給与支払報告・特別徴収に係る給与所得者異動届出書の記入例

旧勤務先で上段を記入して新勤務先に送付し、新勤務先で下段を記入する

転職者が自社で特別徴収を継続する場合、「異動の事由」は「1.退職」を、「異動後の未徴収税額の徴収」は「1.特別徴収継続」を選ぶ

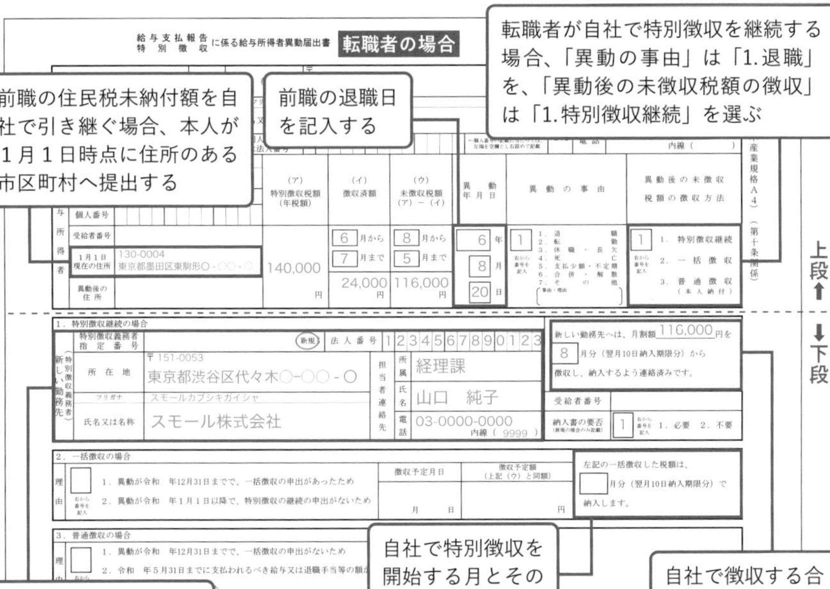

給与支払報告
特別徴収 に係る給与所得者異動届出書 **転職者の場合**

個人番号
受給者番号
1月1日現在の住所 130-0004 東京都墨田区東駒形○-○○-○
異動後の住所

（ア）特別徴収税額（年税額） 140,000円
（イ）徴収済額 6月から 7月まで 24,000円
（ウ）未徴収税額（ア）－（イ） 8月から 5月まで 116,000円
異動年月日 6年 8月 20日
異動の事由 1（右から番号を記入） 1. 退職 2. 転勤 3. 休職・長欠 4. 死亡 5. 支払少額・不定期 6. 合併・解散 7. その他（事由・理由）
異動後の未徴収税額の徴収方法 1（右から番号を記入） 1. 特別徴収継続 2. 一括徴収 3. 普通徴収（本人納付）

（日本産業規格A4）（第十条関係）

上段⬆
⬇下段

1. 特別徴収継続の場合
新しい勤務先（特別徴収義務者）
特別徴収義務者指定番号 新規 法人番号 1 2 3 4 5 6 7 8 9 0 1 2 3
所在地 〒151-0053 東京都渋谷区代々木○-○○-○
フリガナ スモールカブシキガイシャ
氏名又は名称 スモール株式会社
担当者連絡先 所属 経理課 氏名 山口 純子 電話 03-0000-0000 内線（9999）
新しい勤務先へは、月割額116,000円を 8 月分（翌月10日納入期限分）から徴収し、納入するよう連絡済みです。
受給者番号
納入書の要否（新規の場合のみ記載） 1（右から番号を記入） 1. 必要 2. 不要

2. 一括徴収の場合
理由（右から番号を記入） 1. 異動が令和 年12月31日までで、一括徴収の申出があったため 2. 異動が令和 年1月1日以降で、特別徴収の継続の申出がないため
徴収予定月日 月 日
徴収予定額（上記（ウ）と同額） 円
左記の一括徴収した税額は、 月分（翌月10日納入期限分）で納入します。

3. 普通徴収の場合
理由 1. 異動が令和 年12月31日までで、一括徴収の申出がないため 2. 令和 年5月31日までに支払われるべき給与又は退職手当等の額が

前職の住民税未納付額を自社で引き継ぐ場合、本人が1月1日時点に住所のある市区町村へ提出する

前職の退職日を記入する

自社の情報を記入する

自社で特別徴収を開始する月とその月割額を記入する

自社で徴収する合計額を記入する

前回確認日 ／ ／ ／

派遣社員の採用、外国人労働者の雇用

NOTE 派遣社員の採用、外国人労働者の雇用に注意する

派遣社員の依頼、活用法は

人材派遣サービスを活用すると、専門知識やスキルを持つ即戦力として、繁忙期や急な人員不足など、必要なタイミング・期間で人材不足を解消できます。**派遣社員**を採用するには、人材派遣会社と業務内容、労働時間、派遣期間などについて定めた「**労働者派遣契約**」を結びます。派遣社員は派遣会社と雇用契約を結んでいるので、会社は派遣会社に派遣料金を支払い、派遣社員への給与の支払いや社会保険加入などはすべて派遣会社が行います。

人材派遣サービスは、コストの削減や業務の効率化などの利点がありますが、帰属意識が芽生えにくく、契約期間が決まっていたり契約外の仕事は依頼できなかったりなどのデメリットもあります。

派遣社員を雇用するメリット・デメリット

メリット

- **即戦力としての人材を確保できる**
  経験や専門知識を持っている人を紹介してもらえる
- **労務コストが少ない**
  社会保険・雇用保険・給与計算などの労務は派遣会社が行うため、自社がその業務を行わずに済む
- **採用までの時間が短い**
  派遣会社は、登録されている人材から条件に合った派遣社員を紹介するため、素早く人材を確保できる
- **期間限定で人材が確保できる**
  高度な技術が求められる業務（設計・開発・システム運用など）や定型業務（決算や年末調整等）を行う時期に合わせて、必要な人材を雇用できる

デメリット

- **途中解約できない**
  労働者派遣法第29条により、派遣の契約を途中で解除することは原則できない
- **派遣期間は3年まで**
  派遣社員が同じ事業所の同じ部署で就業できる期間は、派遣就業開始日から原則3年まで
- **自社の人材が育たない**
  数年かけて指導した場合でも、派遣期間終了後に、必ずしも自社の正社員になるわけではない
- **帰属意識が低い**
  正社員に比べ、派遣期間が決まっていることなどから会社への愛着が芽生えにくい

前回確認日	／	／	／

外国人労働者採用の手順とルール

▶まず在留カードを確認する

外国人労働者を雇用する場合は、当該者が取得している在留資格で就業が可能かを確認する必要があります。そのためには、日本に3カ月以上在留する外国人に交付される「**在留カード**」表面の就労制限の有無、裏面の資格外活動許可欄を確認します。

就労制限の欄に就労制限なしの記載がある場合は雇用できますが、就労不可の記載がある場合でも、資格外活動許可欄の記載に「許可(原則週28時間以内・風俗営業等の従事を除く)」あるいは「許可(資格外活動許可書に記載された範囲内の活動)」と書かれている場合には、それらの制限の範囲で雇用が可能です。

▶留学生をアルバイトで雇用するには

留学生を**アルバイト**として雇用する場合は、留学生の住居地を管轄する地方出入国在留管理署に「資格外活動許可申請書」と在留カード、「パスポート」を持参し申請することが必要です。

また、日本で外国人を雇用するには、「就労ビザ」(働くことを目的とした在留資格)が必要です。申請は本人がしなければなりませんが、手続きが複雑なため行政書士などの専門家のサポートが不可欠です。

▶最後はハローワークへ届け出る

外国人の雇用が決まれば、**「雇用保険被保険者資格取得届」の中にある外国人被保険者の場合の記載欄**に、氏名、在留資格を記載し、**ハローワークへ提出**します。

雇用保険被保険者とならない場合は、「外国人雇用状況届出書」の提出が必要です。

memo

[外国人労働者に対する労働関係法令]

労働関係法令は外国人労働者にも適用されるので、入社時には「労働条件通知書」を渡します。また社会保険や雇用保険の届け出も日本人と同様です。雇用保険の届け出には在留カードが必要です。

在留カードの記載項目

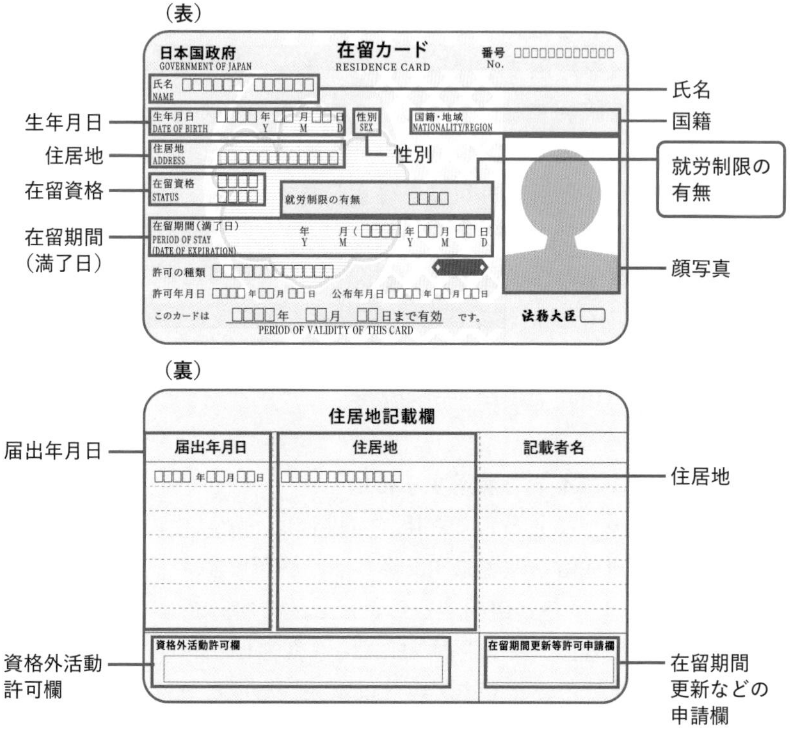

在留資格と仕事の制限

在留資格	仕事の制限	時間の制限
外交、公用、教授、芸術、宗教、報道、経営・管理、法律・会計業務、医療、研究、教育、技術・人文知識・国際業務、企業内転勤、介護、興行、技能、特定技能、技能実習	在留資格で許可された範囲に限り可能	労働基準法で認められた労働時間
特定活動（ワーキングホリデー、EPA［経済連携協定］に基づく外国人看護師・介護福祉士候補者など、高度人材ポイント制など）		
文化活動、短期滞在、留学、研修、家族滞在	原則として就労は認められない。資格外活動許可を受けた場合は一定の範囲内でアルバイトが可能	原則として週 28 時間以内
永住者、日本人の配偶者など、永住者の配偶者など、定住者	制限なし	労働基準法で認められた労働時間

前回確認日 ／ ／ ／

パートタイム、アルバイトの雇用

NOTE パートタイム、アルバイトの雇用に注意する

パートタイム、アルバイトに付与される権利

同一労働同一賃金の導入により、同じ職務内容であれば同じ賃金を支払う義務があるため注意しましょう。

短時間労働であっても、業務の内容や業務に伴う責任の程度などにより、基本給や賞与、その他の待遇は、正社員の待遇と比べて適切と認められるものにする必要があります。例えば、正社員と同じ職務内容をこなす短時間労働者の場合、短時間勤務であることを理由に、基本給や賞与などについて差別的な扱いをしてはいけません。能力や成果、実態などを踏まえて賃金を決定するように努めましょう。

なお、時間給や日給を決めるに当たっては、都道府県ごとに設定されている最低賃金をクリアしているかも確認しましょう。

パートタイム、**アルバイト**、契約社員、準社員、嘱託社員などの名称に関係なく、1週間の所定労働時間が正規雇用者の4分の3以上、かつ1カ月の所定労働日数が正規雇用者の4分の3以上の従業員を**短時間就労者**といいます。短時間就労者には、正社員同様、割り増し賃金、産休、育休、労災保険などの権利が発生します。なお、有休の取得や健康保険、厚生年金保険、雇用保険に加入する際は、一定の条件が適用されます（➡p.258）。

パートタイム、アルバイト雇用にも労働条件通知書が必要

パートタイム、アルバイトを採用する際、正社員と同様に「**労働条件通知書**」（➡p.259）を交付しなければなりませんが、短時間労働者の場合にのみ義務付けられた記載事項があるため注意が必要です。

短時間労働者の待遇	
健康保険・厚生年金保険	１週間の所定労働時間が30時間以上、月額賃金が8.8万円以上、２カ月を超えての雇用が見込まれる場合で、従業員（被保険者）数51人以上の会社では加入義務（2024年10月から）
雇用保険	１週間の所定労働時間が20時間以上あり、31日以上雇用される見込み
労災保険	正社員と同様に加入
割増賃金	正社員と同様に加入
有給休暇	所定労働時間、日数に応じた日数を付与
健康診断	１年以上の継続雇用をしているか見込まれ、所定労働時間が常勤従業員の４分の３以上の場合実施
産休（産前産後休業）・育休（育児休業制度）	正社員と同様の取り扱いとする。産休は産前６週間から産後８週間の期間。育休は子どもが１歳になるまで。保育園に入所できないときは２歳まで延長可能

労働条件通知書に明示しなければならない事項	
• 労働契約の期間 • 仕事をする場所、仕事の内容 • 勤務時間、残業の有無、休憩時間、休日・休暇、交替制勤務の場合のローテーション • 賃金の決定、計算と支払いの方法、締め切りと支払い時期 • 退職に関すること、解雇事由	労働基準法により義務付け
• 昇給の有無 • 退職手当の有無 • 賞与の有無	パートタイム労働法により義務付け

memo

［短時間労働者］

短時間就労者とよく似た名称に短時間労働者がありますが、これは健康保険・厚生年金保険の適用範囲拡大によって定義された名称で、短時間就労者とは異なるので注意しましょう。

〈短時間労働者〉

勤務時間、勤務日数が正規雇用者の４分の３未満で、以下のすべてに該当する人

- １週間の所定労働時間が20時間以上（残業時間は除く）
- ２カ月を超えての雇用見込みがある
- 所定内賃金の月額が88,000円以上（残業手当、通勤手当、ボーナスなどは除く）
- 学生（夜間、通信、定時制を除く）ではない
- 特定適用事業所、任意特定適用事業所または、国・地方公共団体に属する事業所に勤務

厚生労働省「地域別最低賃金の全国一覧」

労働条件通知書の記入例

（表面）

（一般労働者用；常用、有期雇用型）

労働条件通知書

山形　幸子　　殿	○年　4月　1日 事業場名称・所在地　スモール株式会社 東京都渋谷区代々木○-○○-○ 使用者職氏名　代表取締役　秋田　誠
契約期間	期間の定めなし、期間の定めあり（　○年　4月　1日～　○年　3月　31日） ※以下は、「契約期間」について「期間の定めあり」とした場合に記入 1　契約の更新の有無 ［自動的に更新する・更新する場合があり得る・契約の更新はしない・その他（　　　）］ 2　契約の更新は次により判断する。 ・契約期間満了時の業務量　・勤務成績、態度　・能力 ・会社の経営状況　・従事している業務の進捗状況 ・その他（　　　）
	【労働契約法に定める同一の企業との間での通算契約期間が５年を超える有期労働契約の締結の場合】 本契約期間中に会社に対して期間の定めのない労働契約（無期労働契約）の締結の申込みをすることにより本契約期間の末日の翌日（○年４月　２日）から、無期労働契約での雇用に転換することができる。この場合の本契約からの労働条件の変更の有無（無・有（別紙のとおり）） 【有期雇用特別措置法による特例の対象者の場合】 無期転換申込権が発生しない期間：Ⅰ（高度専門）・Ⅱ（定年後の高齢者） Ⅰ　特定有期業務の開始から完了までの期間（　　年　　か月（上限10年）） Ⅱ　定年後引き続いて雇用されている期間
就業の場所	（雇入れ直後）本社（変更の範囲）本社、全ての支店及び労働者の自宅での勤務
従事すべき業務の内容	（雇入れ直後）ミシン縫製　（変更の範囲）ミシン縫製に付随する業務 【有期雇用特別措置法による特例の対象者（高度専門）の場合】 ・特定有期業務（　　　開始日：　　完了日：　　）
始業、終業の時刻、休憩時間、就業時転	1　始業・終業の時刻等 (1)　始業（　9時　00分）　終業（　16時　00分） 【以下のような制度が労働者に適用される場合】

「就業の場所」および「従事すべき業務の内容」の欄については、雇い入れ直後の情報を記載するが、就業場所や業務内容を変更する予定があれば明示しておく

（裏面）

賃　金	1　基本賃金　イ　月給（　　　円）、ロ　日給（　　　円） ハ　時間給（1,250円）、 ニ　出来高給（基本単価　　円、保障給　　円） ホ　その他（　　　円） ヘ　就業規則に規定されている賃金等級等 2　諸手当の額又は計算方法 イ（通勤手当10,520円　／計算方法：　　　） ロ（　手当　　円　／計算方法：　　　） ハ（　手当　　円　／計算方法：　　　） ニ（　手当　　円　／計算方法：　　　） 3　所定時間外、休日又は深夜労働に対して支払われる割増賃金率 イ　所定時間外、法定超　月６０時間以内（　25　）％ 月６０時間超　（　50　）％ 所定超　（　25　）％ ロ　休日　法定休日（　35　）％、法定外休日（　25　）％ ハ　深夜（　25　）％ 4　賃金締切日（　　）－毎月15日、（　　）－毎月　日 5　賃金支払日（　　）－毎月25日、（　　）－毎月　日 6　賃金の支払方法（　指定口座への振り込み　） 7　労使協定に基づく賃金支払時の控除（無　，有（　　）） 8　昇給（有（時期、金額等　4月　業績評価による），　無　） 9　賞与（　有（時期、金額等　　　），無　） 10　退職金（　有（時期、金額等　　　），無　）
退職に関する事項	1　定年制　（有　（65歳），　無　） ○詳細は、就業規則第○条～第○条、第○条～第○条
そ　の　他	・社会保険の加入状況（　厚生年金　健康保険　厚生年金基金　その他（　　　）） ・雇用保険の適用（有，　無　） ・雇用管理の改善等に関する事項に係る相談窓口 部署名　経理部　担当者職氏名　山口純子　（連絡先　03-○○○○-○○○○） ・その他 ※以下は、「契約期間」について「期間の定めあり」とした場合についての説明です。 労働契約法第18条の規定により、有期労働契約（平成25年4月1日以降に開始するもの）の契約期間が通算５年を超える場合には、労働契約の期間の末日までに労働者から申込みをすることにより、当該労働契約の期間の末日の翌日から期間の定めのない労働契約に転換されます。ただし、有期雇用特別措置法による特例の対象となる場合は、無期転換申込権の発生については、特例的に本通知書の「契約期間」の「有期雇用特別措置法による特例の対象者の場合」欄に明示した通りとなります。

※　以上のほかは、当社就業規則による。就業規則を確認できる場所や方法（休憩室への掲示・会社システムにデータを掲載）

※　労働条件通知書については、労使間の紛争の未然防止のため、保存しておくことをお勧めします。

パートタイム労働法では、パートタイム労働者に対し、特に「昇給の有無」「退職手当の有無」「賞与の有無」の３つの事項を、文書の交付など（希望した場合は電子メールやFAXでも可能）により、速やかに明示することが義務付けられている

雇用管理の相談窓口
苦情を含めた相談を受け付ける際の受け付け先を明記する

就業規則の確認
就業規則を確認できる場所や方法を明記する

前回確認日　／　　／　　／

従業員の退職のスケジュール

従業員が退職するときにもさまざまな手続きがあります。主な手続きは、従業員の退職が決まったときから退職後１カ月以内という短い期間に集中しています。退職者とのトラブルを避けるためにも、漏れのないよう慎重に進めましょう。いつまでに、何の手続きが必要なのか把握することが大切です。

また、「就業規則」や退職者の「雇用契約書」、「労働条件通知書」を必ず確認しましょう。退職する従業員の意向や雇用形態などによっても、必要な手続きが異なりますので要注意です。

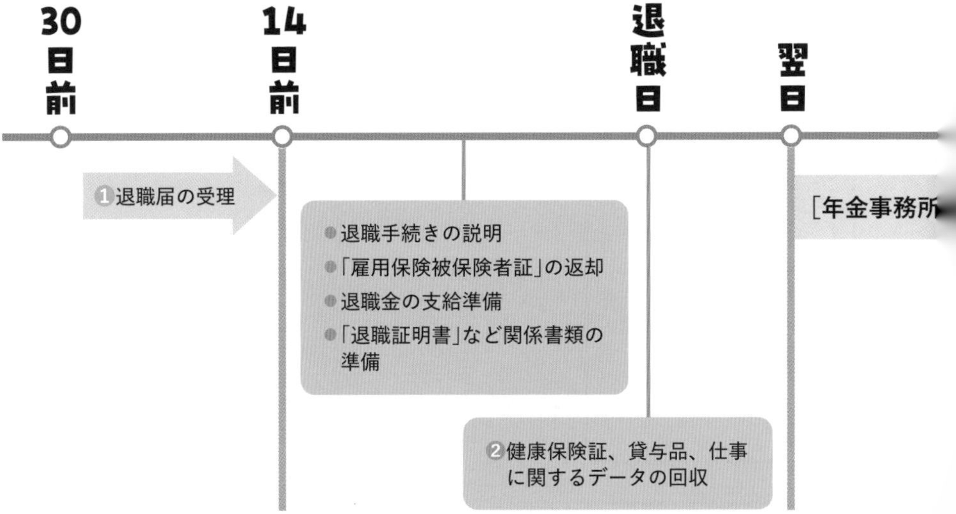

❶ 退職届の受理

トラブルを避けるため、必ず書面を交わす（解雇の場合は不要）（➡p.262）

❷ 貸与品、仕事に関するデータの回収

「秘密保持誓約書」や「退職合意書」を提出してもらう場合もある（➡p.264）

従業員の退職に当たっては、たくさんの書類を作成しなければならないと同時に、仕事の引き継ぎなどもスムーズに行う必要があります。しかも、円満退社ではない場合もあるため、心身ともに厳しいミッションとなる可能性もあります。

関係連絡先は、年金事務所、ハローワーク、市区町村役場、そして従業員本人ですね。

［市区町村役場］

住民税関係の手続きは退職時期や、再就職先の有無によって変わる

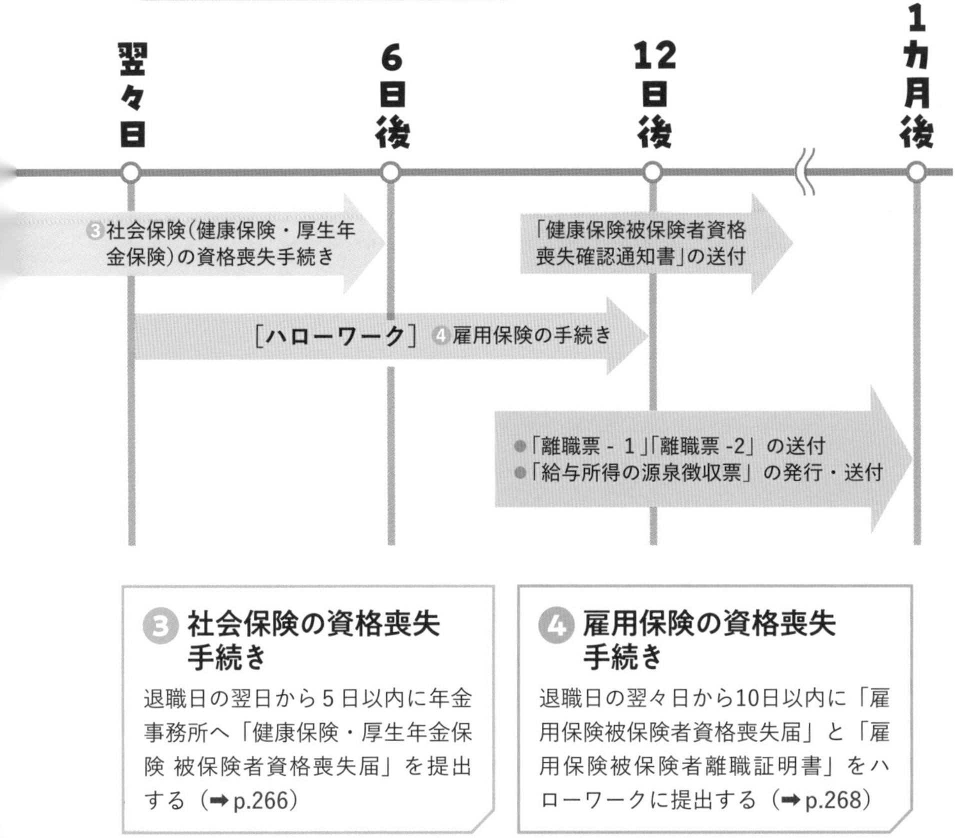

③ 社会保険の資格喪失手続き

退職日の翌日から5日以内に年金事務所へ「健康保険・厚生年金保険 被保険者資格喪失届」を提出する（➡p.266）

④ 雇用保険の資格喪失手続き

退職日の翌々日から10日以内に「雇用保険被保険者資格喪失届」と「雇用保険被保険者離職証明書」をハローワークに提出する（➡p.268）

従業員の退職が決まったら

NOTE 従業員の退職時の手続きに注意する

従業員の退職時に行う手続きには、期限が決まっているものや、退職者の保険証や作成した書類が必要なものもあるので、退職者に協力してもらい、進めていくことが大切です。

退職日の決定と退職届の受理

自己都合の場合、法律上は２週間前までに意思表示をすれば退職できます。しかし、業務の引き継ぎなどがあるため、就業規則に30日前までに意思表示をするなどと記載しておくとよいでしょう。ただし、就業規則に関わらず、従業員が２週間前までに意思表示をすれば、会社は拒否することができません。なお、会社都合で解雇する場合は、少なくとも30日前に解雇予告が必要です。自己都合の場合は、退職時に「**退職届**」の提出を求めます。法律上は退職届を提出する義務はなく、退職の意思表示は口頭でもいいことになっていますが、その後のトラブルを避けるため、書面で提出してもらうのが望ましいです。退職届を受理したら、退職者に対して退職手続きについて説明します。

[主に説明・確認すること]

- **退職後の健康保険について**
  退職後に転職・再就職の予定がない場合、会社の健康保険に個人で引き続き加入する（任意継続、最長２年間）、国民健康保険に加入する、家族の健康保険の被扶養者となるという３つの選択肢があります。退職者が任意継続を希望すれば、退職後20日以内に協会けんぽまたは健康保険組合に自分で手続きをすることと、保険料が全額自己負担になることを説明します。
- **住民税の徴収方法**（➡p.272）
- **離職票の必要の有無**（➡p.268）
- **退職証明書の必要の有無**
  退職者が退職したことを会社が証明する書類です。退職者が希望した場合は、速やかに発行します。

退職手続きに必要な書類のチェックリスト

退職者から受け取る

- □ 退職届（自己都合の場合）
- □ 秘密保持誓約書、退職合意書（任意）（➡p.264）
- □ 健康保険被保険者証（本人、扶養家族分）（➡p.266）
- □ 退職所得の受給に関する申告書（➡p.275）

退職者に渡す

- □ 給与所得の源泉徴収票（➡p.272）
- □ 退職所得の源泉徴収票・特別徴収票（退職金支給の場合）（➡p.275）
- □ 離職票－1、離職票－2（希望者のみ）（➡p.268）
- □ 資格喪失確認通知書（被保険者通知用）（離職票を希望しなかった場合）（➡p.268）
- □ 給与所得者異動届出書（該当者のみ）（➡p.273）
- □ 年金手帳（会社が保管している場合）
- □ 雇用保険被保険者証（会社が保管している場合）
- □ 健康保険・厚生年金保険資格取得・資格喪失等連絡票（希望者のみ）
- □ 退職証明書（希望者のみ）

雇用保険に加入していることを証明する書類。入社時に従業員に渡すのが原則だが、年金手帳と併せて会社で保管しているケースもある

退職後に国民健康保険に加入する場合に必要

日本年金機構 事務センターまたは年金事務所に提出する

- □ 健康保険・厚生年金保険被保険者資格喪失届（➡ p.267）
- □ 健康保険被保険者証（本人、扶養家族分）（➡ p.266）

ハローワークに提出する

- □ 雇用保険被保険者資格喪失届（➡ p.269）
- □ 雇用保険被保険者離職証明書（退職者が離職票を希望した場合、退職者が59歳以上の場合は必須）（➡ p.270）

市区町村に提出する

- □ 給与所得者異動届出書（退職者に渡さない場合）（➡ p.273）

前回確認日 ／　　／　　／

会社の備品や情報の回収

NOTE 退職者からの回収漏れに注意する

貸与品はすべて回収する

従業員が退職する際には、会社が従業員に貸与したものはすべて回収します。回収漏れがないよう、リストを作成しましょう。

特に、情報の持ち出しや漏えいは、会社にとって大きなリスクになるので、業務に関連する資料やデータなどは必ず回収します。しかし、情報の持ち出しを完全に防ぐことは難しいため、「**秘密保持誓約書**」や「退職合意書」の作成の検討が必要です。

●配布・回収するもの一覧（例）

- □ 社員証、社章
- □ 名刺（従業員が取引先から受け取った名刺も対象）
- □ 制服
- □ 定期券
- □ 鍵
- □ 事務用品
- □ パソコン、周辺機器（マウスなど）
- □ 携帯電話
- □ データ類、書類（顧客情報、企画書、報告書など）

退職時における秘密保持誓約

秘密保持誓約書とは、従業員に対して業務上知り得た情報を、「①口外しない　②持ち出さない」などを約束させる書類です。退職時に締結する秘密保持誓約では、退職後２年から５年間の期間を定めるのが一般的です。同時に、退職者の情報システムの利用者IDやアクセス権限を削除すること、会社への入館証を回収することも忘れないようにしましょう。

秘密保持誓約書の記入例

秘密保持誓約書

私は、令和６年３月20日付にて、一身上の都合により、貴社を退職いたしますが、貴社秘密情報に関して、下記の事項を遵守することを誓約いたします。

記

第１条（秘密保持の確認）

私は貴社を退職するにあたり、次に示される貴社の秘密情報に関する一切の資料、媒体等（文書、図画、写真、ＵＳＢメモリ、ＤＶＤ、ハードディスクドライブその他情報を記載又は記録するものをいう。）について、原本はもちろん、そのコピー及び関係資料等を、直ちに貴社に返還、消去又は廃棄し、その情報を自ら保有していないことを確認いたします。

① 製品開発に関する技術資料、製造原価及び販売における価格決定等の貴社製品に関する情報

② （以下略）

第２条（退職後の秘密保持の誓約）

前条各号に掲げる貴社の秘密情報を、貴社退職後においても、不正に開示又は不正に使用しないことを約束いたします。

第３条（契約の期間、終了）

本契約は、３年間有効とします。ただし、第一条各号の秘密情報が公知となった場合は、その時点をもって本契約は終了することとします。

以上

令和６年３月20日
スモール株式会社
代表取締役社長　秋田　誠　殿

東京都三鷹市上連雀〇-〇〇-〇
奈良　明日香　　　　　印

退職後の秘密保持の他、個人情報漏えいについての責任の所在についてなど、詳しく記載した「退職に関する合意書」を提出してもらうと安心です。

社会保険の資格喪失手続き

NOTE 退職者の社会保険の資格喪失手続きに注意する

社会保険の資格喪失手続き

退職者は、社会保険の資格を喪失します。そのため、**健康保険被保険者証（本人、扶養家族）を回収**し、退職日の翌日から5日以内に年金事務所へ「**健康保険・厚生年金保険 被保険者資格喪失届**」を提出しなければなりません。日数が限られているため速やかに保険証を回収し手続きしましょう。紛失などにより回収できなかった場合は、「健康保険 被保険者証回収不能届」を提出します。

●手続きの概要

期　限	退職日の翌日から5日以内（土、日、祝日の場合はその翌日）
提出書類	健康保険・厚生年金保険 被保険者資格喪失届 健康保険被保険者証（本人、扶養家族分） 〈交付されていれば〉 高齢受給者証、健康保険特定疾病療養受療証、健康保険限度額適用・標準負担額減額認定証
提出先	日本年金機構 事務センターまたは管轄の年金事務所 、協会けんぽまたは健康保険組合
提出方法	電子申請、郵送、窓口持参

退職月の社会保険料控除の注意点

社会保険料は、資格喪失日の前月分まで控除するのが原則です。資格喪失日とは退職日の翌日です。月末に退職すると、翌月の1日が資格喪失日となります。つまり、月末に退職した場合は、退職月の社会保険料も合わせて控除する必要があります。

例えば、月末締め翌月25日払いのように給与が翌月払いの会社を1月31日に退職する場合、資格喪失日が2月1日なので、**12月と1月の2カ月分の社会保険料を1月の給与から控除します**（※）。退職日が1月の30日までの日であれば、12月の社会保険料のみを控除します。

健康保険・厚生年金保険被保険者資格喪失届の記入例

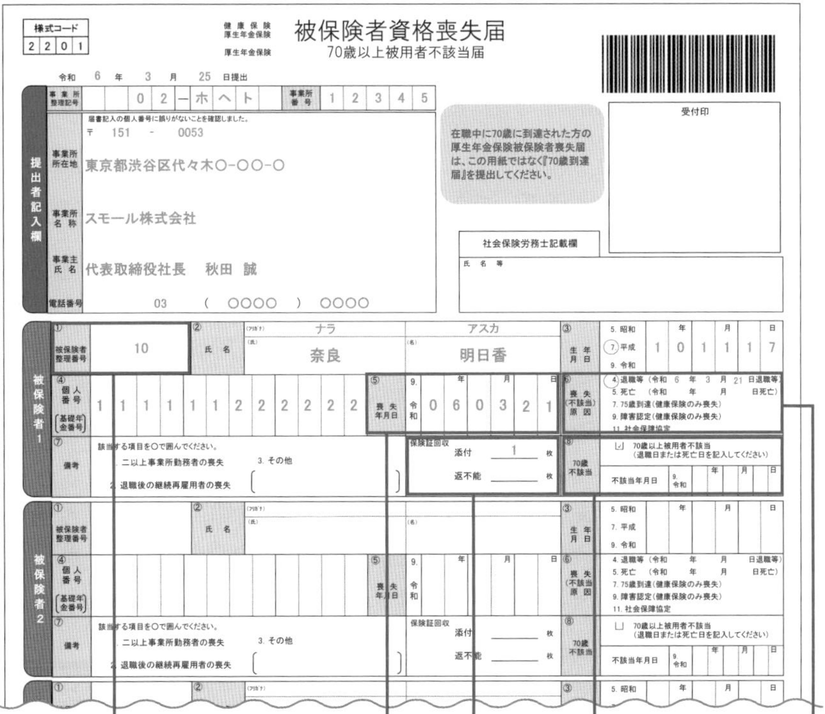
様式コード 2201
健康保険 厚生年金保険 被保険者資格喪失届
厚生年金保険 70歳以上被用者不該当届

令和 6 年 3 月 25 日提出

提出者記入欄

事業所整理記号	02－ホヘト
事業所番号	12345
事業所所在地	届書記入の個人番号に誤りがないことを確認しました。 〒151-0053 東京都渋谷区代々木〇-〇〇-〇
事業所名称	スモール株式会社
事業主氏名	代表取締役社長　秋田 誠
電話番号	03（〇〇〇〇）〇〇〇〇

在職中に70歳に到達された方の厚生年金保険被保険者喪失届は、この用紙ではなく『70歳到達届』を提出してください。

受付印

社会保険労務士記載欄
氏名等

被保険者1

① 被保険者整理番号	10
② 氏名	(フリガナ) ナラ アスカ (氏) 奈良 (名) 明日香
③ 生年月日	5. 昭和 ⑦平成 9. 令和　10 年 11 月 17 日
④ 個人番号（基礎年金番号）	111111222222
⑤ 喪失年月日	9. 令和 06 年 03 月 21 日
⑥ 喪失（不該当）原因	④退職等（令和 6 年 3 月 21 日退職等） 5. 死亡（令和 年 月 日死亡） 7. 75歳到達（健康保険のみ喪失） 9. 障害認定（健康保険のみ喪失） 11. 社会保障協定
⑦ 備考	該当する項目を〇で囲んでください。 1. 二以上事業所勤務者の喪失 2. 退職後の継続再雇用者の喪失 3. その他（　）
保険証回収	添付 1 枚 返不能 枚
⑧ 70歳不該当	☑ 70歳以上被用者不該当（退職日または死亡日を記入してください） 不該当年月日 9. 令和 年 月 日

被保険者2

① 被保険者整理番号	
② 氏名	(フリガナ) (氏) (名)
③ 生年月日	5. 昭和 7. 平成 9. 令和　年 月 日
④ 個人番号（基礎年金番号）	
⑤ 喪失年月日	9. 令和 年 月 日
⑥ 喪失（不該当）原因	4. 退職等（令和 年 月 日退職等） 5. 死亡（令和 年 月 日死亡） 7. 75歳到達（健康保険のみ喪失） 9. 障害認定（健康保険のみ喪失） 11. 社会保障協定
⑦ 備考	該当する項目を〇で囲んでください。 1. 二以上事業所勤務者の喪失 2. 退職後の継続再雇用者の喪失 3. その他（　）
保険証回収	添付 枚 返不能 枚
⑧ 70歳不該当	□ 70歳以上被用者不該当（退職日または死亡日を記入してください） 不該当年月日 9. 令和 年 月 日

① ② (フリガナ) ③ 5. 昭和 年 月 日

資格取得時に払い出しされた被保険者整理番号を記入する

退職日の翌日の年月日を記入する

「4.退職等」を〇で囲み、退職日当日の年月日を記入する

健康保険被保険者証が回収できない場合、「返不能」を〇で囲み、被保険者証回収不能届を提出する

70歳以上の従業員で資格喪失理由が退職の場合、「□70歳以上被用者不該当」にチェックを入れ、退職日を記入する

memo

［※退職時の社会保険料控除について］

月末締め翌月25日払いの場合、入社時から翌月徴収ができていれば1カ月分控除。月末締め当月払いの場合、入社時の初回に徴収できていなければ2カ月分を控除します。

雇用保険の資格喪失手続き

NOTE 退職者の雇用保険の資格喪失手続きに注意する

雇用保険資格喪失の手続き

退職日の翌々日から10日以内に「**雇用保険被保険者資格喪失届**」と「**雇用保険被保険者離職証明書**」を**ハローワークに提出**して、雇用保険喪失の手続きを行います。雇用保険被保険者離職証明書は、退職者が希望する場合に提出するのが前提ですが、用意しておく方が安心です。また、退職者が59歳以上の場合は必ず提出する必要があります。

雇用保険被保険者資格喪失届を離職票交付希望で提出すると、ハローワークから「資格喪失確認通知書（事業所通知用・被保険者通知用）」「離職証明書（事業主控）」「離職票－１」「離職票－２」が交付されます。資格喪失確認通知書（事業所通知用）と離職証明書（事業主控）は会社が保管し、資格喪失確認通知書（被保険者通知用）と離職票－１、離職票－２は速やかに退職者に渡します。退職者はこれらを使って、失業給付の手続きを行いますので、遅れないようにしましょう。

● **手続きの概要**

期　限	退職日の翌々日から10日以内（土、日、祝日の場合はその翌日）
提出・確認書類	雇用保険被保険者資格喪失届 雇用保険被保険者離職証明書（すでに転職先が決まっている場合、従業員が死亡した場合は提出不要） 出勤簿、労働者名簿、退職事例発令書類、賃金台帳、離職理由を確認できる資料
提出先	管轄のハローワーク
提出方法	電子申請、郵送、窓口持参
交付される書類	**〈離職票を希望しなかった場合〉** 資格喪失確認通知書（事業所通知用・被保険者通知用） **〈離職票を希望した場合〉** 資格喪失確認通知書（事業所通知用）、離職証明書 (事業主控)、離職票－１、離職票－２

雇用保険被保険者資格喪失届の記入例

離職年月日現在の１週間の所定労働時間

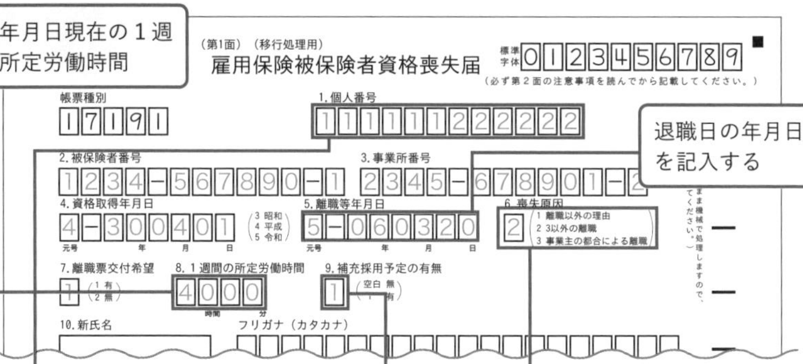
（第1面）（移行処理用）
雇用保険被保険者資格喪失届　標準字体 0123456789
（必ず第２面の注意事項を読んでから記載してください。）

帳票種別 17191
1.個人番号 111111222222
2.被保険者番号 1234-567890-1
3.事業所番号 2345-678901-2
4.資格取得年月日 4-300401（元号 年 月 日）（3 昭和　4 平成　5 令和）
5.離職等年月日 5-060320（元号 年 月 日）
6.喪失原因 2（1 離職以外の理由　2 3以外の離職　3 事業主の都合による離職）
7.離職票交付希望 1（1 有　2 無）
8.１週間の所定労働時間 4000（時間 分）
9.補充採用予定の有無 1（空白 無　1 有）
10.新氏名
フリガナ（カタカナ）

退職日の年月日を記入する

退職者のマイナンバーを記入する。マイナンバーの確認と、マイナンバーカードや運転免許証などで身元確認を必ず行う

届け出る従業員の離職に伴い、人員の補充を予定している場合は「1」、予定していない場合は空欄にする

次の区分に従い、該当する番号を記入する
1…死亡、在籍出向、出向元への復帰など、離職以外の理由
2…１と３以外の離職。自己都合による退職、契約期間満了、懲戒解雇、定年退職など
3…会社の都合による解雇、会社の勧奨などによる任意退職など

失業給付の受給資格

失業給付（雇用保険の基本手当）の支給を受けられる資格を受給資格といいます。自己都合の退職の場合、離職日以前２年間に雇用保険被保険者期間が12カ月以上（会社都合の場合は６カ月）あることが条件ですが、下記の条件に当てはまれば前職と通算して計算されるため、必ず本人に確認しましょう。

●**受給資格期間**

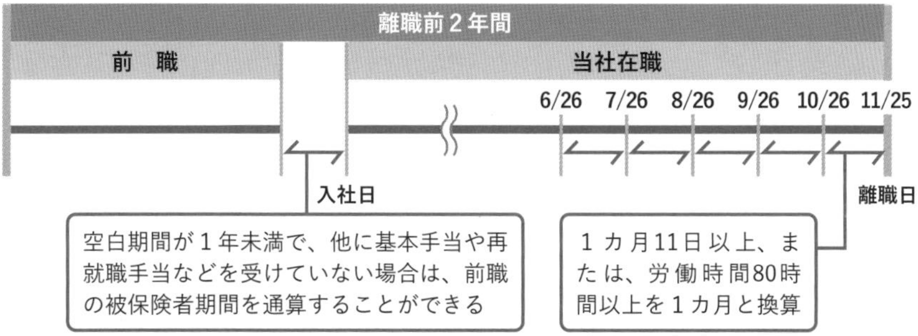

雇用保険被保険者離職証明書の記入例

（左ページ）

様式第５号（第７条関係）　**雇用保険被保険者離職証明書（安定所提出用）**

①被保険者番号	1234-567890-1	③フリガナ	ナラ　アスカ	④離職年月日	令和 6年 3月 20日
②事業所番号	2345-678901-2	離職者氏名	奈良　明日香		
⑤事業所 名称	スモール株式会社	⑥離職者の住所又は居所	〒181-0012 東京都三鷹市上連雀○－○○－○ 電話番号（0422）0000－0000		
所在地	東京都渋谷区代々木○-○○-○				
電話番号	03-0000-0000				

この証明書の記載は、事実に相違ないことを証明します。
事業主　住所 東京都渋谷区代々木○-○○-○
　　　　氏名 スモール株式会社 代表取締役 秋田 誠

※離職票交付　令和　年　月　日
（交付番号　　　番）

離職の日以前の賃金支払状況等

⑧被保険者期間算定対象期間 Ⓐ一般被保険者等（離職日の翌日 3月21日）	Ⓑ短期雇用特例被保険者	⑨⑧の期間における賃金支払基礎日数	⑩賃金支払対象期間	⑪⑩の基礎日数	⑫賃金額 Ⓐ	Ⓑ	計	⑬備考
3月1日～離職日	離職月	20日	3月16日～離職日	5日	45,162			
2月1日～2月29日	月	29日	2月16日～3月15日	29日	280,000			
1月1日～1月31日	月	31日	1月16日～2月15日	31日	280,000			
12月1日～12月31日	月	31日	12月16日～1月15日	31日	280,000			
11月1日～11月30日	月	30日	11月16日～12月15日	30日	280,000			
10月1日～10月31日	月	31日	10月16日～11月15日	31日				
9月1日～9月30日	月	30日	9月16日～10月15日	30日				
8月1日～8月31日	月	31日	8月16日～9月15日	31日				
7月1日～7月31日	月	31日	7月16日～8月15日	31日				
6月1日～6月30日	月	30日	6月16日～7月15日	30日				
5月1日～5月31日	月	31日	5月16日～6月15日	31日				
4月1日～4月30日	月	30日	4月16日～5月15日	30日				
月　日～　月　日	月	日	月　日～　月　日	日				

⑭賃金に関する特記事項

⑮この証明書の記載内容（⑦欄を除く）は相違ないと認めます。
（離職者氏名）奈良　明日香

※公共職業安定所記載欄
⑮欄の記載　有・無
⑯欄の記載　有・無
資・聴

賃金の記入は６カ月分のみでよい。賃金の主たる部分が月、週その他一定の期間によって定められている場合は、その月の賃金すべてをⒶ欄（月給）に記載する。日給・時間給などはⒷ欄に記載。社会保険料や所得税控除前の金額

離職日の翌日と、それから１カ月ごとにさかのぼって12カ月分を記入する

賃金締め日で区切った対象期間を１カ月ごとに記入する。被保険者期間算定対象期間（⑧欄）とは日付がずれることが多い

離職者の署名欄があるので、本人が署名する。退職者がすでに離職して本人の署名が得られない場合は代表者が自筆で署名する

（右ページ）

離職理由について、事業主記入欄の該当する□の中に○を記入する
●「離職票－２」には離職者記入欄があるので、離職者本人が記入する

⑦離職理由欄…事業主の方は、離職者の主たる離職理由が該当する理由を１つ選択し…の具体的事情記載欄に具体的事情を記載してください。

【離職理由は所定給付日数・給付制限の有無に影響を与える場合があり、適正に記載してください。】

事業主記入欄	離　職　理　由	※離職区分

□……（1）倒産手続開始、手形取引停止による離職
□……（2）事業所の廃止又は事業活動停止後事業再開の見込みがないため離職

1　事業所の倒産等によるもの

2　定年によるもの
□……定年による離職（定年　　歳）
　定年後の継続雇用｛を希望していた（以下のａからｃまでのいずれかを１つ選択してください）／を希望していなかった
　ａ　就業規則に定める解雇事由又は退職事由（年齢に係るものを除く。以下同じ。）に該当したため
　（解雇事由又は退職事由と同一の事由として就業規則又は労使協定に定める「継続雇用しないことができる事由」に該当して離職した場合も含む。）
　ｂ　平成25年3月31日以前に労使協定により定めた継続雇用制度の対象となる高年齢者に係る基準に該当しなかったため
　ｃ　その他（具体的理由：　　　　　　　）

3　労働契約期間満了等によるもの
□……（1）採用又は定年後の再雇用時等にあらかじめ定められた雇用期限到来による離職
　（１回の契約期間　　箇月、通算契約期間　　箇月、契約更新回数　　回）
　（当初の契約締結後に契約期間や更新回数の上限を短縮し、その上限到来による離職に該当　する・しない）
　（当初の契約締結後に契約期間や更新回数の上限を設け、その上限到来による離職に該当　する・しない）
　（定年後の再雇用時にあらかじめ定められた雇用期限到来による離職で　ある・ない）
　（４年６箇月以上５年以下の通算契約期間の上限が定められ、この上限到来による離職で　ある・ない）
　→ある場合（同一事業所の有期雇用労働者に一様に4年6箇月以上5年以下の通算契約期間の上限が平成24年8月10日前から定められて　いた・いなかった）
□……（2）労働契約期間満了による離職
　①　下記②以外の労働者
　（１回の契約期間　　箇月、通算契約期間　　箇月、契約更新回数　　回）
　（契約を更新又は延長することの確約・合意の　有・無（更新又は延長しない旨の明示の　有・無））
　（直前の契約更新時に雇止め通知の　有　・　無　）
　（当初の契約締結後に不更新条項の追加が　ある・ない）
　労働者から契約の更新又は延長｛を希望する旨の申出があった／を希望しない旨の申出があった／の希望に関する申出はなかった
　②　労働者派遣事業に雇用される派遣労働者のうち常時雇用される労働者以外の者
　（１回の契約期間　　箇月、通算契約期間　　箇月、契約更新回数　　回）
　（契約を更新又は延長することの確約・合意の　有・無（更新又は延長しない旨の明示の　有・無））
　労働者から契約の更新又は延長｛を希望する旨の申出があった／を希望しない旨の申出があった／の希望に関する申出はなかった
　ａ　労働者が適用基準に該当する派遣就業の指示を拒否したことによる場合
　ｂ　事業主が適用基準に該当する派遣就業の指示を行わなかったことによる場合（指示した派遣就業が取りやめになったことによる場合を含む。）
　（ａに該当する場合は、更に下記の５のうち、該当する主たる離職理由を更に１つ選択し、○印を記入してください。該当するものがない場合は下記の６に○印を記入した上、具体的な理由を記載してください。）
□……（3）早期退職優遇制度、選択定年制度等により離職
□……（4）移籍出向

4　事業主からの働きかけによるもの
□……（1）解雇（重責解雇を除く。）
□……（2）重責解雇（労働者の責めに帰すべき重大な理由による解雇）
　（3）希望退職の募集又は退職勧奨
□……①　事業の縮小又は一部休廃止に伴う人員整理を行うためのもの
□……②　その他（理由を具体的に　　　　　　　）

5　労働者の判断によるもの
　（1）職場における事情による離職
□……①　労働条件に係る問題（賃金低下、賃金遅配、時間外労働、採用条件との相違等）があったと労働者が判断したため
□……②　事業主又は他の労働者から就業環境が著しく害されるような言動（故意の排斥、嫌がらせ等）を受けたと労働者が判断したため
□……③　妊娠、出産、育児休業、介護休業等に係る問題（休業等の申出拒否、妊娠、出産、休業等を理由とする不利益取扱い）があったと労働者が判断したため
□……④　事業所での大規模な人員整理があったことを考慮した離職
□……⑤　職種転換等に適応することが困難であったため（教育訓練の　有・無　）
□……⑥　事業所移転により通勤困難となった（なる）ため（旧（新）所在地：　　　　　　）
□……⑦　その他（理由を具体的に　　　　　　　）
○……（2）労働者の個人的な事情による離職（一身上の都合、転職希望等）

□……6　その他（１－５のいずれにも該当しない場合）
　（理由を具体的に　　　　　　　）

※離職区分：1A　1B　2A　2B　2C　2D　2E　3A　3B　3C　3D　4D　5E

具体的事情記載欄（事業主用）　転職希望による

⑯離職者本人の判断（○で囲むこと）
事業主が○を付けた離職理由に異議　有り・（無し）
（離職者氏名）奈良　明日香

事業主が具体的な事情を記入する
●「離職票－２」には離職者用記入欄があるので、事業主が記載した内容で異議がなければ「同上」と記載する

前回確認日　／　　／　　／

源泉徴収票の交付と住民税の手続き

NOTE 退職者への源泉徴収票の交付と住民税の手続きに注意する

給与所得の源泉徴収票の交付

退職時には「**給与所得の源泉徴収票**」を作成し、退職日から１カ月以内に退職者へ交付します。源泉徴収票には、退職した年の１月１日から退職日までの給与や賞与の支給額、社会保険料の控除額、源泉徴収税額を記載します。

原則として退職者の年末調整は行わず、退職者が源泉徴収票を転職先の会社に提出して、転職先の会社が年末調整を行います。ただし、死亡による退職の場合や12月の給与が支給されてから退職した場合、著しい心身障害により退職して再就職が困難な場合などは、年末調整を行います。

住民税の手続き

住民税は前年の所得に応じて６月～翌年５月までに納付するため、納付方法は退職時期によって異なります。１月１日から５月31日に退職する場合は、残りの住民税を給与や退職金から差し引きます。６月１日から12月31日に退職する場合は、次の３つの方法があります。

①給与や退職金から翌年5月分までを一括で差し引く

②退職者本人が市区町村から送られてくる納付書を使用して、自分で納付する（普通徴収）

③転職先が決まっている場合は、転職先で差し引く（特別徴収）

退職者に①から③のどの方法にするかを確認したら、「**給与支払報告・特別徴収に係る給与所得者異動届出書**」を作成します。いずれの場合も、会社が１月１日現在に所在地がある市区町村の役所へ退職日の翌月10日までに提出します。

退職者の給与所得の源泉徴収票の記入例

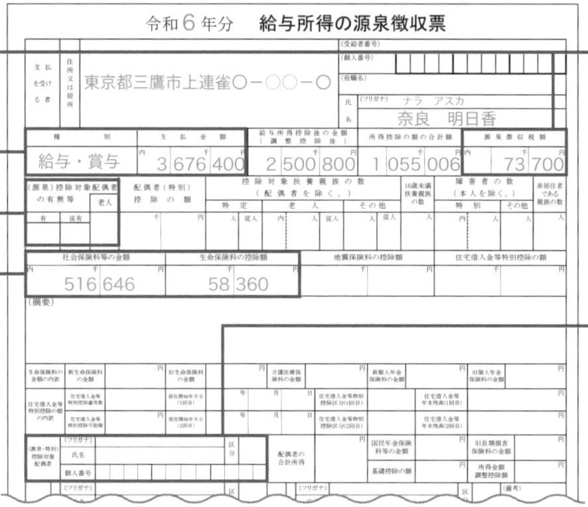

記載するのは、種別（給与所得）と支払金額、源泉徴収税額、（源泉）控除対象配偶者の有無等、社会保険料等・生命保険料の控除の金額のみ

（源泉・特別）控除対象配偶者がいる場合は記入

給与支払報告・特別徴収に係る給与所得者異動届出書の記入例

特別徴収を行う転職先の会社が記入

退職した日付を入れ、異動の事由「退職」の番号「１」を記入する

新しい勤務先で特別徴収を継続する場合は「１」、すでに給与等から徴収している場合は「２」、退職者本人が納付する場合は「３」

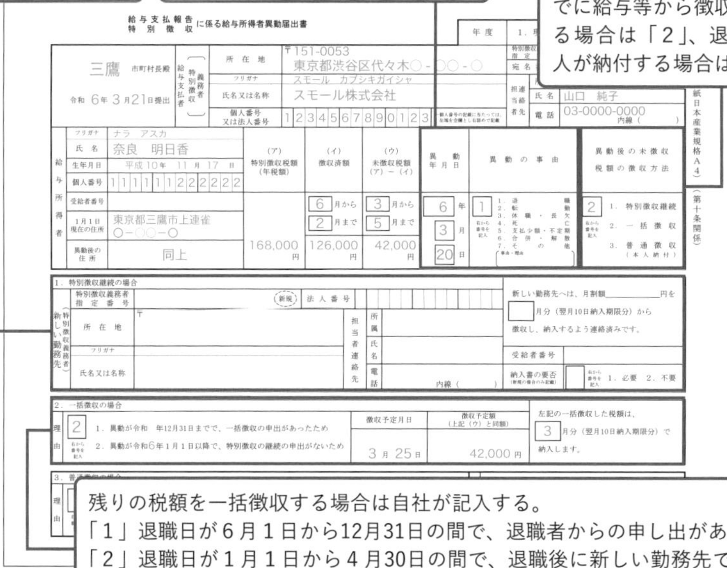

残りの税額を一括徴収する場合は自社が記入する。
「１」退職日が６月１日から12月31日の間で、退職者からの申し出があった場合
「２」退職日が１月１日から４月30日の間で、退職後に新しい勤務先で特別徴収を継続する予定がない

前回確認日　／　　／　　／

退職金から控除する税金

NOTE 退職金から控除する税金に注意する

退職金の支給

退職金は支給が義務付けられているものではありません。金額の決め方にも決まりはなく、勤続年数や役職に応じて決定する方法、基本給と連動させて算定する方法など、さまざまです。会社で規則を定め、税金を控除してから支給します。

退職金から控除するもの

退職金にかかる税金は、所得税と住民税です。従業員に「退職所得の受給に関する申告書」を提出してもらい、申告書を基に所得税を計算し、退職金から源泉徴収します。この申告書によって住民税も確定します。申告書の提出がなかった場合は、退職所得税控除が適用されないため、一律20.42％の税金を差し引きます。申告書は企業で保管し、税務署や役所から提示を求められたときに提示します。

退職所得の源泉徴収票

控除額が確定したら、退職金の支払いと共に、「**退職所得の源泉徴収票・特別徴収票**」を作成し、退職日から１カ月以内に本人へ交付します。役員に退職金を支払った場合は、税務署と市役所への提出が必要です。

退職所得の受給に関する申告書の記入例

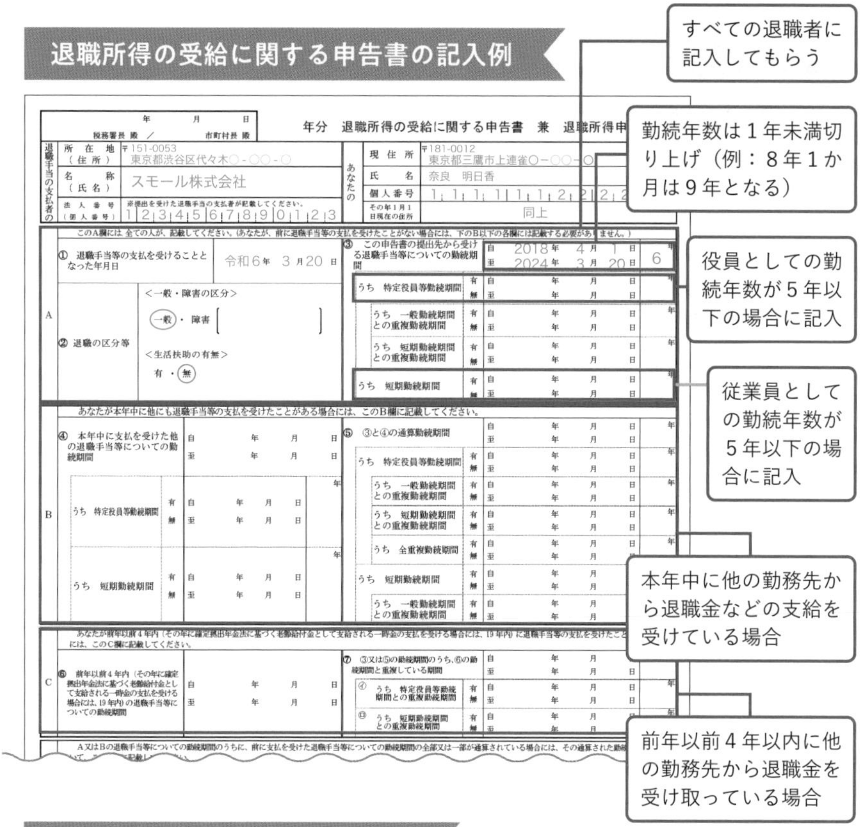

退職所得の源泉徴収票の記入例

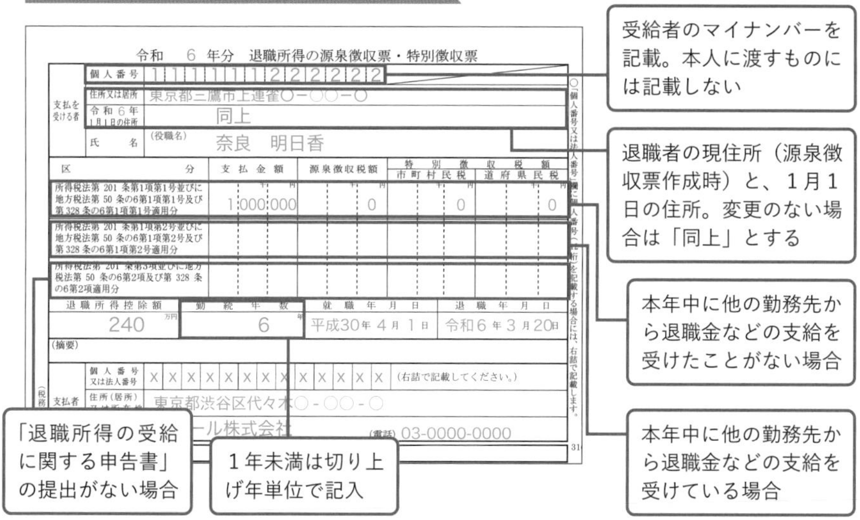

退職金にかかる所得税と住民税の計算方法

❶ 課税退職所得金額を求める

退職金のうち課税対象となる金額を算出します。

課税退職所得金額＝(退職金の収入金額－退職所得控除額)×$\frac{1}{2}$

●退職所得控除額の計算方法

勤続年数が20年以下	40万円×勤続年数 ただし、この額が80万円に満たない場合は80万円
勤続年数が20年超	800万円＋70万円×（勤続年数－20年）

●退職所得控除額の計算方法　（単位：万円）

勤続年数	退職所得控除額	勤続年数	退職所得控除額	勤続年数	退職所得控除額
2年以下	80	16年	640	30年	1,500
3年	120	17年	680	31年	1,570
4年	160	18年	720	32年	1,640
5年	200	19年	760	33年	1,710
6年	240	20年	800	34年	1,780
7年	280	21年	870	35年	1,850
8年	320	22年	940	36年	1,920
9年	360	23年	1,010	37年	1,990
10年	400	24年	1,080	38年	2,060
11年	440	25年	1,150	39年	2,130
12年	480	26年	1,220	40年	2,200
13年	520	27年	1,290	41年	2,270
14年	560	28年	1,360	42年以上	2,270万円に、勤続年数が41年を超える1年ごとに70万円加算した金額
15年	600	29年	1,430		

❷ 税金を計算する

所得税

退職金の所得税額＝
(課税所得金額(A)×所得税率(B)－控除額(C))×1.021

●所得税の税額表（令和５年分）

A 課税退職所得金額	B 所得税率	C 控除額	税額＝(A × B − C) × 102.1%
195万円以下	5%	—	(A × 5%) × 102.1%
195万円超 330万円以下	10%	97,500円	(A × 10% − 97,500円) × 102.1%
330万円超 695万円以下	20%	427,500円	(A × 20% − 427,500円) × 102.1%
695万円超 900万円以下	23%	636,000円	(A × 23% − 636,000円) × 102.1%
900万円超 1,800万円以下	33%	1,536,000円	(A × 33% − 1,536,000円) × 102.1%
1,800万円超 4,000万円以下	40%	2,796,000円	(A × 40% − 2,796,000円) × 102.1%
4,000万円超	45%	4,796,000円	(A × 45% − 4,796,000円) × 102.1%

※求めた税額に１円未満の端数があるときは切り捨てます。

住民税

市町村民税と道府県民税の合計が住民税額です。100円未満は切り捨てます。

市町村民税＝課税所得金額×６％
道府県民税＝課税所得金額×４％
住民税額＝市町村民税＋道府県民税

税の納付

所得税の納付は、普段の納付と同じ「給与所得・退職所得等の所得税徴収高計算書（納付書）」を使って納付します。納付期限は原則翌月10日です（納期の特例がある場合を除く）。

住民税の退職所得の納付も翌月10日までです。

納付の際には「退職所得にかかる市民税・県民税の特別徴収税額納入内訳届出書」も一緒に提出しますが、同様の内容が確認できる「退職所得の源泉徴収票・特別徴収票」などでも代用できます。

 （社会保険❷は p.220）

出産・子育て時の社会保険手続き

NOTE 産休・育休中の社会保険料の対応に注意する

産休・育休中の社会保険料は免除される

産前産後休業（産休）、**育児休業（育休）**（➡p.43）などの期間中の社会保険料（健康保険・厚生年金保険）は、被保険者、事業主とも免除されます。休業期間中に有給、無給でも同様です。住民税は前年の所得にかかるもののため、支払い義務が発生します。住民税の起点は６月なので、産休に入る時期によって納税方法が変わります。

産前産後の手続き

●**産休前〜産休中**

住民税の徴収	１～５月に産休に入る場合	産休に入る直前の給与から５月までの住民税を一括徴収する
	６～12月に産休に入る場合	従業員自らが納付する（普通徴収）
社会保険料免除の申請	従業員が産休に入り次第「健康保険・厚生年金産前産後休業取得者申出書」を管轄の年金事務所に申請する	
出産育児一時金の申請	１児につき50万円支給（22週目以降出産）される。医療機関などが申請を行うが、会社側にも所定の手続きがある	

●**出産後**

扶養異動届の提出	生まれた子が扶養に入る場合、「健康保険被扶養者（異動）届」を日本年金機構（協会けんぽ加入の場合）か、加入する健康保険組合に提出する	
出産手当金	産休中（産前、産後）給与を支払わない期間は、出産手当金が健康保険から支払われる	
	支給期間	出産予定日以前42日から出産日の翌日以降56日までの範囲で、会社から給与の支払いがなかった期間
	１日当たりの支給金額	支給開始日前の12カ月間の標準報酬月額の平均額÷30日×（２/３）
	申請書類	「健康保険出産手当金支給申請書」に申請者が記入後、事業主欄に申請期間の勤務状況などを記入し、全国健康保険協会（協会けんぽ）に提出する

●育休中

社会保険料免除の申請	育児休業取得後、「健康保険・厚生年金育児休業等取得者申出書」を管轄の年金事務所に提出する	
育児休業給付の申請	従業員が育休を希望する場合、男性は出産予定日より、女性は産後休業後に取得可能。育休中は育児休業給付金の支給が受けられる	
	申請書類	「雇用保険被保険者休業開始時賃金月額証明書」「育児休業給付受給資格確認票」「育児休業給付金支給申請書」をハローワークに提出する

産休・育休後の標準報酬月額の改定

[産休終了後、育休を経ず会社に復帰した場合]

産前産後休業終了日の翌日が属する月以後の**3カ月間の報酬月額の平均で標準報酬月額を改定**することが可能。

申請書類：「産前産後休業終了時報酬月額変更届」

改　　定：産前産後休業終了日の翌日が属する月から4カ月目から

[産休終了後、育休を取得した場合]

育児休業終了日の翌日が属する月以後の3カ月間の報酬月額の平均額で標準報酬月額を改定することが可能。

申請書類：「育児休業等終了時報酬月額変更届」

改　　定：育児休業終了日の翌日が属する月から4カ月目から

memo

[育児休業の分割取得]

育児・介護休業法の改正で、1歳未満の子がいる場合、原則2回の育休まで育児休業給付金を受けることが可能。3回目以降は給付金を受けられないが、保育園に入れないなどの事由があり、夫婦で育休を取得する場合、①1歳～1歳6カ月　②1歳6カ月～2歳の間、夫婦それぞれ1回育児休業給付金が受けられる。

前回確認日　／　　／　　／

傷病手当金の手続き

NOTE 傷病手当金の手続きに注意する

傷病手当金は業務外のけがや病気が対象

傷病手当金は、業務外で発生したけがや病気により休業し、その結果給与の支払いを受けられない従業員の所得を保障する手当金です。加入期間の長さによらず健康保険の被保険者が対象で、パートタイムやアルバイトも含まれます。

なお、業務上や通勤中の傷病は労災保険の対象となるので、傷病手当金は支給されません。（➡p.291）

支給条件と申請の手順

傷病手当金の給付を受けるには、次の４つの条件をすべて満たさなければなりません。

● ４つの支給条件

- 療養が必要な業務外でのけがや病気であること
- 就業できない状態であること
- 連続する３日間（待期３日間）を含む４日以上、就業できなかったこと
- 休業した期間に給与の支払いがないこと

傷病手当金の申請は、該当の従業員から受給の依頼があったら「**健康保険傷病手当金支給申請書**」を本人に送付し、記入後（療養担当者の記入欄に医師の見解が必要）に会社に返送してもらいます。会社は、出勤状況や給与支払い状況を記入して、申請書を管轄の全国健康保険協会（協会けんぽ）支部に提出します。審査で問題がなければ１カ月ほどで本人に直接振り込みが開始されます。支給期間は、支給を開始した日から最長で１年６カ月です。

傷病手当金の申請の流れ

申請書の記入
従業員が申請書を記入し、医師の意見書欄に医師の見解を記入してもらう

→

会社へ提出
記入された申請書を会社に送付。会社は出勤状況や給与の支払い状況を記入

→

健康保険組合へ提出
完成した申請書を会社が全国健康保険協会に提出

●待期３日間とは

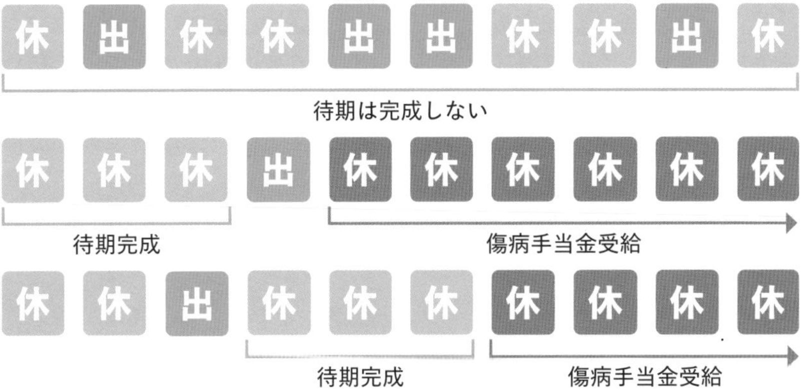

- 連続して2日間会社を休んだ後、3日目に仕事を行った場合は「待期3日間」とならない。
- 会社を休んだ日が連続して3日間なければならない。
- 連続していることが条件だが、公休、有休、欠勤も含まれる。

傷病手当金の支給される期間

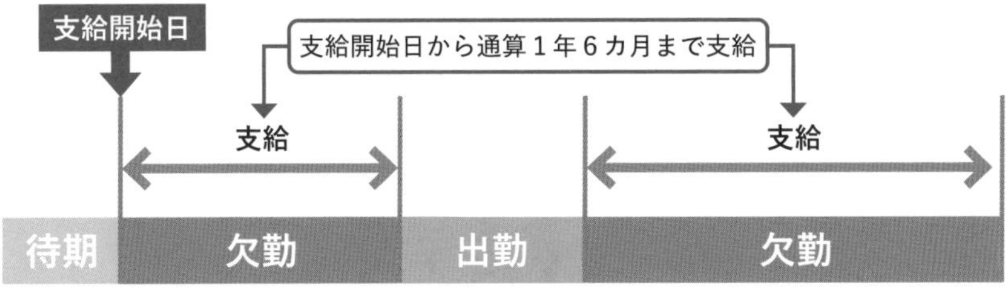

●支給される傷病手当金の額

1日当たりの金額 ＝ ｛支給開始日以前の継続した12カ月間の各月の標準月額を平均した額｝ ÷ **30日** × $\frac{2}{3}$

前回確認日 ／ ／ ／

労働保険の加入手続きの概要

NOTE 労働保険の加入方法に注意する

労働保険の種類と加入方法

労働保険は、従業員の福祉と雇用の安定を目的とした社会保険制度です。**労災保険（労働者災害補償保険）**と**雇用保険**があり、会社は、1人でも雇用していれば加入しなければなりません。加入には、初めて従業員を雇用した日の翌日から10日以内に「**労働保険 保険関係成立届**」を所轄の労働基準監督署に提出し、「概算保険料申告書」の提出は50日以内に行います。また、雇用保険については、上記の手続きで労働保険番号を付与された後、事業所を設置した日の翌日から10日以内に「**雇用保険適用事業所設置届**」を、資格取得日の翌月10日までに「**雇用保険被保険者資格取得届**」を、所轄の**ハローワークに提出**します。

memo

労災保険と雇用保険は管轄が異なりますが、一般的には保険料の納付・申告を同時に行うことができます（一元適用事業）。なお、建設業、農林水産業など、一部の業種では別々に処理する必要があります（二元適用事業）。

労働保険の対象者と保険料負担

労災保険は、従業員の業務上や通勤でのけがや病気（**業務災害**・**通勤災害**）に対し必要な給付を行うとともに、社会復帰の促進などを行うための保険です。労働中の事故、通勤中の事故、職業病（業務上疾病）に対して、治療費や療養・休業・障害・遺族補償などの給付をします（仕事以外の事由によるけがや病気は、健康保険による給付になります）。

雇用保険は、従業員の失業時に一定期間の生活を支えるための保険です。失業給付、育児休業給付、介護休業給付などが含まれます。また、再就職支援や職業訓練にも利用されます。

労働保険加入手続きの流れ（一元適用事業の場合）

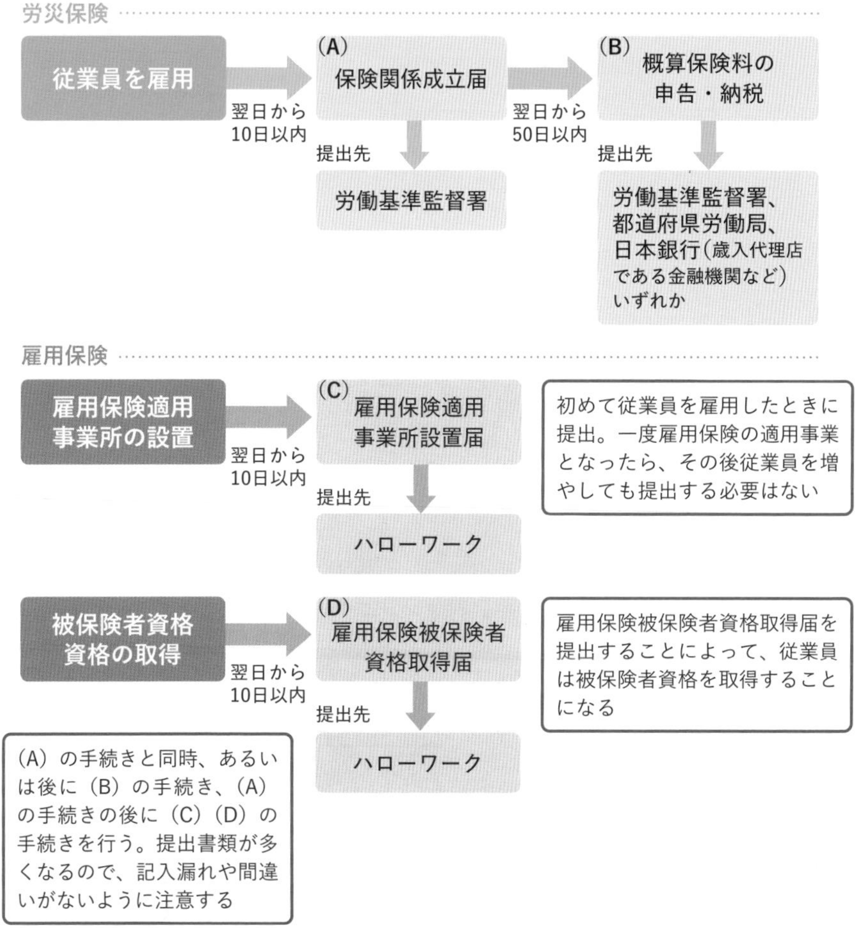

●労災保険の対象となる従業員と保険料負担

対象者	正社員、パートタイム、アルバイトなど、雇用形態にかかわらず、すべての従業員
保険料負担	賃金総額に労災保険率を掛けて算出。会社が保険料を全額負担し、従業員の負担はない

●雇用保険の対象となる従業員と保険料負担

対象者	週に20時間以上働く従業員で、雇用が31日以上続く見込みがあること
保険料負担	賃金総額に雇用保険料率を掛けて算出。会社と従業員双方で負担。負担率は事業の内容により異なるが、いずれも従業員より会社の方が高くなっている

労働保険 保険関係成立届の記入例

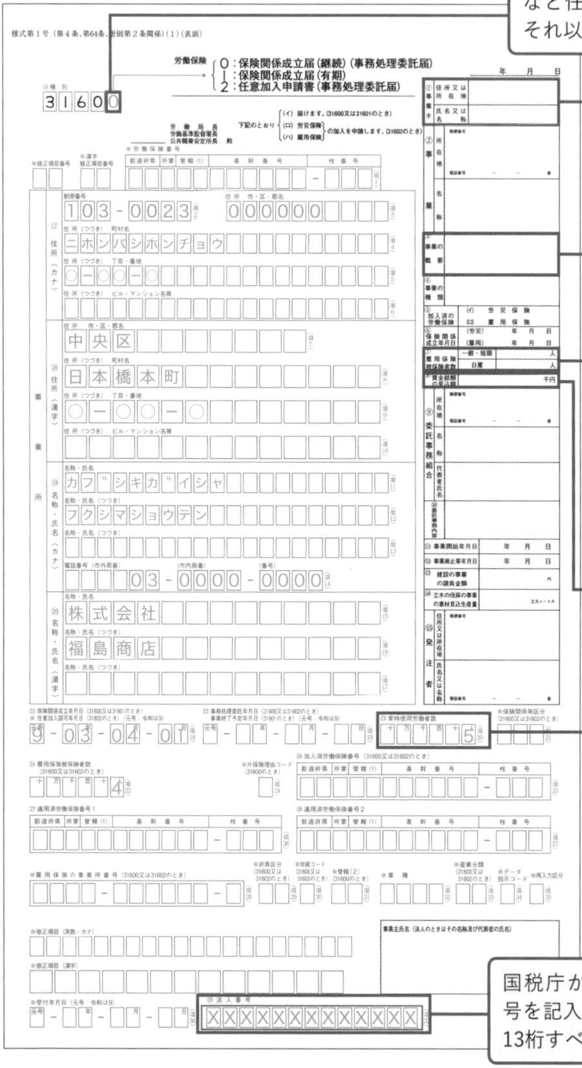

事業期間が予定されている建設業などの有期事業は「1」、農林水産業で5人未満の個人経営など任意加入の場合は「2」、それ以外は「0」を記入する

すでに継続事業の一括の認可を受けている場合記入する。それ以外は空欄のままにする

事業内容を具体的に記入する

その年度における1カ月平均雇用保険被保険者数のうち、一般被保険者数と短期雇用特例被保険者数の合計を記入する

保険関係が成立した日から保険年度末までの期間に使用する労働者にかかる賃金総額の見込額を記入する

その年度における1日平均使用労働者数の見込み（延べ使用労働者数÷所定労働日数）を記入する

国税庁から通知される13桁の番号を記入。個人事業主の場合は、13桁すべてに「0」を記入する

［事業主関係の添付書類］

- 「会社登記簿謄本」（個人事業主は「住民票」）
- 「労働保険概算保険料申告書」

経理
労務
総務

雇用保険適用事業所設置届の記入例

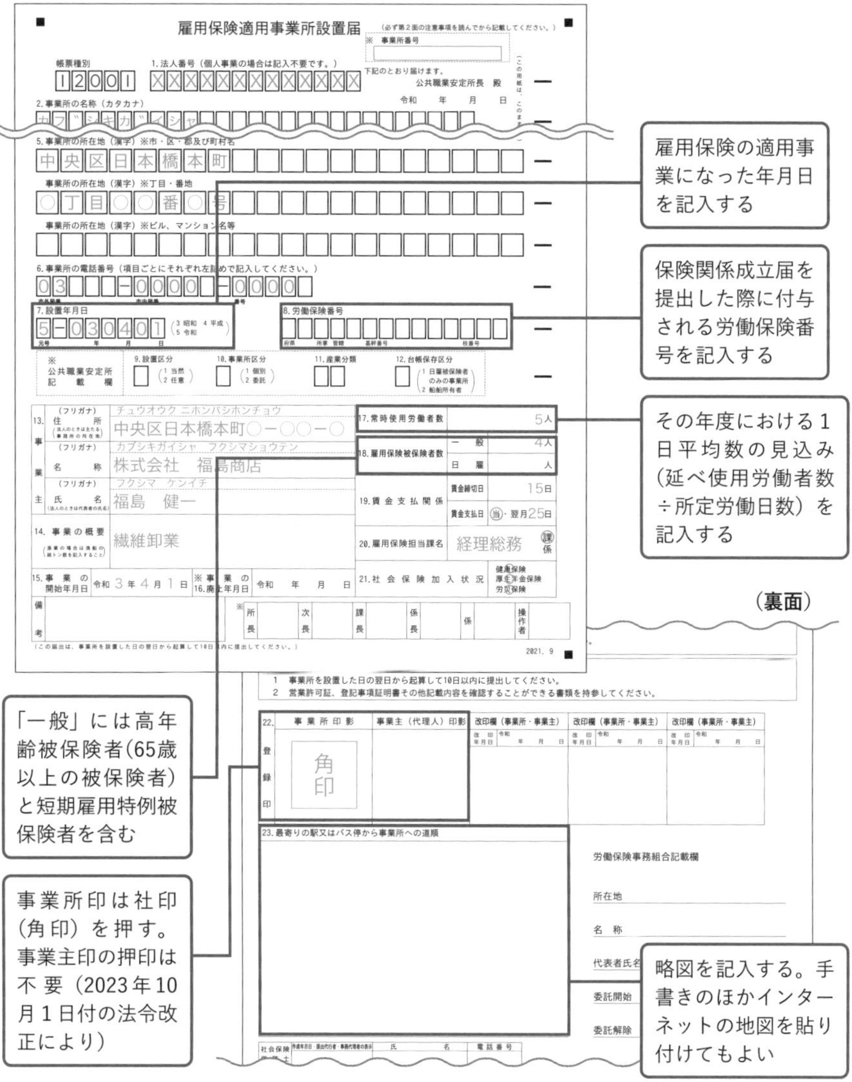

［添付書類］

- 会社登記簿謄本（個人事業主は住民票）
- 「労働保険保険関係成立届」事業主控写し（労働基準監督署受理済み）
- 会社登記簿住所以外の事業所設置の場合は「賃貸契約書」の写しなど

前回確認日　／　　／　　／

労働保険料申告書の作成と保険料納付

NOTE 労働保険料の申告と納付に注意する

労働保険料（労災保険料、雇用保険料）の申告と納付

労働保険料は、概算で申告、納付します。毎年６月１日から７月10日の間に、前年度の確定保険料と当年度の概算保険料を申告し、納付（精算）します。

●申告の流れ

毎年、申告期間の前に、労働局から「**労働保険 概算・増加概算・確定保険料・一般拠出金申告書**」（「**労働保険料申告書**」）（➡p.290）と「**確定保険料・一般拠出金算定基礎賃金集計表**」（「**算定基礎賃金集計表**」）（➡p.288）が届きます。算定基礎賃金集計表は提出する必要はありませんが、労働保険料申告書の作成がスムーズに進むため最初に作成しましょう。

まず、算定基礎賃金集計表に、基本給、諸手当、通勤交通費などを集計し、前年度分の賃金総額を算出します。それに労災保険率と雇用保険料率とを乗じてそれぞれの保険料を求めます。ここで算出された数値が前年度分の確定保険料です。

次に、労働保険料申告書に算出した数字を転記します。当年度分の概算保険料（その年の４月から翌年３月分）は、従業員数に変動がない場合、前年と同じ賃金総額で算出します。

会社は、前年度に支払った概算保険料と確定保険料との差額と、当年度の概算保険料を精算して、管轄の労働局や労働基準監督署に申告、納付します。これを**年度更新**といいます。

経理
労務
総務

労働保険料の申告と納付の流れ

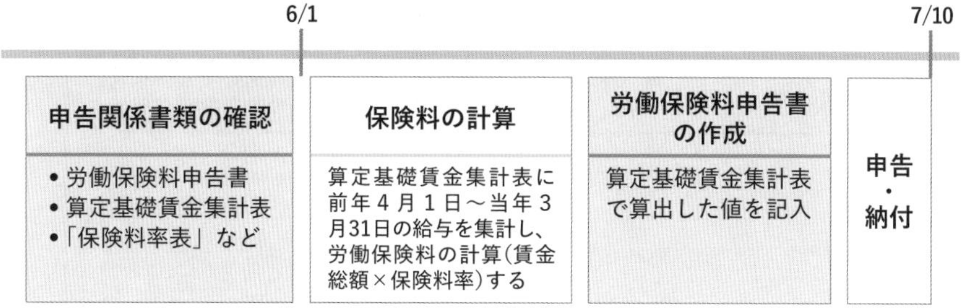

●労働保険の年度更新のイメージ

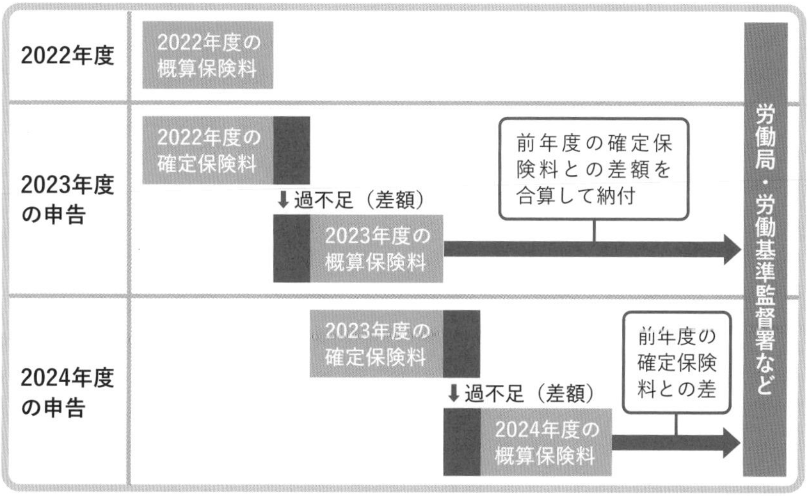

※概算保険料が確定保険料より多かった場合、差額は翌年殿概算保険料に充当または事業主に還付される。

memo

［労災保険率（単位：1/1000）］

労災保険率は、業種によって料率が異なります。例えば、石炭鉱業88、林業52、定置網漁業37、水力発電施設等新設事業34、道路新設事業11、食料品製造業5.5、交通運輸事業４、印刷業3.5、金融・保険・不動産業2.5というように、労災事故が起こりやすい危険な業種ほど高くなっています。

雇用保険料率はp.135「令和６年度の雇用保険料率」を参照してください。

確定保険料・一般拠出金算定基礎賃金集計表の記入例

役員でも、事実上業務執行権を有する者の命令を受けて労働に従事し、賃金を受けている場合は労働者扱いになる（ハローワークの審査が必要）

常用、日雇、パートタイム、アルバイトなどすべての労働者が対象

令和5年度　確定保険料・一般拠出金算定基礎賃金集計表
（算定期間　令和5年4月～令和6年3月）

労働保険番号	府県		所掌	管轄		基幹番号						枝番号		
	1	3	1	0	7	0	0	0	0	0	0	0	0	0

出向者の有無		
受	0	名
出	0	名

事業の名
事業の所

区分 / 月	労災保険および一般拠出金（対象者数及び賃金）						
	(1) 常用労働者		(2) 役員で労働者扱いの人		(3) 臨時労働者		(4) 合　計（(1)+
	常用労働者のほか、パート、アルバイトで雇用保険の資格のある人を含めます。		実質的な役員報酬分を除きます。		(1)(2)以外の全ての労働者（パート、アルバイトで雇用保険の資格のない人）を記入してください。		
	(人)	(円)	(人)	(円)	(人)	(円)	(人)
令和 5年 4月	8	3,274,575	2	950,000	1	131,600	11
5月	8	3,274,575	2	950,000	1	131,600	11
6月	8	3,274,575	2	950,000	1	131,600	11
7月	8	3,274,575	2	950,000	1	142,800	11
8月	8	3,274,575	2	950,000	1	103,500	11
9月	8	3,274,575	2	950,000	1	131,600	11
10月	8	3,274,575	2	950,000	1	131,600	11
11月	8	3,274,575	2	950,000	1	131,600	11
12月	8	3,274,575	2	950,000	1	131,600	11
令和 6年 1月	8	3,274,575	2	950,000	1	142,800	11
2月	8	3,274,575	2	950,000	1	103,500	11
3月	8	3,274,575	2	950,000	1	131,600	11
賞与 5年 7月		5,800,000					
賞与 5年 12月		7,300,000					
賞与　年　月							
合　計	96	52,394,900	24	11,400,000	12	1,545,400	(9) 132

(10)

※A 次のBの事業以外の場合、各月賃金締切日等の労働者数の合計を記入し(9)の合計人数を12で除し小数点以下切り捨てた月平均人数を記入してください。

↓

B 船きょ、船舶、岸壁、波止場、停車場又は倉庫における貨物取扱の事業においては、令和5年度中の1日平均使用労働者数を記入してください。

常時使用労働者数（労災保険対象者数）

(9)の合計人数		申告書④欄に転記
132	÷12＝	11　人

（令和5年度に使用した延労働者数/令和5年度における所定労働日数）

※ 各月賃金締切日等の労働者
入し(11)の合計人数を12で
下切り捨てた月平均人数を
い。
　切り捨てた結果、0人と
としてください。
また、年度途中で保険関係
業については、保険関係成
で除してください。

備考	役員で労働者扱いの詳細		
	氏名	役職	雇用保険の資格
	石川　徹	代表取締役部長	㊒・無
			有・無
			有・無
			有・無
			有・無

経理
労務
総務

厚生労働省の主要様式ダウンロードコーナーにある「確定保険料・一般拠出金算定基礎賃金集計表」を使って、入力用の黄色いセルに必要事項を入力すると、必要項目が自動的に計算され、「申告書」の記入例（➡p.290）も自動で作成されます。そのまま印刷して提出することはできませんので、「労働保険 概算・増加概算・確定保険料・一般拠出金申告書」の紙面に転記します。

※概算・確定保険料・一般拠出金申告書（事業主控）と一緒に保管してください

の名称　スモール株式会社	電話　03-0000-0000		具体的な業務又は作業の内容
の所在地	郵便番号　151 - 0053		衣類のODM製造

	雇用保険（対象者数及び賃金）					
((1)+(2)+(3))	被保険者					
	(5) 常用労働者、パート、アルバイトで雇用保険の資格のある人（日雇労働被保険者に支払った賃金を含む）		(6) 役員で雇用保険の資格のある人（実質的な役員報酬分を除きます）		(7) 合計 ((5)+(6))	
(円)	(人)	(円)	(人)	(円)	(人)	(円)
4,356,175	8	3,274,575	2	950,000	10	4,224,575
4,356,175	8	3,274,575	2	950,000	10	4,224,575
4,356,175	8	3,274,575	2	950,000	10	4,224,575
4,367,375	8	3,274,575	2	950,000	10	4,224,575
4,328,075	8	3,274,575	2	950,000	10	4,224,575
4,356,175	8	3,274,575	2	950,000	10	4,224,575
4,356,175	8	3,274,575	2	950,000	10	4,224,575
4,356,175	8	3,274,575	2	950,000	10	4,224,575
4,356,175	8	3,274,575	2	950,000	10	4,224,575
4,367,375	8	3,274,575	2	950,000	10	4,224,575
4,328,075	8	3,274,575	2	950,000	10	4,224,575
4,356,175	8	3,274,575	2	950,000	10	4,224,575
5,800,000		5,800,000				5,800,000
7,300,000		7,300,000				7,300,000
0						0
65,340,300	96	52,394,900	24	11,400,000	(11) 120	(12) 63,794,900

代表取締役は被保険者とならない

働者数の合計を記
12で除し小数点以
数を記入してくださ

となる場合は1人

関係が成立した事
保成立以降の月数

雇用保険被保険者数

(11)の合計人数		申告書⑤ 欄へ転記
120	÷12＝	10 人

労災保険対象者分	(10)の合計額の千円未満を切り捨てた額	65,340 千円 申告書⑧欄(ロ) へ転記
雇用保険対象者分	(12)の合計額の千円未満を切り捨てた額	63,794 千円 申告書⑧欄(ホ) へ転記
一般拠出金	(10)の合計額の千円未満を切り捨てた額	65,340 千円 申告書⑧欄(へ) へ転記

適用期間に該当する保険料算定基礎額の千円未満の端数を切り捨てた額が自動入力される

労働保険 概算・増加概算・確定保険料申告書の記入例

前年４月から当年３月までに支払った賃金総額が表示される

保険料率・一般拠出金率①②を入力すると、前年４月から当年３月までの確定保険料・一般拠出金額が表示される

当年度の概算賃金総額と概算保険料額。従業員数に変動がない場合は前年度の確定額と同じでよい

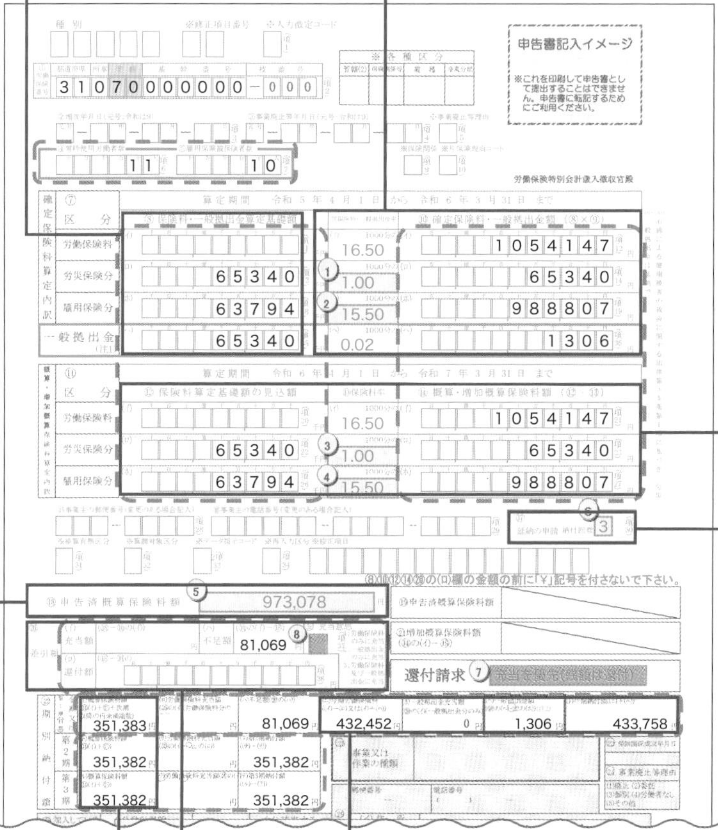

前年度に申告した概算保険料額

第１期分に不足額と一般拠出金を加えた総額が今期納付額となる

概算保険料が40万円以上の場合、３回に分けて納付（延納）できる。延納の場合は「３」、一括で支払う場合は「１」を選択する

３回の延納の場合、３分割された翌年度の概算労働保険料が表示される

前年度に申告した概算保険料と、当年の確定労働保険料の差引額。概算額が多かった場合は「充当額」欄に、不足の場合は「不足額」欄に表示される

前回確認日 ／ ／ ／

労災保険の基本

NOTE 労災保険の対応に注意する

労災保険の役割と労災(労働災害)の判断

従業員が業務中や通勤途中にけがをしたり、病気になったりした場合、労働基準監督署に報告して労災（労働災害）の認定を受けると、**労働者災害補償保険法による労災保険**から、診察の費用、その間の賃金、障害や死亡などに対し必要な給付がなされます。

労災保険は、雇用形態に関係なくすべての従業員が加入し、1日だけのアルバイトにも適用されます。**労災には業務災害と通勤災害の2つがあります**。業務中に起こった業務災害の場合は療養補償給付、通勤途中に起こった通勤災害の場合は療養給付と、給付の名称が変わります。

● 2つの労災

労働災害	要　件	給付の名称※
業務災害	業務時間内、施設内であることなど、けがや病気が業務との因果関係がある場合	療養補償給付
通勤災害	家と会社との往復など、通常利用する経路での事故に限られ、業務に関係ない場所へ行った場合は認められない	療養給付

※例えば、療養補償給付と療養給付に共通する説明をする場合は「療養（補償）給付」として表記する。

労災への初期対応

会社は、労働安全衛生法に基づいて労災を防止する責任があり、もし起こった場合は労働基準監督署に報告しなければなりません。労災が起こった場合、真っ先に被災した労働者を医療機関に搬送し、家族や各部署へ連絡します。また二次災害が起こらないよう現場対応が必要です。

労災保険による補償給付

業務災害・通勤災害によるケガや病気

負傷 疾病

療養（補償）等給付

医療機関で療養を受けるとき支給される。
労災病院や労災指定病院の場合は「療養の給付」、それ以外の医療機関の場合は「療養の費用の支給」

休業（補償）等給付

傷病の療養のため労働することができず、賃金を得られない場合に支給される

傷病（補償）等年金

療養開始後１年６カ月たっても傷病が治らず、障害の程度が傷病等級に該当するとき支給される

障害（補償）等給付

傷病が治って身体障害が残ったとき支給される。
障害等級第１級～７級は「障害（補償）年金」、第８級～14級は「障害（補償）一時金」が支給される

介護（補償）等給付

障害(補償)等年金または傷病(補償)等年金受給者で、現に介護を受けているとき支給される

死亡

遺族（補償）等給付

従業員が死亡したとき支給される。年金を受け取る遺族が全くいない場合は「遺族（補償）給付一時金」

葬祭料等（葬祭給付）

従業員が死亡したとき、葬祭料や葬儀費用が遺族に支給される

定期健康診断等の異常の所見

二次健康診断等給付

事業場が実施する定期健康診断などの結果、脳・心臓疾患に関連する一定の項目（血圧、血糖、血中脂質、肥満）のすべてについて異常の所見があると認められるとき

前回確認日 ／ ／ ／

療養(補償)給付などの手続き

NOTE 療養(補償)給付の手続きに注意する

療養(補償)の給付とは

労災保険の請求手続きは、従業員本人や遺族が行うのが基本です。しかし、重症などで本人が行えない場合は、会社が手続きを支援する必要があります（手続きについての助力義務）。また、労災保険給付の請求書（➡p.295・p.296）には会社の証明が必要な箇所もあり、会社は速やかに証明する義務があります。

請求手続きの流れ

受診した医療機関によって、請求手続きは違います。労災指定病院で治療を受ける場合は従業員が治療費を立て替える必要はありませんが、労災指定病院以外の場合は本人がいったん立て替えます。

[労災指定病院の場合]

1. 従業員が労災保険給付の請求書を作成する※
2. 会社が証明事項を記入し、押印する
3. 受診した労災指定病院に請求書を提出する
4. 病院から労働基準監督署に請求書を提出する
5. 治療費が病院に支払われる

[労災指定病院以外の場合]

1. 従業員が治療費を立て替える
2. 従業員が労災保険の費用請求書を作成する
3. 病院や会社が証明事項を記入し、押印する
4. 従業員が労働基準監督署に請求書を提出する
5. 治療費が従業員に支払われる

※労災保険給付の請求書の作成が間に合わない場合、全額を自費で支払い、同月内に申請書を提出する。「健康保険証」を使うと精算が必要になるため、使用しない方がよい。

会社からの報告の義務

従業員が労災によって死亡、休業した場合「**労働者死傷病報告**」を労働基準監督署に提出しなければいけません。死亡した場合と休業が４日以上の場合は災害発生後遅滞なく（１カ月以内）提出します。休業日が３日以内の場合は、４半期（３カ月）ごとにまとめて提出します。

労働者死傷病報告の記入例

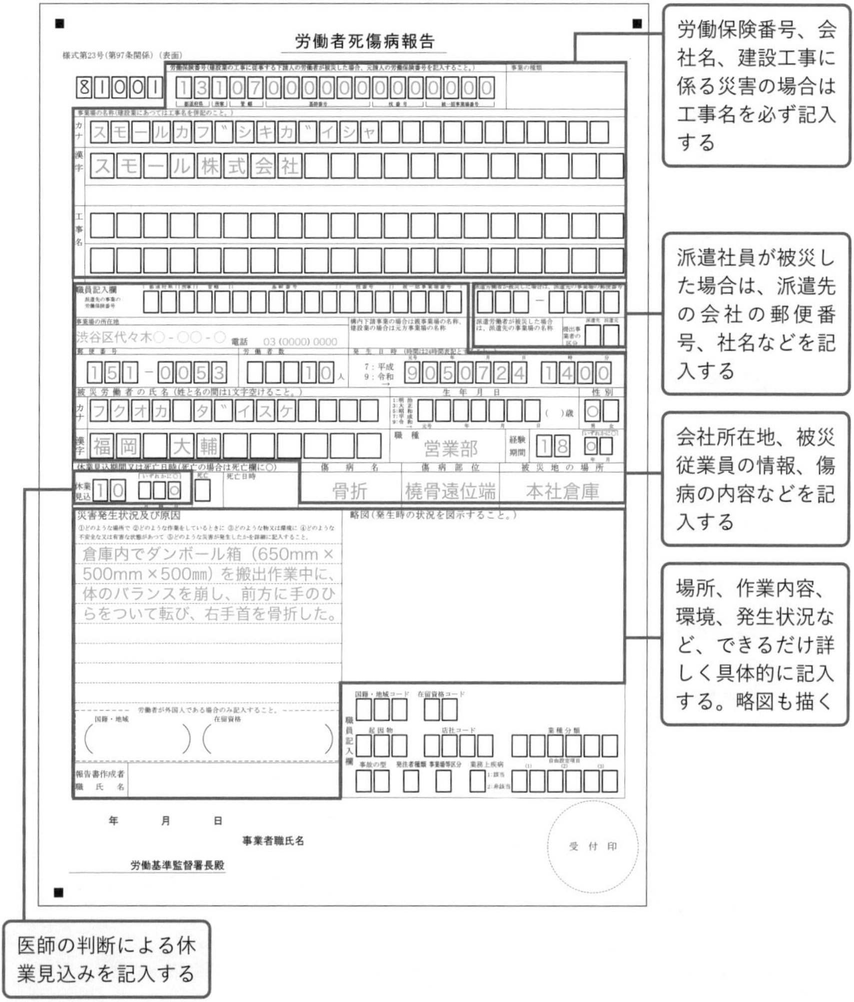

【業務災害用】療養補償給付たる療養の給付請求書（表面）の記入例

様式第5号（表面） 労働者災害補償保険
業務災害用
複数業務要因災害用
療養補償給付及び複数事業労働者療養給付たる療養の給付請求書

裏面に記載してある注意事項をよく読んだ上で、記入してください。

標準字体 0 1 2 3 4 5 6 7 8 9 ゛ ゜ ー
アイウエオカキクケコサシスセソタチツテトナニヌ
ネノハヒフヘホマミムメモヤユヨラリルレロワン

※帳票種別 34590
①管轄局署
②業通別 1（1業 3通）
③保留（1全レセ 3全給付）
⑥処理区分
④受付年月日 ※

⑤労働保険番号 1310700000000000（府県 所掌 管轄 基幹番号 枝番号）
年金証書番号記入欄

㉓兼業 ※
⑦支給・不支給決定年月日

⑧性別 1（1男 3女）
⑨労働者の生年月日 5081208（1明治 3大正 5昭和 7平成 9令和）
⑩負傷又は発病年月日 9050724

㉔請求 ※
⑪再発年月日

㉕複災 ※
⑬三者（1自 3労 5他）
⑭特疾（1特定疾病 3その他）
⑮特別加入者

⑫労働者の
シメイ（カタカナ）：姓と名の間は1文字あけて記入してください。濁点・半濁点は1文字として記入してください。
フクオカ タ゛イスケ
氏名（40歳）
郵便番号 130-0004
フリガナ スミダク
住所 墨田区
ヒガシコマガタ
東駒形○-○○-○
職種 営業

㉖傷病性質（業） ※

⑰負傷又は発病の時刻 午前／午（後） 4時 5分頃
⑱災害発生の事実を確認した者の職名、氏名
職名 営業
氏名 石川徹

⑲災害の原因及び発生状況
（あ）どのような場所で（い）どのような作業をしているときに（う）どのような物又は環境に（え）どのような不安全な又は有害な状態があって（お）どのような災害が発生したか（か）⑩と初診日が異なる場合はその理由を詳細に記入すること
倉庫内でダンボール箱（650mm×500mm×500㎜）を搬出作業中に、体のバランスを崩し、前方に手のひらをついて転び、右手首を骨折した。

⑳指定病院等の 名称 春夏病院 電話（03）0000-0000
所在地 渋谷区初台○-○-○ 〒151-0061

㉑傷病の部位及び状態 橈骨遠位端骨折

⑫の者については、⑩、⑰及び⑲に記載したとおりであることを証明します。 令和5年7月25日

事業の名称 スモール株式会社 電話（03）0000-0000
事業場の所在地 東京都渋谷区代々木○-○○-○ 〒151-0053
事業主の氏名 代表取締役社長 秋田 誠
（法人その他の団体であるときはその名称及び代表者の氏名）
労働者の所属事業場の名称・所在地 電話（ ）-

（注意）1 労働者の所属事業場の名称・所在地については、労働者が直接所属する事業場が一括適用の取扱いを受けている場合に、労働者が直接所属する支店、工事現場等を記載してください。
2 派遣労働者について、療養補償給付又は複数事業労働者療養給付のみの請求がなされる場合にあっては、派遣先事業主は、派遣元事業主が証明する事項の記載内容が事実と相違ない旨裏面に記載してください。

上記により療養補償給付又は複数事業労働者療養給付たる療養の給付を請求します。 年 月 日

労働基準監督署長 殿
春夏 病院／診療所／薬局／訪問看護事業者 経由

請求人の
〒130-0004 電話（03）0000-0000
住所 東京都墨田区東駒形○-○○-○（ 方）
氏名 福岡 大輔

支給・不支給決定決議書	署長	副署長	課長	係長	係	決定年月日	・ ・
						不支給の理由	
	調査年月日	・ ・	・ ・	・ ・			
	復命書番号	第 号	第 号	第 号			

標準字体で記入してください。
※印の欄は記入しないでください。（職員が記入します。）
折り曲げる場合には（◀）の所を谷に折りさらに2つ折りにしてください。
（この欄は記入しないでください。）

作業内容が分かるように具体的に記入する

どのような場所で、どのような作業をしているときに、どのような不安全または有害な状態があって、どのような災害が発生したかを記入。「⑩負傷又は発病年月日」と初診日が異なる場合はその理由も記入する。会社の証明が必要

災害発生の事実を確認した人または報告を受けた人の職名と氏名を記入

※裏面には「その他就業先の有無」などの記入欄がある。

【通勤災害用】療養給付たる療養の給付請求書の記入例

（表面）

様式第16号の3(表面)　労働者災害補償保険

通勤災害用

療養給付たる療養の給付請求書

裏面に記載してある注意事項をよく読んだ上で、記入してください。

標	準	字	体	0	1	2	3	4	5	6	7	8	9	゛	゜	ー
ア	イ	ウ	エ	オ	カ	キ	ク	ケ	コ	サ	シ	ス	セ	ソ	タ	チ	ツ	テ	ト	ナ	ニ	ヌ
ネ	ノ	ハ	ヒ	フ	ヘ	ホ	マ	ミ	ム	メ	モ	ヤ	ユ	ヨ	ラ	リ	ル	レ	ロ	ワ	ン

標準字体で記入してください。

※帳票種別　34590

①管轄局署

②業通別　3（1業 3通）

③保留（1全レセ 3全給付）

⑥処理区分

④受付年月日　※（元号 年 月 日）

⑤労働保険番号（府県 所掌 管轄 基幹番号 枝番号）　1310700000000000

年金証書番号記入欄

㉓兼業　※

⑦支給・不支給決定年月日（元号 年 月 日）

⑧性別（1男 3女）　1

⑨労働者の生年月日（1明治 3大正 5昭和 7平成 9令和）（元号 年 月 日）　7020630

⑩負傷又は発病年月日（元号 年 月 日）　9051016

1〜9年は右へ　1〜9月は右へ　1〜9日は右へ

⑪再発年月日　※（元号 年 月 日）

⑫労働者の

シメイ（カタカナ）：姓と名の間は1文字あけて記入してください。濁点・半濁点は1文字として記入してください。

ミヤサ゛キ　ショウタ

氏名　（33歳）

⑬三者（1自 3労 5他）　⑭特疾（3その他）　⑮特別加入者　※

このスペースに文字を記入しないでください。

⑯郵便番号　330－0854

住所　フリガナ サイタマケン　サイタマシ　埼玉県さいたま市

サクラギチョウ　桜木町○－○○－○

職種　衣服の縫製パターン制作

⑰第三者行為災害

該当する・該当しない

※印の欄は記入しないでください。（職員が記入します。）

⑲通勤災害に関する事項　裏面のとおり

⑳指定病院等の　名称　秋冬整形外科クリニック　電話（048）0000－0000

所在地　埼玉県さいたま市桜木町○－○○　〒330－0854

㉑傷病の部位及び状態　脊柱圧迫骨折

⑫の者については、⑩及び裏面の(ロ)、(ハ)、(ニ)、(ホ)、(ト)、(チ)、(リ)（通常の通勤の経路及び方法に限る。）及び(ヲ)　に記載したとおりであることを証明します。

令和5年10月20日

事業の名称　秋冬整形外科クリニック　電話（048）0000－0000

事業場の所在地　埼玉県さいたま市桜木町○－○○　〒330－0854

事業主の氏名　秋冬　一郎

（法人その他の団体であるときはその名称及び代表者の氏名）

労働者の所属事業場の名称・所在地　スモール株式会社　電話（03）0000－0000

（注意）1　事業主は、裏面の(ロ)、(ハ)及び(リ)については、知り得なかった場合には証明する必要がないので、知り得なかった事項の符号を消してください。

2　労働者の所属事業場の名称・所在地については、労働者が直接所属する事業場が一括適用の取扱いを受けている場合に、労働者が直接所属する支店、工事現場等を記載してください。

3　派遣労働者について、療養給付のみの請求がなされる場合にあっては、派遣先事業主は、派遣元事業主が証明する事項の記載内容が事実と相違ない旨裏面に記載してください。

折り曲げる場合には（◀）の所を谷に折りさらに2つ折りにしてください。

上記により療養給付たる療養の給付を請求します。

令和5年10月25日

労働基準監督署長 殿

（病院・診療所・薬局・訪問看護事業者）経由

請求人の　〒330－0854　電話（048）0000－0000

住所　埼玉県さいたま市桜木町○－○○○（　方）

氏名　宮崎　翔太

支不支給決定決議書	署長	副署長	課長	係長	係	決定年月日	・　・
						不支給の理由	
調査年月日	・　・	・　・	・　・				
復命書番号	第　号	第　号	第　号				

（この欄は記入しないでください。）

交通事故など第三者の行為によって労働者が負傷などをした場合は「該当する」に○。該当する場合は所轄の労働基準監督署に「第三者行為災害届」を提出する

道路上での被災の場合は現場の住所を、建物や施設での被災の場合は所在地に加え、建物名や施設名も記入する

（裏面）

様式第16号の3(裏面)

通勤災害に関する事項

(イ) 災害時の通勤の種別（該当する記号を記入）	イ	イ．住居から就業の場所への移動 ハ．就業の場所から他の就業の場所への移動 ニ．イに先行する住居間の移動	ロ．就業の場所から住居への移動 ホ．ロに接続する住居間の移動
(ロ) 負傷又は発病の年月日及び時刻		令和5年　10月　15日　午(前)後　7時45分頃	
(ハ) 災害発生の場所		(ニ) 就業の場所（災害時の通勤の種別がハに該当する場合は移動の終点たる就業の場所）	
(ホ) 就業開始の予定年月日及び時刻（災害時の通勤の種別がイ、ハ又はニに該当する場合は記載すること）		令和5年　10月　15日　午(前)後　9時00分頃	
(ヘ) 住居を離れた年月日及び時刻（災害時の通勤の種別がイ、ニ又はホに該当する場合は記載すること）		令和5年　10月　15日　午(前)後　7時35分頃	
(ト) 就業終了の年月日及び時刻（災害時の通勤の種別がロ、ハ又はホに該当する場合は記載すること）		年　月　日　午前後　時　分頃	
(チ) 就業の場所を離れた年月日及び時刻（災害時の通勤の種別がロ又はハに該当する場合は記載すること）		年　月　日　午前後　時　分頃	
(リ) 災害時の通勤の種別に関する移動の通常の経路、方法及び所要時間並びに災害発生の日に住居又は就業の場所から災害発生の場所に至った経路、方法、所要時間その他の状況	自宅ー自転車（10分）ー大宮駅　JR湘南新宿ラインで新宿駅、JR山手線に乗り換えて代々木駅、会社まで代々木駅から徒歩5分。災害発生時は自宅から大宮駅までの経路で事故に遭う。 〔通常の通勤所要時間　1時間　00分〕		
(ヌ) 災害の原因及び発生状況 (あ)どのような場所を (い)どのような方法で移動している際に (う)どのような物で又はどのような状況において (え)どのようにして災害が発生したか (お)⑩との初診日が異なる場合はその理由を簡明に記載すること	（あ）自宅と大宮駅の間の△交差点を （い）大宮駅に向かって自転車で走行中 （う）後方の自転車と追突し （え）転倒して尻もちをついた		
(ル) 現認者の　住所	さいたま市桜木町〇-〇〇		
(ル) 現認者の　氏名	静岡　和美　　電話（048）0000—0000		
(ヲ) 転任の事実の有無（災害時の通勤の種別がニ又はホに該当する場合）	有・無	(ワ) 転任直前の住居に係る住所	

⑱健康保険日雇特例被保険者手帳の記号及び番号		
㉒その他就業先の有無		
有　無	有の場合のその数（ただし表面の事業場を含まない）　社	有の場合でいずれかの事業で特別加入している場合の特別加入状況（ただし表面の事業を含まない） 労働保険事務組合又は特別加入団体の名称
労働保険番号（特別加入）		加入年月日　年　月　日

出勤時か帰宅時かを明示する

災害発生状況を目撃した人、目撃者がいない場合は、最初に災害発生の報告を受けた人の使命を記入する

災害発生の場所、経路、時間を詳しく分かりやすく記入する。略図を描いたり、地図を貼付したりしてもよい

休業(補償)給付の手続き

NOTE 休業(補償)給付の手続きに注意する

休業(補償)給付とは

従業員が、**業務災害**や**通勤災害**によるけがや療養のために休業しなければならなくなった場合、**休業(補償)等給付**を受けることができます。給付を受けるには、業務中、通勤中のけがや病気により労働することができないこと、会社から賃金を受け取っていないこと、3日間の待期期間が済んでいることが条件です。この待期期間は3日間連続でなくても、通算3日で待期とみなされます。

休業(補償)等給付は休業して4日目から受給できますが、最初の3日間(待期期間)の休業補償は、業務災害であれば平均賃金(過去3カ月の平均賃金)の60%を会社が支給します。通勤災害は会社に責任がないので休業補償をする必要はありません。従業員の判断により、有給休暇などを取得してもらい補塡《ほてん》することも検討しましょう。

経理

労務

総務

休業(補償)給付の受給方法

給付基礎日額には、基本給や残業手当など、支払われた給与すべてが含まれます。また、休業(補償)給付に上乗せして、**休業特別支給金**が給付基礎日額の20%が支給されます。つまり、休業した従業員は、基礎給付日額の80%を受けることができますが、休業特別支給金も休業(補償)給付と同様、4日目からの受給になります。

受給には、業務災害の場合は「**労働者災害補償保険 休業補償給付支給請求書**」を、通勤災害の場合は「**労働者災害補償保険 休業給付支給請求書**」(➡p.302)を管轄の労働基準監督署に提出します。なお、休業特別支給金の申請は、休業(補償)等給付支給請求書と同時に申請することができます。「平均賃金算定内訳」と「労働者死傷病報告」を添付して、会社が提出します。

【業務災害用】労働者災害補償保険 休業補償給付支給請求書の記入例

療養のため労働できなかった期間と、そのうち賃金を受けられなかった日数を記入する。所定労働時間後に被災した場合は、被災日を除いて記入する

待期期間の3日間、所定休日も含む日数を記入する

（表面）

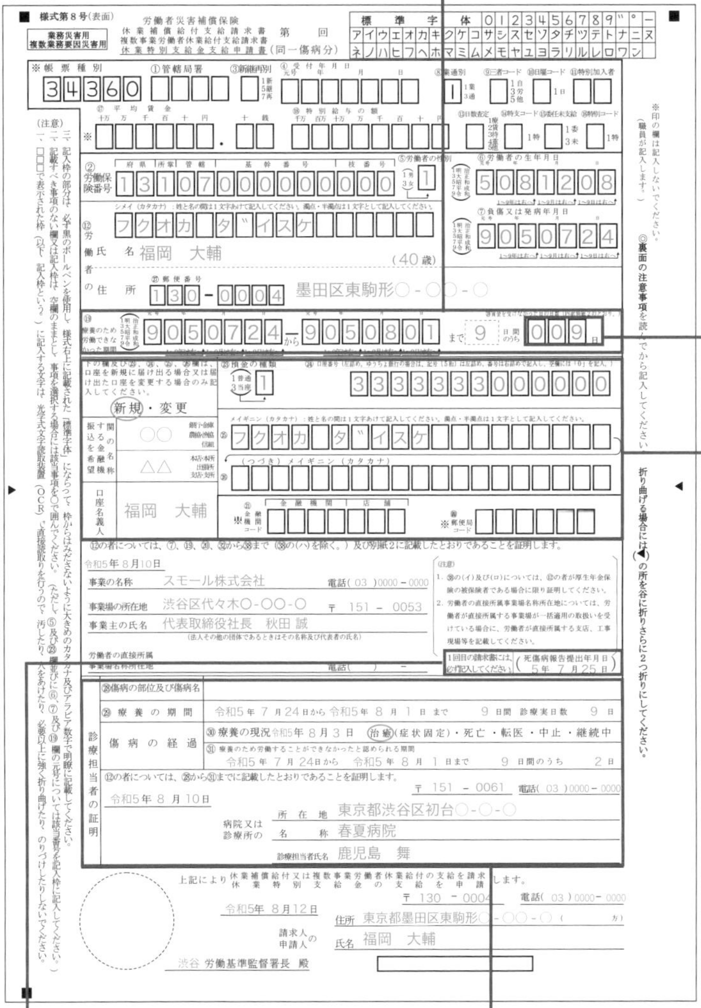

様式第8号（表面）
業務災害用
複数業務要因災害用
労働者災害補償保険
休業補償給付支給請求書
複数事業労働者休業給付支給請求書
休業特別支給金支給申請書
第　回（同一傷病分）

標準字体	0	1	2	3	4	5	6	7	8	9	゛	゜	ー

アイウエオカキクケコサシスセソタチツテトナニヌ
ネノハヒフヘホマミムメモヤユヨラリルレロワン

※帳票種別 34360　①管轄局署　③新継再別（1新 5継 7再）　④受付年月日
⑧業通別 1（1業 3通）　⑨三者コード（1自 3労 5他）　⑩日雇コード（1日）　⑪特別加入者
※⑰平均賃金　⑱特別給与の額　⑬日数査定　⑭特支コード　⑮委任未支給　⑯特例コード

②労働保険番号 13107000000000　⑤労働者の性別 1（1男 3女）
⑥労働者の生年月日 5081208
⑫労働者の　シメイ（カタカナ）：フクオカ　ダ゛イスケ
氏名 福岡　大輔（40歳）
⑦負傷又は発病年月日 9050724
住所 ㉗郵便番号 130-0004 墨田区東駒形○-○○-○

⑲療養のため労働できなかった期間 9050724から9050801まで 9日間のうち ⑳賃金を受けなかった日の日数 009日

下の欄及び㉓、㉔、㉕、㉖欄は、口座を新規に届け出る場合又は届け出た口座を変更する場合のみ記入してください。
新規・変更
振込を希望する金融機関の名称 ○○ 銀行・金庫・農協・漁協・信組　△△ 本店・本所・出張所・支店・支所
口座名義人 福岡　大輔
㉓預金の種類 1（1普通 3当座）
㉔口座番号（左詰め、ゆうちょ銀行の場合は、記号（5桁）は左詰め、番号は右詰めで記入し、空欄には「0」を記入。）3333333000000
㉕メイギニン（カタカナ）：姓と名の間は1文字あけて記入してください。濁点・半濁点は1文字として記入してください。フクオカ　ダ゛イスケ
㉖（つづき）メイギニン（カタカナ）
㉑金融機関店舗コード（金融機関・店舗）　※郵便局コード

⑫の者については、⑦、⑲、⑳、㉜から㊳まで（㊳の(ハ)を除く。）及び別紙2に記載したとおりであることを証明します。
令和5年8月10日
事業の名称 スモール株式会社　電話（03）0000－0000
事業場の所在地 渋谷区代々木○-○○-○　〒151－0053
事業主の氏名 代表取締役社長　秋田 誠
（法人その他の団体であるときはその名称及び代表者の氏名）
労働者の直接所属事業場名称所在地　電話（　）　－

（注意）
1. ㊳の(イ)及び(ロ)については、⑫の者が厚生年金保険の被保険者である場合に限り証明してください。
2. 労働者の直接所属事業場名称所在地については、労働者が直接所属する事業場が一括適用の取扱いを受けている場合に、労働者が直接所属する支店、工事現場等を記載してください。

1回目の請求書には、必ず記入してください。（死傷病報告提出年月日 5年7月25日）

診療担当者の証明
㉘傷病の部位及び傷病名
㉙療養の期間 令和5年7月24日から令和5年8月1日まで 9日間 診療実日数 9日
傷病の経過
㉚療養の現況 令和5年8月3日 治癒（症状固定）・死亡・転医・中止・継続中
㉛療養のため労働することができなかったと認められる期間 令和5年7月24日から令和5年8月1日まで 9日間のうち 2日
⑫の者については、㉘から㉛までに記載したとおりであることを証明します。
令和5年8月10日　〒151－0061　電話（03）0000－0000
病院又は診療所の　所在地 東京都渋谷区初台○-○-○
名称 春夏病院
診療担当者氏名 鹿児島　舞

上記により休業補償給付又は複数事業労働者休業給付の支給を請求／休業特別支給金の支給を申請します。
令和5年8月12日　〒130－0004　電話（03）0000－0000
請求人／申請人の　住所 東京都墨田区東駒形○-○○-○（　　方）
氏名 福岡　大輔
渋谷 労働基準監督署長 殿

（注意）
一、□□□で表示された枠（以下「記入枠」という。）に記入する文字は、光学式文字読取装置（OCR）で直接読取りを行うので、汚したり、穴をあけたり、必要以上に強く折り曲げたり、のりづけしたりしないでください。
二、記載すべき事項のない欄又は記入枠は、空欄のままとし、事項を選択する場合には該当事項を○で囲んでください。（ただし、⑤及び㉓欄並びに⑥、⑦及び⑲欄の元号については該当番号を記入枠に記入してください。）
三、記入枠の部分は、必ず黒のボールペンを使用し、様式右上に記載された「標準字体」にならって、枠からはみださないように大きめのカタカナ及びアラビア数字で明瞭に記載してください。

※印の欄は記入しないでください。（職員が記入します。）
◎裏面の注意事項を読んでから記入してください。
折り曲げる場合には（◀）の所を谷に折りさらに2つ折りにしてください。

「労働者死傷病報告」の提出日を必ず記入する。同時に提出してもよい

医師の証明が必要。治療を受けた医療機関に記入を依頼する

振込口座に変更がない場合は、2回目以降の記載は不要

「別紙１」の「平均賃金」と「最低保障平均賃金の計算方法」によって得られた金額の高い方を記入する

（裏面）

様式第８号（裏面）

㉜ 労働者の職種	㉝負傷又は発病の時刻	㉞平均賃金（算定内訳別紙1のとおり）
営業部	午前・後（後に○） 4時00分頃	13,777 円 41 銭
㉟所定労働時間 午前（前に○）・後 時 分から午前・後（後に○） 5時00分まで		㊱ 休業補償給付額、休業特別支給金額の改定比率 （平均給与額証明書のとおり）

㊲ 災害の原因、発生状況及び発生当日の就労・療養状況　（あ）どのような場所で（い）どのような作業をしているときに（う）どのような物又は環境に（え）どのような不安全な又は有害な状態があって（お）どのような災害が発生したか（か）⑦と初診日と災害発生日が同じ場合は当日所定労働時間内に通院したか、⑦と初診日が異なる場合はその理由を詳細に記入すること

倉庫内でダンボール箱（650mm×500mm×500㎜）を
搬出作業中に、体のバランスを崩し、
前方に手のひらをついて転び、右手首を骨折した。

㊳ 厚生年金保険等の受給関係			
	（イ）基礎年金番号		（ロ）被保険者資格の取得年月日　年　月　日
	（ハ）当該傷病に関して支給される年金の種類等	年金の種類	厚生年金保険法の　イ 障害年金　ロ 障害厚生年金
			国民年金法の　ハ 障害年金　ニ 障害基礎年金
			船員保険法の　ホ 障害年金
		障害等級	級
		支給される年金の額	円
		支給されることとなった年月日	年　月　日
		基礎年金番号及び厚生年金等の年金証書の年金コード	
		所轄年金事務所等	

〔注　意〕

一、所定労働時間後に負傷した場合には、⑲及び⑳欄については、当該負傷した日を除いて記載してください。

二、別紙1①欄には、平均賃金の算定基礎期間中に業務外の傷病の療養等のために休業した期間があり、その期間及びその期間中に受けた賃金の額を算定基礎から控除して算定した平均賃金に相当する額が平均賃金の額を超える場合に記載し、控除する期間及び賃金の内訳を別紙1②欄に記載してください。この場合は、㉞欄に、この算定方法による平均賃金に相当する額を記載してください。

三、別紙2は、⑳欄の「賃金を受けなかった日」のうちに業務上等の負傷又は疾病による療養のため所定労働時間のうちその一部分についてのみ労働した日若しくは賃金が支払われた休暇が含まれる場合に限り添付してください。

四、別紙3は、㊴欄の「その他就業先の有無」で「有」に
場合に、その他就業先ごとに記載してください。その
業先ごとに注意二及び三の規定に従って記載した別紙1
を添付してください。

五、請求人（申請人）が災害発生事業場で特別加入者である
(一)、㉞欄には、その者の給付基礎日額を記載してくださ
(二)、⑦、⑲、⑳、㉝、㉟及び㊲欄の事項を証明することが
類その他の資料を添付してください。
(三)、事業主の証明は受ける必要はありません。

労災と同一の理由で厚生年金保険などの年金を支給される場合のみ記入する

（別紙１表面）

様式第８号（別紙1）　（表面）

労働保険番号					氏名	災害発生年月日
府県	所掌	管轄	基幹番号	枝番号	福岡　大輔	令和5年　7月24日
13	1	07	000000	000		

平均賃金算定内訳

（労働基準法第12条参照のこと。）

雇入年月日	年　月　日	常用・日雇の別	（常用）・日雇
賃金支給方法	（月給）・週給・日給・時間給・出来高払制・その他請負制	賃金締切日	毎月　日

			4月16日から 5月15日まで	5月16日から 6月15日まで	6月16日から 7月15日まで	計
A 月・週その他一定の期間によって支払ったもの	賃金計算期間		4月16日から 5月15日まで	5月16日から 6月15日まで	6月16日から 7月15日まで	計
	総日数		30日	31日	30日	(イ) 91日
	賃金	基本賃金	350,000円	350,000円	350,000円	1,050,000円
		手当	25,000	25,000	25,000	75,000
		手当	12,830	12,830	12,830	38,490
						1,163,490
		計	387,830円	387,830円	387,830円	(ロ)　円
B 日若しくは時間又は出来高払制その他の請負制によって支払ったもの	賃金計算期間		4月16日から 5月15日まで	5月16日から 6月15日まで	6月16日から 7月15日まで	計
	総日数		30日	31日	30日	(イ) 91日
	労働日数		18日	23日	21日	(ハ) 62日
	賃金	基本賃金	円	円	円	円
		手当	27,350	21,880	41,025	90,255
		手当				
		計	27,350円	21,880円	41,025円	(ニ) 90,255円
総計			円	円	円	(ホ) 1,253,745円

平均賃金	賃金総額(ホ)1,253,745円÷総日数(イ) 91 ＝ 13,777円 41銭

最低保障平均賃金の計算方法

Aの(ロ)　1,163,490円÷総日数(イ) 91 ＝ 12,785円 60銭(ヘ)

Bの(ニ)　90,255円÷労働日数(ハ) 62 × $\frac{60}{100}$ ＝ 873円 43銭(ト)

(ヘ)　12,785円60銭＋(ト) 873円43銭 ＝ 13,659円 3銭（最低保障平均賃金）

日日雇い入れられる者の平均賃金（昭和38年労働省告示第52号による。）	第1号又は第2号の場合	賃金計算期間 月　日から 月　日まで	(チ) 労働日数又は労働総日数 日	(リ) 賃金総額 円	平均賃金 $\left((リ)\div(チ)\times\frac{73}{100}\right)$ 円　銭
	第3号の場合	都道府県労働局長が定める金額			円
	第4号の場合	従事する事業又は職業			
		都道府県労働局長が定めた金額			円
漁業及び林業労働者の平均賃金（昭和24年労働省告示第5号第2条による。）	平均賃金協定額の承認年月日　年　月　日	職種		平均賃金協定額	円

①　賃金計算期間のうち業務外の傷病の療養等のため休業した期間の日数及びその期間中の賃金を業務上の傷病の療養のため休業した期間の日数及び

(賃金の総額(ホ)－休業した期間にかかる②の(リ))

（　1,253,745円－　8,542円）÷（

休業する直前の給与締切日から過去３カ月分の賃金計算期間を記入する

「平均賃金」と「最低保障平均賃金の計算方法」によって得られた金額の高い方を支給請求書の㉞欄に記入する

（別紙１裏面）

様式第８号（別紙1）　（裏面）

91　7　14,649　45

②　業務外の傷病の療養等のため休業した期間及びその期間中の賃金の内訳

賃金計算期間		7月16日から 8月15日まで	月　日から 月　日まで	月　日から 月　日まで	計
業務外の傷病の療養等のため休業した期間の日数		8日	日	日	(チ) 8日
業務外の傷病の療養等のため休業した期間中の賃金	基本賃金	円	円	円	円
	手当	6,666			
	手当	3,421			
	計	10,087円	円	円	(リ) 10,087円
休業の事由		倉庫内で段ボール箱（650mm×500mm×500㎜）を搬出作業中に転倒し、右手首を骨折（橈骨遠位端骨折）したため。			

業務災害以外の傷病などによって休業期間がある場合は、休業期間中の賃金の内訳を記入する

③ 特別	支払年月日	支払額
	3年　7月　28日	450,000円
	3年　12月　25日	550,000円
	4年　7月　28日	550,000円

災害発生日以前２年間に支払われた賞与など特別給与を記入する

【通勤災害用】労働者災害補償保険 休業給付支給請求書の記入例

療養のため労働できなかった期間と、そのうち賃金を受けられなかった日数を記入する

振込口座に変更がない場合は、２回目以降の記載は不要

（表面）

様式第16号の６（表面）
通勤災害用

労働者災害補償保険
休業給付支給請求書
休業特別支給金支給申請書
第　回（同一傷病分）

標準字体	0 1 2 3 4 5 6 7 8 9 ゛ ゜ ー
	アイウエオカキクケコサシスセソタチツテトナニヌ
	ネノハヒフヘホマミムメモヤユヨラリルレロワン

※帳票種別 34360　①管轄局署　③新継再別（1新 5継 7再）　④受付年月日（元号 年 月 日）　⑧業通別 3（1業 3通）　⑨三者コード（1自 3労 5他）　⑩日雇コード（1日）　⑪特別加入者

⑰平均賃金（十万 万 千 百 十 円 . 十 銭）　⑱特別給与の額（千万 百万 十万 万 千 百 十 円）　⑬日数査定（1療 2賃 3待 4重 5他）　⑭特支コード（1特）　⑮委任未支給（1委 3未）　⑯特別コード（1特）

②労働保険番号（府県 所掌 管轄 基幹番号 枝番号）1310700000000000
⑤労働者の性別（1男 3女）1
⑥労働者の生年月日（元号 年 月 日）7020630
⑦負傷又は発病年月日（元号 年 月 日）9051016
（1明 3大 5昭 7平 9令）1〜9年は右へ　1〜9月は右へ　1〜9日は右へ

⑫労働者の
シメイ（カタカナ）：姓と名の間は１文字あけて記入してください。濁点・半濁点は１文字として記入してください。
ミヤサ゛キ ショウタ
氏名　宮崎　翔太　（33歳）
住所　⑳郵便番号 330－0854　埼玉県さいたま市桜木町○－○○○

⑲療養のため労働できなかった期間（元号 年 月 日）9051016から－9051030まで　15日間のうち
㉕賃金を受けなかった日の日数（内訳別紙２のとおり。）015日

下の欄、㉓、㉔、㉕及び㉖欄は、口座を新規に届け出る場合又は届け出た口座を変更する場合のみ記入してください。
新規・変更（新規に○）

振込を希望する金融機関の名称　●●　銀行・金庫 農協・漁協 信組　▲▲　本店・本所 出張所 支店・支所
口座名義人　宮崎　翔太

㉓預金の種類（1普通 3当座）1
㉔口座番号（左詰め、ゆうちょ銀行の場合は、記号（5桁）は左詰め、番号は右詰めで記入し、空欄には「0」を記入。）5555555000000
㉕メイギニン（カタカナ）：姓と名の間は１文字あけて記入してください。濁点・半濁点は１文字として記入してください。
ミヤサ゛キ ショウタ
㉖（つづき）メイギニン（カタカナ）
㉑※金融機関コード（金融機関 店舗）　㉒※郵便局コード

⑫の者については、⑦、⑲、⑳、㉜から㉞まで、㊱、㊲、㊳、㊵、㊶、㊷（通常の通勤の経路及び方法に限る。）、㊼、㊾、㊿（㊿の(ハ)を除く。）及び別紙２に記載したとおりであることを証明します。
令和5年10月25日
事業の名称　スモール株式会社　電話（03）0000－0000
事業場の所在地　渋谷区代々木○－○○－○　〒151－0053
事業主の氏名　代表取締役社長　秋田 誠
（法人その他の団体であるときはその名称及び代表者の氏名）
労働者の直接所属事業場名称所在地　上記に同じ　電話（　）－

（注意）
1. ㊿の(イ)及び(ロ)については、⑫の者が厚生年金保険の被保険者である場合に限り証明してください。
2. 労働者の直接所属事業場名称所在地については、当該事業場が一括適用の取扱いを受けている場合に、労働者が直接所属する支店、工事現場等を記載してください。

診療担当者の証明
㉘傷病の部位及び傷病名　脊柱圧迫骨折
㉙療養の期間　令和5年10月16日から令和5年10月20日まで　5日間　診療実日数　5日
傷病の経過　㉚療養の現況　令和5年10月31日　治癒（症状固定）・死亡・転医・中止・継続中（継続中に○）
㉛療養のため労働することができなかったと認められる期間　令和5年10月16日から　令和5年10月30日まで　15日間のうち　15日
⑫の者については、㉘から㉛までに記載したとおりであることを証明します。
令和5年8月10日　〒330－0054　電話（048）0000－0000
病院又は診療所の　所在地　埼玉県さいたま市桜木町○－○○
名称　秋冬整形外科クリニック
診療担当者氏名　秋冬　一郎

上記により休業給付の支給を請求／休業特別支給金の支給を申請します。
令和5年10月31日　〒330－0054　電話（048）0000－0000
請求人／申請人の　住所　埼玉県…　方）
氏名　宮…
渋谷労働基準監督署長　殿

（注意）
一、□□□で表示された枠（以下「記入枠」という。）に記入する文字は、光学式文字読取装置（OCR）で直接読取りを行うので、汚したり、穴をあけたり、必要以上に強く折り曲げたり、のりづけしたりしないでください。
二、記載すべき事項のない欄又は記入枠は、空欄のままとし、事項を選択する場合には該当事項を○で囲んでください。（ただし、⑤及び㉓欄並びに⑥、⑦及び⑲欄の元号については該当番号を記入枠に記入してください。）
三、記入枠の部分は、必ず黒のボールペンを使用し、様式右上に記載された「標準字体」にならって、枠からはみださないように大きめのカタカナ及びアラビア数字で明瞭に記載してください。

※印の欄は記入しないでください。（職員が記入します。）
◎裏面の注意事項を読んでから記入してください。
折り曲げる場合には（◀）の所を谷に折りさらに２つ折りにしてください。

医師の証明が必要。治療を受けた医療機関に記入を依頼する

業務災害の場合の請求書と同様に裏面も記載します。災害についての詳細は「療養給付たる療養の給付請求書」の裏面（➡p.297）と同じ内容になります。

ハラスメント対策と対応

NOTE ハラスメント対策に注意する

パワーハラスメント防止対策の義務化

2022年４月１日より、改正労働施策総合推進法に基づく**パワーハラスメント防止措置**がすべての企業に義務化されました。

厚生労働省によると、職場におけるパワーハラスメント（以下パワハラ）とは、職場での優越的な関係を背景とした言動であって、業務上必要かつ相当な範囲を超えたものにより労働者の就業環境が害されるものであり、この３つの要素をすべて満たすものをいいます。なお、客観的にみて、業務上必要かつ相当な範囲で行われる適正な業務指示や指導については、職場におけるパワハラには該当しません。

具体的なパワハラ対策

パワハラ対策として行わなければならない措置は、下記の10項目です。

●パワハラ対策に必要な措置

会社の方針などの明確化と周知・啓発	①パワハラの内容・パワハラを行ってはならない旨の方針を明確化し、従業員に周知・啓発する ②行為者に対し厳正に対処する旨の方針・対処の内容を就業規則などの文書に規定し、従業員に周知・啓発する
相談・対応に必要な体制の整備	③相談窓口を設置し、従業員に周知する ④相談窓口担当者が適切に対応できるようにする
パワハラ発生後の迅速かつ適切な対応	⑤事実関係を迅速かつ正確に確認する ⑥速やかに被害者に配慮するための措置を行う ⑦事実関係確認後、行為者に対する措置を行う ⑧再発防止の措置を講ずる
併せて行うこと	⑨相談者・行為者などのプライバシーを保護し、その旨を従業員に周知する ⑩相談内容などを理由に解雇その他不利益な取り扱いをされない旨を定め、従業員に周知・啓発する

セクシュアル・カスタマーハラスメント対策は義務化されていませんが、適切な対応のための体制整備などの取り組みが望まれています。

ハラスメント対応の流れ

従業員からハラスメントの相談があったときは、次のように対応します。

相談窓口で対応する
相談しやすいよう、メールやチャットを利用できるようにするとよい

↓

事実関係を確認する
相談者、行為者からヒアリングする。必要に応じて同席者や目撃者からもヒアリングをする

↓ 事実関係があると判断した場合

行為者への処分の決定
被害状況や事実確認の結果を踏まえて、社内規定に基づき処分する。処分内容は、行為者への注意・指導、行為者から相談者への謝罪、人事異動、懲戒処分など

↓

相談者・行為者へのフォロー
相談者・行為者に、会社として取り組んだことを説明し、理解を得る。行為者が同様の問題を繰り返さないよう継続的にフォローする。相談者のメンタルケアをするとともに、相談者にも仕事の行い方などに問題があった場合は、問題点を伝える

↓ 誤解であると判断した場合

相談者と行為者に説明
相談者・行為者に説明し、理解を得る

↓

再発防止措置をとる
行為者による再発を防ぐための研修の実施、ハラスメント対応の情報共有、職場内のコミュニケーションの強化など

前回確認日 ／ ／ ／

（会社の仕組み❹は p.238）

登記事項証明書の取得

NOTE　登記事項証明書の取得と変更に注意する

登記事項証明書とは会社の戸籍謄本

会社は設立時に、会社情報を法務局へ申請し登記します。登記の義務は会社法で定められています。登記された情報が記載された書類を**「登記事項証明書」（「登記簿謄本」）**といいます。

登記事項証明書は、交付請求すれば誰でも取得が可能です。例えば、新規契約の際、相手の会社が信頼に値するかどうか調べるために、相手会社の登記事項証明書を取得して調べることができます。

また、金融機関で融資を受けるときや補助金申請のときなどに、提出を求められることがあります。その際は、自社の登記事項証明書を取得して提出します。登記事項証明書は、法務局窓口、郵送、オンラインで取得することができます。

登記事項証明書の種類

登記事項証明書には、下の表の４種類があります。「代表者事項証明書」以外については、登記事項のすべてを記載した「全部事項証明書」、一部を記載した「一部事項証明書」があります。提出が求められ、何も指定がない場合は全部事項証明書を取得しましょう。

●**登記事項証明書の種類**

現在事項証明書	証明書発行時点現在で効力のある登記事項だけが掲載されている
履歴事項証明書	過去（証明書発行日から３年前の１月１日）から現在までの履歴が掲載されている。効力のなくなった登記事項には下線が引かれている。銀行融資やさまざまな許認可で提出を求められる
閉鎖事項証明書	閉鎖された登記情報が記載される。閉鎖とは、本店移転、清算、合併により会社が消滅したときをいう
代表者事項証明書	代表者に関する情報のみが掲載されている

履歴事項全部証明書の記載例

履歴事項証明書を請求した日の３年前の日の属する年の１月１日を基準日という。基準日以後に抹消された登記事項は履歴事項証明書に下線付きで記載される。基準日より前に抹消された登記事項は記載されない

履歴事項全部証明書

東京都渋谷区代々木●丁目●番地
株式会社▲▲▲▲
会社法人等番号　0000-00-000000

商号	▲▲▲▲商店株式会社	
	株式会社▲▲▲▲	2018年4月1日変更 2018年4月8日登記
本店	東京都渋谷区渋谷●丁目●番地●号	
	東京都渋谷区代々木●丁目●番地	2018年4月1日変更 2018年4月8日登記
公告をする方法	官報に掲載してする	
会社設立の年月日	1995年４月1日	
目的	1. 不動産の売買、仲介、賃貸並びに管理	
	1. 不動産の売買、仲介、賃貸並びに管理 2. 住宅のリフォーム 3. 損害保険代理店業 4. 生命保険募集に関する業務 5. 前各号に附帯関連する一切の業務	
発行可能株式総数	1500株	
発行済株式の総数 並びに種類及び数	発行済株式の総数 500株	
株券を発行する旨の定め	当会社の株式については、株券を発行する	
資本金の額	金 1000万円	
株式の譲渡制限に 関する規定	当会社の株式を譲渡により取得するには、 取締役会の承認を受けなければならない	
役員に関する事項	取締役　●●●●	
	取締役　○○○○	
	取締役　◎◎◎◎	
	東京都杉並区高井戸東●丁目●番地●号 代表取締役　△△△△	
取締役会設置会社に 関する事項	取締役会設置会社	
監査役会設置会社に 関する事項	監査役会設置会社	
登記事項に関する事項		

ここに記載のない事業は、法的に行うことができない

取締役会、監査役会を設置する会社はそれぞれ登記が必要

金融機関で融資を受けるときや補助金・助成金を申請するとき、オフィスの賃貸契約を交わすときなど、重要な場面で必要になる証明書です。

変更があった場合は迅速に申請する

登記事項に変更があった場合は、登記簿の変更登記をしなければいけません。原則２週間以内に申請をする必要があります。

登記を怠る、あるいは期限を過ぎてから申請をすると、100万円以下の過料が科せられます。代表者の住所移転や役員の変更などは忘れがちなので注意しましょう。

●登記の変更に必要な書類

商号変更（社名変更）登記

- 「株式会社商号変更登記申請書」
- 「株主総会議事録」
- 「株主リスト」
- 新社名の「印鑑届書」
- 代表取締役の「印鑑証明書」

本店移転登記

本店を移転する場合、移転先と現在の本店所在地の管轄法務局の管轄内か管轄外かによって提出書類が変わります。

管轄内の場合

- 「株式会社本店移転登記申請書」
- 株主総会議事録
- 株主リスト
- 「取締役会議事録」（取締役会を設置している場合）
- 「取締役決定書」（取締役会を設置していない場合）
- 「委任状」（代理人に手続きを依頼する場合）

管轄外の場合

- 株式会社本店移転登記申請書（２部）
- 株主総会議事録
- 株主リスト
- 取締役会議事録（取締役会を設置している場合）
- 取締役決定書（取締役会を設置していない場合）
- 委任状（代理人に手続きを依頼する場合）
- 印鑑届書

役員変更登記（新任）

- 「役員変更登記申請書」
- 株主総会議事録
- 株主リスト
- 「就任承諾書」
- 「印鑑証明書」（取締役会を設置していない場合）
- 「本人確認証明書」（取締役会を設置している場合）（「住民票の写し」、「免許証」、「マイナンバーカード」などのコピー）
- 委任状（代理人に手続きを依頼する場合）

役員変更登記（退任）

- 役員変更登記申請書
- 株主総会議事録
- 株主リスト
- 委任状（代理人に手続きを依頼する場合）

前回確認日　／　／　／

すぐ分かる！

逆引き 勘定科目一覧

消費税について、不は不課税、非は非課税対象。マーク無しは課税対象。
消費税対象は、国内で事業者が事業として対価を得て行う取引のこと。これに当たらない取引は不課税。土地や有価証券、商品券などの譲渡、預貯金や貸付金の利息、社会保険医療などの取引は、社会政策的配慮などにより非課税取引となる。

※が付いた項目
- 10万円未満の場合…消耗品費
- 10万円以上20万円未満の場合…一括償却または、少額資産として消耗品費扱いまたは減価償却
- 20万円以上30万円未満の場合…少額資産として消耗品費扱いまたは減価償却

取引内容	勘定科目
あ行	
合鍵	消耗品費
預かり保証金	預り金
アルバイト代 不	給与手当
EMS(国際スピード郵便)代(商品発送)	荷造運賃
EMS代(商品以外) 不	通信費
ETC通行料	旅費交通費・車両費
維持管理費(固定資産)	修繕費
イベント開催費用	広告宣伝費
イベント会場使用料	賃借料
イベント機材のレンタル料	賃借料・リース料
イラスト代	外注費
祝い金(取引先へ) 不	接待交際費
祝い金(従業員へ) 不	福利厚生費
印鑑	消耗品費
印鑑証明発行手数料 不	租税公課
インク(プリンター)	消耗品費
印刷代	消耗品費
飲食代(会議、打ち合わせ)	会議費
飲食代(取引先の接待など)	接待交際費
飲食代(従業員の慰安など)	福利厚生費
インターネット広告料	広告宣伝費
インターネット使用料	通信費
インテリア小物	消耗品費
ウイルス対策ソフト	消耗品費
ウォーターサーバー代	福利厚生費
内金受け取り	前受金
売上代金	売上高
売掛金の回収不能 不	貸倒損失
運送保険料 非	保険料
運送料	荷造運賃
エアコンクリーニング	修繕費・衛生管理費
NHK受信料	通信費・雑費
エンジンオイル代	車両費
延滞金(国税・地方税) 不	租税公課
OA機器賃借料	賃借料・リース料
OA機器保守費用	修繕費
お歳暮	接待交際費
お茶代(打ち合わせ時)	会議費
お茶代(従業員)	福利厚生費
オンラインサロン	諸会費
オンラインレッスン	研修費
か行	
カーシェア代	旅費交通費
外貨建て資産・負債の換算益(損) 不	為替差益(損)
会議室の使用料	会議費・賃借料
会議での茶菓子代	会議費
会議での弁当代	会議費
開業前の諸費用	開業費
会計ソフト	消耗品費
介護保険料 不	法定福利費

取引内容	勘定科目
会社案内制作	広告宣伝費
海上保険料（輸出・輸入）非	保険料
回数券（電車、バスなど）	旅費交通費
害虫駆除代	雑費
開店祝い（現金）不	接待交際費
開店祝い（物品）	接待交際費
解約損害金（本業に関するもの）不	雑費
解約損害金（本業に関しないもの）不	雑損失
書留料金	通信費
火災保険料 非	保険料
加算金（国税・地方税）不	租税公課
貸金庫	リース料・賃借料
貸倉庫	地代家賃
貸付金（返済期間1年以内）	短期貸付金
貸付金（返済期間1年超）	長期貸付金
貸付金の回収不能 不	貸倒損失
貸付金の利息	受取利息
ガス代	水道光熱費
ガソリン代	旅費交通費・車両費
カタログ制作代	広告宣伝費
株式の売却損益 非	有価証券売却益（損）・投資有価証券売却益（損）
株式配当金 不	受取配当金
借入金（返済期間1年以内）	短期借入金
借入金（返済期間1年超）	長期借入金
カレンダー制作（社名入り）	広告宣伝費
為替手数料 不	支払手数料
監査役への報酬 不	役員報酬
関税（仕入れ）不	仕入高
※看板代	器具および備品
還付加算金 不	雑収入
官報購入代	新聞図書費

取引内容	勘定科目
観葉植物のレンタル料	賃借料・リース料
管理費（事務所、店舗など）	地代家賃
機械の賃借料	賃借料・リース料
キッチン用品	消耗品費
切手代	通信費
寄附金 不	寄附金
求人広告	広告宣伝費
給与（従業員）不	給与手当
給与計算ソフト	消耗品費
共益費（事務所の共用部分）	地代家賃
業務委託料	外注費
※金庫	工具器具備品
空港利用税／旅客施設使用料 不	旅費交通費
組合費	諸会費
クラウドストレージ使用料	通信費
クリーニング代	福利厚生費
クレジットカード決済代行手数料 非	支払手数料
クレジットカード年会費	諸会費
経営セーフティ共済（中小企業倒産防止共済）掛金 非	保険料
携帯電話代（通信代）	通信費
※携帯電話代（本体）	器具および備品
警備料	雑費
景品の配布（販売促進用）	広告宣伝費
軽油代（車両）	旅費交通費・車両費
ケーブルテレビ使用料	通信費・雑費
決算賞与 不	賞与
研究用資料購入	研究開発費
現金（期中、帳簿と合わないとき）	現金過不足
現金（決算時超過）不	雑収入
現金（決算時不足）不	雑損失
健康診断（従業員）	福利厚生費

取引内容	勘定科目
健康保険料（事業主負担分）不	法定福利費
健康保険料（従業員負担分）	預り金
検索エンジン最適化（SEO）対策代	広告宣伝費
研修会参加費用	研修費
研修会の講師謝礼	研修費
原状回復費（賃貸物件）	修繕費
源泉所得税	預り金
現物給与 不	給料・雑給
コインパーキング	旅費交通費
コインロッカー利用代	雑費
航空券 不	旅費交通費
航空便代（商品発送）不	荷造運賃
航空便代（商品以外の発送）不	通信費
広告掲載代	広告宣伝費
広告用写真撮影代	広告宣伝費
厚生年金保険料（事業主負担分）	法定福利費
厚生年金保険料（従業員負担分）	預り金
高速道路料金	旅費交通費・車両費
交通違反金 不	租税公課
公的証明書発行手数料 不	租税公課
香典（取引先）不	接待交際費
香典（従業員）不	福利厚生費
公認会計士への報酬	支払手数料
国債の利息 非	受取利息
固定資産税 不	租税公課
※固定電話本体代	器具および備品
※コピー機	器具および備品
コピー機（リース契約）	リース料
コピー代	消耗品費
ゴミ処理費用、ゴミ処理券	雑費

取引内容	勘定科目
ゴミ袋	消耗品費
雇用保険料（事業主負担分）	法定福利費
雇用保険料（従業員負担分）	預り金
コワーキングスペース利用料（都度）	会議費
コワーキングスペース利用料（月額）	地代家賃
コンサルタント料	支払手数料
コンテナ代	賃借料
梱包資材代	荷造運賃

さ行

サーバー使用料	通信費
災害義援金 不	寄附金
財形貯蓄の預り金	預り金
採用費	雑費・広告宣伝費
材料費	仕入高
先日付小切手（受け取り）	受取手形
先日付小切手（振り出し）	支払手形
残業食事代	福利厚生費
残高証明発行手数料	支払手数料
仕入れ諸経費	仕入高
資格取得費用（従業員）	福利厚生費
敷金	敷金
事業税 不	租税公課
試供品代	広告宣伝費
地震保険料 非	保険料
自治会費 不	諸会費
※自転車代	車両運搬費
自転車の防犯登録料 不	雑費
※自動車	車両運搬具
自動車修理代	修繕費
自動車重量税 不	租税公課
自動車税 不	租税公課
自動車の売却益（損）不	固定資産売却益（損）

取引内容	勘定科目
自動車保険料 非	保険料
自動販売機の設置料	雑収入
司法書士への報酬	支払手数料
社員旅行 不	福利厚生費
社会保険労務士への報酬	支払手数料
借地権の取得費用	借地権
車検整備費用	修繕費
車庫証明費用 不	雑費
謝礼金(取引先) 不	交際費
収入印紙 不	租税公課
住民税	預り金
出張旅費(仮払い)	仮払金
出張旅費・宿泊費(国内)	旅費交通費
出張旅費・宿泊費(国外) 不	旅費交通費
傷害保険料(従業員) 非	保険料
消火器	雑費
※消火設備	建物付属設備
償却資産税 不	租税公課
商業組合の会費 不	諸会費
商工会議所会費 不	諸会費
商店会会費 不	諸会費
消費税(未払い)	未払消費税等
常備薬代	福利厚生費
商品仕入れ	仕入高
商品のサンプル配布費用	広告宣伝費
情報サイト会費	新聞図書費
賞与 不	給与手当
助成金の受け取り 不	雑収入
書籍代、雑誌代	新聞図書費
人材紹介手数料	支払手数料
新聞購読料	新聞図書費
水道料金	水道光熱費
※スキャナー代	器具および備品
生産物賠償責任保険(PL保険)料	保険料
清掃代	雑費

取引内容	勘定科目
整地費用	土地
制服代	福利厚生費
生命保険料 非	保険料・保険積立金
税理士報酬	支払手数料
※設備代	器具および備品
セミナー参加費	研修費
洗剤(オフィス)	消耗品費
船舶便代(商品発送)(国内)	荷造運賃
船舶便代(商品発送)(国外) 不	荷造運賃
送金手数料	支払手数料
倉庫代	地代家賃
増資	資本金
粗大ゴミ処分代	雑費
※ソフトウエア代	ソフトウエア

た行

取引内容	勘定科目
退職金 不	退職金
ダイレクトメール	広告宣伝費
宅配便(商品発送)	荷造運賃
宅配便(商品以外の発送)	通信費
段ボール箱(荷造用)	荷造運賃
段ボール箱(保管用)	消耗品費
地代 非	地代家賃
地方法人税 不	法人税、住民税および事業税
チャージ代(交通系ICカード)	旅費交通費
仲介手数料	支払手数料
駐車場代(コインパーキングなど)	旅費交通費(車両費)
駐車場代(月極め駐車場)	地代家賃(賃借料)
中小企業倒産防止共済(経営セーフティ共済)掛金	保険料
町内会費	諸会費・雑費

取引内容	勘定科目
賃貸収入	雑収入
通勤定期券	旅費交通費
通信教育費用	研修費
通帳発行手数料	支払手数料
定期刊行物購読料	新聞図書費
定期点検費	修繕費
データベース利用料金	新聞図書費
デザイン料(自社商品)	外注費
デザイン料(ロゴデザイン・20万円以上商標登録なし)	開発費
デザイン料(ロゴデザイン・20万円未満商標登録なし)	広告宣伝費
デザイン料(ロゴデザイン・商標登録)	商標権
※デジタルカメラ	器具および備品
手付金の受け取り	前受金
手付金の支払い	前渡金
手土産	接待交際費
電気代	水道光熱費
展示会出品料	広告宣伝費
電子書籍購入	新聞図書費
電車代	旅費交通費
店舗用雑貨	消耗品費
電話代(固定・携帯)	通信費
トイレットペーパー(オフィス)	消耗品費
※動画編集ソフト	消耗品費
同業者団体会費 不	諸会費
統計資料代	新聞図書費
道府県民税 不	法人税、住民税および事業税
灯油代	水道光熱費
登録免許税 不	租税公課
特許権使用料(収入)	ロイヤリティ収入
特許権使用料(支払い)	手数料
※特許出願料	特許権
※特許料	特許権

取引内容	勘定科目
ドメイン使用料	通信費
※トラック	車両運搬具
トランクルーム(コンテナ)代	地代家賃・賃借料

な行

取引内容	勘定科目
内容証明郵便	通信費
ネットショップ出店費	支払手数料
年賀状	通信費
年賀状(クーポン券付き)	広告宣伝費
年賀状(DM要素が強いもの)	販売促進費
ノベルティグッズ代	広告宣伝費

は行

取引内容	勘定科目
廃棄物処理費用	雑費
はがき代	通信費
派遣手数料	支払手数料
※パソコン・パソコン周辺機器	器具および備品
パソコン修理代	修繕費
花代(事務所・店舗で使用)	消耗品費
花代(取引先)	接待交際費
パンフレット制作費	広告宣伝費
PL保険(生産物賠償責任保険)料 非	保険料
引っ越し料金	雑費
不動産取得税 不	租税公課
振替・振込手数料	支払手数料
プレスリリース代	広告宣伝費
プロバイダー費用	通信費
文房具代	消耗品費
弁護士・弁理士報酬	支払手数料
報酬の源泉徴収分	預り金
法人会会費 不	諸会費
法人税 不	法人税、住民税および事業税
忘年会	福利厚生費

取引内容	勘定科目
※ホームページ制作代（プログラムが組み込まれたもの）	ソフトウエア
ホームページ制作代（上記以外）	広告宣伝費
保守点検代	修繕費
保証料（融資）[非]	前払費用・雑費
補助金の受け取り [不]	雑収入

ま行

取引内容	勘定科目
マーケティングリサーチ報酬	支払手数料
マスク	消耗品費・福利厚生費
未使用の消耗品類・収入印紙	貯蔵品
見本品代	広告宣伝費
見舞金（取引先）[不]	接待交際費
見舞金（従業員）[不]	福利厚生費
名刺代	消耗品費・広告宣伝費
メールマガジン代（購読）	新聞図書費
メールマガジン代（発行）	広告宣伝費

や行

取引内容	勘定科目
家賃（居住用）[非]	地代家賃
家賃（事業用）	地代家賃
家賃（レンタルオフィス、シェアオフィス）	地代家賃
家賃更新料・礼金（居住用）（20万円以上）[非]	前払い費用・長期前払い費用
家賃更新料・礼金（居住用）（20万円未満）[非]	支払手数料
家賃更新料・礼金（事業用）（20万円以上）	前払い費用・長期前払い費用
家賃更新料・礼金（事業用）（20万円未満）	支払手数料

取引内容	勘定科目
有価証券の評価益（損）	有価証券評価益（損）・投資有価評価益（損）
郵便料金（商品発送）	荷造運賃
郵便料金（商品以外の発送）	通信費
有料サイト会員費	新聞図書費
輸出海上保険料	保険料
輸出関係手数料	荷造運賃・手数料
ユニフォーム代	福利厚生費
輸入海上保険料	保険料
予防接種（従業員）	福利厚生費

ら行

取引内容	勘定科目
リース料（コピー機など）	賃借料・リース料
リサイクル預託金	預託金
利子税 [不]	租税公課
利息（貸付金）[非]	受取利息
利息（借入金）[非]	支払利息
利息（預貯金）	受取利息
利息（ローン）[非]	支払利息
旅行保険料 [非]	保険料
※冷蔵庫	器具および備品
冷暖房費	水道光熱費
レクリエーション代	福利厚生費
レジャークラブ会費	福利厚生費
レターパック代（商品発送）	荷造運賃
レターパック代（商品以外の発送）	通信費
レンタカー代	旅費交通費・賃借料
ロイヤリティ	支払手数料
労災保険料 [不]	法定福利費
ロータリークラブ会費 [不]	諸会費

わ行

取引内容	勘定科目
Wi-Fi使用料	通信費

索引

［き・く］

［け・こ］

［さ・し］

［す・せ・そ］

［た・ち・つ］

［て・と］

[な・に・ね・の]

[は・ひ・ふ]

[へ・ほ]

［ま・み・む・め］

［や・ゆ・よ］

［り・れ・ろ］

［わ］

●監修者

古知　新（こち　あらた）

公認会計士（2012年登録）。税理士（2014年登録）。1977年千葉県生まれ。京都大学大学院農学研究科博士課程研究指導認定退学。早稲田大学大学院会計研究科修了。
監査法人、会計事務所勤務を経て、2015年日新税理士法人設立、代表社員就任。

安藤　康之（あんどう　やすゆき）

特定社会保険労務士（2009年登録）。特定行政書士（2011年登録）。1980年千葉県生まれ。大学卒業後、就職し、主に管理部門で採用、教育研修、制度立案など人事全般を担当後、社会保険労務士事務所に転職。お客様と経営の厳しさや孤独を分かち合える存在になりたいという思いが強くなり、2013年安藤社会保険労務士・行政書士事務所を開業し、現在に至る。

装　丁	●荒川浩美（ことのはデザイン）
イラスト	●あらいぴろよ
本文デザインDTP	●内山照代
編集協力	●株式会社エディット
企画編集	●株式会社ユーキャン（宮本祐介）

正誤等の情報につきましては、下記「ユーキャンの本」ウェブサイトでご覧いただけます。
https://www.u-can.co.jp/book/information

小さな会社のお仕事マニュアル
＜経理・労務・総務＞日々の業務が丸ごとわかる本

2024年７月１日　初　版　第１刷発行

編　者	ユーキャン 企業の実務 研究会
発行者	品川泰一
発行所	株式会社 ユーキャン 学び出版 〒151-0053 東京都渋谷区代々木1-11-1 Tel 03-3378-2226
発売元	株式会社 自由国民社 〒171-0033 東京都豊島区高田3-10-11 Tel 03-6233-0781（営業部）
印刷・製本	シナノ書籍印刷株式会社

※落丁・乱丁その他不良の品がありましたらお取り替えいたします。お買い求めの書店か自由国民社営業部（Tel 03-6233-0781）へお申し出ください。
　ISBN978-4-426-61519-2